प्रकाशक परिचय

गुल्लीबाबा पब्लिशिंग हाउस श्री दिनेश वर्मा जी का मौलिक विचार है जिनका नाम आज इस क्षेत्र में सम्मान एवं प्रशंसा के भाव को जगाता है। वे इग्नू के विद्यार्थियों को श्रेष्ठ स्तर की सामग्री प्रदान करने के जनक हैं क्योंकि वे स्वयं भी इग्नू के विद्यार्थी रह चुके हैं और इस रूप में वहाँ के विद्यार्थियों को अच्छे स्तर की सामग्री न मिलने की कठिनाइयों को झेल चुके हैं। वे इस समय विद्यार्थियों को निम्नलिखित सेवाएँ प्रदान कर रहे हैं–

परीक्षा में सफलता की गाइड–
इसके अंतर्गत महत्त्वपूर्ण प्रश्नों, हल किए गए प्रश्न-पत्र, गेस पेपर को एक ही स्थान पर उपलब्ध कराया गया है ताकि विद्यार्थी कम समय और कम परिश्रम से उत्कृष्ट अंक प्राप्त कर सकें।

नि:शुल्क पुस्तक–
"How to Pass IGNOU Exam in Less Time and Efforts?" नामक शीर्षक से प्रसिद्ध यह पुस्तक अपने विद्यार्थियों के प्रति स्नेह एवं आदर के रूप में आपको नि:शुल्क प्रदान की जाती है। आप इसे निम्नलिखित लिंक से नि:शुल्क डाउनलोड कर सकते हैं–https://www.gullybaba.com/ignou-free/

प्रकृति के प्रति आपका योगदान–
जब भी आप हमारी पुस्तक को पढ़ते हैं तो आप प्रकृति के प्रति भी अपना योगदान करते हैं क्योंकि हम पुस्तक तैयार करने में रिसाइकिल किए गए कागज का प्रयोग करते हैं। इस प्रकार आपकी प्रत्येक खरीद एक पौधा लगाने में भी कुछ-न-कुछ योगदान करती है।

हल किए गए Assignments की PDFs/हस्तलिखित Assignments–
हल किए गए सर्वोत्तम एवं असली Assignments की PDFs, जिन्हें आप Gullybaba.com से या हमारे App से तुरंत डाउनलोड कर सकते हैं।

परियोजना (Project) रिपोर्ट/सारांश (Report/Synopsis)–
प्रोफेशनल्स/शोधकर्त्ताओं द्वारा तैयार की गई सर्वोत्तम गुणवत्ता वाली परियोजना रिपोर्ट (Project Report) तथा सारांश (Synopsis) जिसकी अस्वीकृति की कोई गुंजाइश नहीं होती और जो दिए गए फॉर्मेट में तैयार की जाती है।

मोबाइल एप–
आप Google Play Store से हमारे 'Gullybaba' app को डाउनलोड करके उपर्युक्त सभी सेवाओं का लाभ एक ही स्थान पर उठा सकते हैं।

गुल्लीबाबा की इग्नू हेल्प बुक ही क्यों खरीदें?

क्या आप परीक्षा के डर से तनाव में हैं? क्या आपको इग्नू की परीक्षाओं में अच्छे अंक प्राप्त नहीं हो रहे हैं? क्या आप इग्नू की पढ़ाई में किसी Sure-shot Solution की तलाश में हैं? तो अब आप कहीं और कुछ तलाश न करें क्योंकि आपकी समस्या के समाधान के लिए Gullybaba.com प्रस्तुत है। यहाँ पर विशेषज्ञों के द्वारा तैयार की गई सहायक पुस्तिकाएँ (Help Books) आपको किसी भी परीक्षा का सामना करने की गारंटी देती हैं। इसके साथ ही आपको इग्नू हेल्प बुक की कॉम्बो डील्स (Combo Deals) पर काफी अच्छी बचत का प्रस्ताव (offer) भी मिल रहा है।

अब आप इग्नू के पाठ्यक्रम को शीघ्रता से पूरा कर सकते हैं और वो भी कम परिश्रम एवं कम समय में अच्छे अंकों के साथ।

जी.पी.एच. पुस्तकों की होम डिलीवरी

आप गुल्लीबाबा की पुस्तकों का ऑर्डर Gullybaba.com या Gullybaba App द्वारा कर सकते हैं। हम अपने fastest courier partners के माध्यम से आपकी पुस्तकों को ऑर्डर वाले दिन ही भिजवा देते हैं। आप अपनी पुस्तकों का ऑर्डर WhatsApp number 9350849407 पर या order@gullybaba.com पर e-mail द्वारा भी कर सकते हैं।

हम अपने courier partners के माध्यम से और कभी-कभी सरकारी डाक विभाग के माध्यम से "Cash On Delivery" की सेवा भी प्रदान करते हैं।

विक्रेताओं के लिए महत्त्वपूर्ण सूचना

प्रकाशक की लिखित अनुमति के बिना इन पुस्तकों को किसी ऑनलाइन प्लेटफॉर्म जैसे कि अमेज़न, फ्लिपकार्ट, शॉपक्ल्यूज, रेडिफ आदि पर बेचने की अनुमति नहीं है। किसी विक्रेता द्वारा इस प्रकार की गई GPH पुस्तकों की बिक्री को गैर-कानूनी (ILLEGAL SALE) माना जाएगा और ऐसे व्यक्ति के विरुद्ध सख्त कानूनी कार्यवाही की जाएगी।

 जरूरी सूचना

यद्यपि हम पूरी कोशिश करते हैं कि नोट्स में किसी भी प्रकार की कोई गलती न रहे। फिर भी यदि आप किसी भी प्रकार की कोई गलती या सुझाव बताना चाहते हैं, तो कृपया हमें जरूर सूचित करें, ताकि हम अपनी भूल को जल्दी से जल्दी सुधार सकें। आपका बताना, दूसरे छात्रों को उलझनों में समय गवाने से बचा सकता है। साथ ही साथ छात्रों को उच्च गुणवत्ता वाली अध्ययन सामग्री प्राप्त करने में आप उनकी मदद कर सकते हैं।

आगामी संस्करण में आपके सुझावों को यथास्थान साभार सम्मिलित किया जाएगा। साथ ही सुझाव देने वाले को पुरस्कृत किया जा सकता है अत: अपने सुझाव नि:संकोच हमें हमारी Email: feedback@gullybaba.com पर या सीधे प्रकाशन के पते पर लिखें और हमें अपने सुझावों से अनुग्रहित करें।

Table of Contents
Based on...

Very High Asked Questions
Highly Asked Questions
Medium Asked Questions
Less Asked Questions
Exam Important Questions
Exam Notes

इकाई-1	प्राकृतिक आपदाओं को समझना	1
इकाई-2	आपदा प्रबंधन को समझना	11
इकाई-3	बाढ़	21
इकाई-4	बाढ़: केस अध्ययन	31
इकाई-5	सूखा	41
इकाई-6	सूखा: केस अध्ययन	47
इकाई-7	चक्रवात	55
इकाई-8	चक्रवात: केस अध्ययन	63
इकाई-9	भूकंप	75
इकाई-10	भूकंप: केस अध्ययन	81
इकाई-11	भूस्खलन	89
इकाई-12	भूस्खलन: केस अध्ययन	97
इकाई-13	अवधाव	105
इकाई-14	अवधाव: केस अध्ययन	117
इकाई-15	ज्वालामुखी उद्गार	121
इकाई-16	ज्वालामुखी उद्गार: केस अध्ययन	127
इकाई-17	उष्णता और शीत लहरें	133
इकाई-18	जलवायु परिवर्तन: ग्लोबल वार्मिंग	139
इकाई-19	जलवायु परिवर्तन: समुद्र तल का ऊपर उठना	149
इकाई-20	जलवायु परिवर्तन: ओजोन अवक्षय	159

अध्याय 1

प्राकृतिक आपदाओं को समझना

प्रश्न 1. भारत में आपदाओं की क्षेत्रीय और मौसमी स्थिति की व्याख्या कीजिए। **(जून-2017)**

उत्तर– भारत में आपदाओं की स्थिति : क्षेत्रीय और मौसमी–परिवर्तन प्रकृति का नियम है। यह एक लगातार चलने वाली प्रक्रिया है, जो विभिन्न तत्त्वों में, चाहे वह बड़ा हो या छोटा, पदार्थ हो या अपदार्थ, अनवरत चलती रहती है तथा हमारे प्राकृतिक और सामाजिक-सांस्कृतिक पर्यावरण को प्रभावित करती है।

प्राकृतिक आपदाएँ विभिन्न क्षेत्रों, अनन्य और परिवर्तनशील जलवायु, भौगोलिक और भू-वैज्ञानिक स्थितियों के कारण विभिन्न क्षेत्रों में भिन्न-भिन्न तीव्रताओं के साथ घटित होती हैं। इसलिए भारत में प्राकृतिक आपदाओं की घटनाओं में एक महत्त्वपूर्ण क्षेत्रीय और मौसमी पहलू होता है।

भूकंप स्वत: ही अपने आप में आपदा का एक प्रकार है। यद्यपि वे भी हिमालय की पट्टी, कच्छ, सुंदरबन, अंडमान और निकोबार द्वीपों के अधिक संवेदनशील होने तथा देश के प्रायद्वीपीय भाग के कम संवेदनशील होने की क्षेत्रीय रूपरेखा प्रदर्शित करते हैं, तथापि वे मौसमी रूपरेखा प्रदर्शित नहीं करते, क्योंकि बड़ा सहज कारण है कि यह घटना जलवायु संबंधी नहीं है। भारत में आपदाओं की क्षेत्रीय तथा मौसमी स्थिति को इस प्रकार समझा जा सकता है–

(1) भारत की क्षेत्रीय आपदा रूपरेखा (प्रोफाइल)–उत्तरी भारत में हिमालय का पर्वतीय क्षेत्र और हिंद-गंगीय मैदानी क्षेत्र आता है। इसकी विभिन्न प्रकार की स्थलाकृति हैं, जिसमें कुछ ऊँची पर्वतीय शृंखलाएँ और बारहमासी नदियाँ हैं।

इसकी उत्तरी सीमा दो मुख्य विवर्तनिक प्लेटों–भारतीय प्लेट और एशियाई प्लेट के टकराने का क्षेत्र है। इस क्षेत्र में अनेक भू-वैज्ञानिक भ्रंश भी हैं। उत्तर भारत की विशेषता गर्मी, ठंड और वर्षा के मौसम का दौर है और ये विशिष्टताएँ लंबे-चौड़े क्षेत्र में परिवर्तनशील हो सकती हैं जिससे असाधारण स्थितियाँ पैदा हो जाती हैं। इन विशिष्ट भौगोलिक, जलवायु संबंधी और भू-वैज्ञानिक विशेषताओं के फलस्वरूप उत्तर भारतीय राज्यों (जम्मू और कश्मीर, हिमाचल प्रदेश, पंजाब, हरियाणा, उत्तरांचल, दिल्ली, उत्तर प्रदेश और बिहार) में भूकंप, भूस्खलन, अवधाव, सूखा, बाढ़, उष्णता एवं शीत लहरों जैसी प्राकृतिक आपदाएँ घटित होती हैं।

पूर्वी और उत्तरी पूर्वी भारत (पश्चिम बंगाल, सिक्किम, मिजोरम, असम, त्रिपुरा, अरुणाचल प्रदेश, नागालैंड, मणिपुर और मेघालय) की स्थिति और जलवायु ऐसे हैं कि इन राज्यों में

भूकंप, भूस्खलन, बाढ़ और सूखे की घटनाएँ घटित होती हैं। पश्चिम बंगाल चक्रवात से भी प्रभावित हो सकता है।

देश के मध्य भाग (उड़ीसा, छत्तीसगढ़, झारखंड, मध्य प्रदेश, राजस्थान, गुजरात, महाराष्ट्र और गोवा) में समय और स्थान दोनों के संदर्भ में, अत्यधिक परिवर्तनशील वर्षा होती है। इसलिए बाढ़ और सूखा इस क्षेत्र की प्रमुख आपदाएँ हैं। उड़ीसा और गुजरात में चक्रवात से भारी तबाही होती है। यद्यपि गोवा और महाराष्ट्र में चक्रवात का रोष देखने को नहीं मिलता, फिर भी वहाँ पर पश्चिमी घाटों की स्थलाकृति और अवदाब के संयुक्त प्रभाव के कारण भारी और अत्यधिक भारी वर्षा से काफी तबाही होती है, जिससे भूस्खलन भी घटित हो जाता है। अभी हाल के वर्षों में, उड़ीसा में उष्णता लहर से भी बहुत तबाही हुई है।

प्रायद्वीपीय भारत में (आंध्र प्रदेश, कर्नाटक, तमिलनाडु और केरल) मुख्यतः चक्रवात, बाढ़ और सूखे से तबाही होती है। हालाँकि, केरल में चक्रवात की घटनाएँ नहीं होतीं, परंतु वहाँ पर बाढ़ और सूखे के अतिरिक्त भूकंप और भूस्खलन से काफी तबाही होती है। आंध्र प्रदेश के तेलंगाना और रायलेसीमा क्षेत्रों में अधिक वर्षा नहीं होती और इसलिए यह क्षेत्र अक्सर सूखे की स्थितियों से पीड़ित रहता है।

द्वीपों के समूह, जैसे—अंडमान और निकोबार द्वीप भूकंप, भारी वर्षा और कभी-कभार के चक्रवातों के प्रति संवेदनशील पाए गए हैं। अंडमान में दो सुप्त अवस्था के ज्वालामुखी (नारकोंडम और बैरन द्वीप) हैं, जिसमें से बैरन द्वीप का ज्वालामुखी कभी-कभी अल्प अवधि की मंद गतिविधि प्रदर्शित करता है, पर अभी तक हानिकारक साबित नहीं हुआ है।

लक्षद्वीप द्वीप समूह प्रवाल द्वीप है और यह समुद्री तल से कुछ ही सेंटीमीटर ऊपर है। भूमंडलीय तापमान में वृद्धि के परिणामस्वरूप समुद्र तल में महत्त्वपूर्ण वृद्धि की घटना इन द्वीपों के लिए तबाही का कारण हो सकती है।

यदि कभी भविष्य के दशकों में (जो अनिश्चित है) समुद्र तल के स्तर में महत्त्वपूर्ण वृद्धि होती है, तो यह ऊपर उठता सागर भारत की लंबी तटीय रेखा के लिए तबाही का कारण हो सकता है। यह भारत के कुछ बड़े-बड़े महानगर, जैसे—कोलकाता, चेन्नई और मुंबई (जो आज के अत्यधिक महत्त्वपूर्ण व्यावसायिक महानगर हैं) के लिए हानिकारक हो सकती है।

दिसंबर 2004 में सुनामी से देश की संपूर्ण तटीय रेखा (विशेषकर पूर्वी तट) इस गंभीर आपदा के प्रति संवेदनशील हो गई थी। इस सुनामी के कारण 3 लाख से अधिक लोगों को जान से हाथ धोना पड़ा था। ऐसी घटनाएँ बहुत कम घटित होती हैं, परंतु अत्यधिक विनाशकारी होती हैं।

(2) भारत में मौसमी आपदा की स्थिति—जलवायु दृष्टिकोण से, भारत में निम्नलिखित चार स्पष्ट मौसम होते हैं—

(क) शीत का मौसम (ऋतु) (दिसंबर, जनवरी और फरवरी)
(ख) वर्षा-पूर्व अथवा ग्रीष्म जलवायु का मौसम (मार्च, अप्रैल और मई)
(ग) वर्षा का मौसम (मानसून) (जून से सितंबर)
(घ) वर्षा के बाद का मौसम (अक्तूबर-नवंबर)

शीत ऋतु (दिसंबर, जनवरी और फरवरी)—इन महीनों में हिमालय पर्वतों में बहुत अधिक वर्षा और बर्फ गिरती है, जिसे मौसम की घटना अथवा पश्चिमी विक्षोभ कहा जाता है।

इस मौसम में वर्षा के साथ तूफानी हवाएँ चलती हैं, जो कभी-कभी बहुत अधिक भारी और तेज होती हैं। इसलिए उत्तर भारत के पर्वतीय क्षेत्र में हिम अवधाव और भूस्खलन की अधिक संभावना रहती है। इस शीत ऋतु में वर्षा के दौर के बाद साधारणत: एक या दो शीत लहरें भी आती हैं। भारी मात्रा में कोहरा (जो कभी-कभी एक साथ कई दिनों तक रहता है) विमानन के लिए संकट उत्पन्न करता है और ओले उत्तर भारत के मैदानी भाग के बागों और फसलों को क्षति पहुँचाते हैं।

वर्षा-पूर्व अथवा ग्रीष्म ऋतु का मौसम (मार्च से मई)—इस मौसम में अरब सागर और बंगाल की खाड़ी के ऊपर चक्रवात बनने लगते हैं और वे पश्चिम की ओर अथवा उत्तर-पश्चिम की ओर बढ़ते हैं। इस तरह पूर्वी तट, चक्रवातों तथा उनके साथ आने वाली तूफानी लहरों के प्रति अति संवेदनशील होते हैं। चक्रवात, जो अरब सागर में उठते हैं, वे पश्चिम अथवा उत्तर-पश्चिमी दिशा में बढ़ते हैं। इस प्रकार वे पश्चिमी तट पर नुकसान तो नहीं पहुँचाते, परंतु अरब सागर में तेल अनुसंधान संस्थानों के लिए गंभीर स्थिति का खतरा उत्पन्न कर देते हैं। यदि चक्रवात पुन: मुड़ जाते हैं, तो चक्रवात से गुजरात बुरी तरह प्रभावित होगा और राजस्थान में भारी वर्षा और कभी-कभी बाढ़ भी आ सकती है।

वर्षा ऋतु का मौसम (जून से सितंबर)—सामान्यत: यह सारे देश के लिए बाढ़ का मौसम होता है और जहाँ भी मानसून अधिक सक्रिय हो जाता है, वहीं बाढ़ आ जाती है। इसके विपरीत, वे क्षेत्र जहाँ मानसून कमजोर होता है, इस मौसम में सूखा पड़ जाता है। जम्मू और कश्मीर से उत्तर-पूर्वी राज्यों तक, हिमालय के पहाड़ी क्षेत्र में आमतौर पर भूस्खलन होता है। इस मौसम में केरल के पहाड़ी क्षेत्रों में और पश्चिमी घाटों में भी भूस्खलन की घटनाएँ घटित होती हैं।

वर्षा ऋतु के बाद का मौसम (अक्तूबर और नवंबर)—अक्तूबर और नवम्बर का मौसम चक्रवात का होता है, जब चक्रवात बंगाल की खाड़ी और अरब सागर में बनते हैं और वर्षा-पूर्व मौसम की भाँति ही पश्चिमी अथवा उत्तर-पश्चिम दिशा में बढ़ते हैं। परंतु वर्षा-पूर्व मौसम की तुलना में वर्षा के बाद के मौसम में चक्रवात की गतिविधि साधारणत: अधिक सुस्पष्ट होती है। इस मौसम में दक्षिणी राज्यों—आंध्र प्रदेश (तटीय क्षेत्र), कर्नाटक, तमिलनाडु और केरल में उत्तर-पूर्वी मानसून से पर्याप्त वर्षा होती है और इसलिए ये क्षेत्र बाढ़ के लिए अति संवेदनशील रहते हैं। भारत का विशाल आकार और विशेष प्रकार की भौगोलिक तथा भू-वैज्ञानिक विशेषताएँ होने के कारण यहाँ भिन्न-भिन्न प्रकार की और बार-बार काफी आपदाएँ आती हैं। बाढ़ और चक्रवात के मामले में यहाँ अधिक खतरा है जिससे जान-माल की अधिक से अधिक हानि होती है। इस क्रम में भूकंप, सूखे तथा भूस्खलन से होने वाली हानि और क्षति आती है। इन आपदाओं, विशेष तौर पर बाढ़ और चक्रवात के आने के सुनिश्चित क्षेत्र तथा मौसम है।

प्रश्न 2. 'भारत अपनी विशिष्ट भू-जलवायु स्थिति के कारण विभिन्न प्रकार की प्राकृतिक आपदाओं का सामना करता है।' चर्चा कीजिए। (जून-2020)

अथवा

विभिन्न प्रकार की प्राकृतिक आपदाएँ कौन सी हैं? (जून-2018)

उत्तर— **भारत में प्राकृतिक आपदाओं के प्रकार—**भारत एक प्राकृतिक और सामाजिक-सांस्कृतिक विविधताओं वाला देश है। वृहत भौगोलिक आकार, पर्यावरणीय विविधताओं और सांस्कृतिक बहुलता के कारण भारत को 'भारतीय उपमहाद्वीप' और 'अनेकता में एकता वाली धरती' के नाम से जाना जाता है।

भारत की अनन्य भू-जलवायु संबंधी स्थिति देश को प्राकृतिक आपदाओं के प्रति विशेष रूप से संवेदनशील बनाती है। भारत उप-महाद्वीपीय आकार का एक बड़ा प्रायद्वीप है, यह तीन तरफ समुद्र से घिरा हुआ है और इसके चौथी ओर हिमालय पर्वत है जिसमें विश्व के कुछ सबसे ऊँचे पर्वत स्थित हैं। यही कारण है कि भारत को भू-वैज्ञानिक, समुद्री अथवा जलवायु संबंधी विभिन्न विनाशकारी (Disastrous) घटनाओं का सामना करना पड़ता है। हम भारत में होने वाली प्राकृतिक आपदाओं को उनके उद्गम के आधार पर निम्नलिखित रूप में सूचीबद्ध कर सकते हैं—

हवा और/अथवा जल संबंधी प्राकृतिक आपदाएँ (Wind and/or water related Natural Disasters)—

- बाढ़ (Floods)
- सूखा (Drought)
- चक्रवात (Cyclone)
- सुनामी (Tsunami)

जलवायु संबंधी आपदाएँ (Climate related Disasters)—

- उष्णता और शीत लहरें (Heat and Cold Waves)
- ग्लोबल वार्मिंग (Global Warming)
- समुद्र तल का ऊपर उठना (Sea Level Rise)
- ओजोन अवक्षय (Ozone Depletion)

पर्वतीय क्षेत्र संबंधी आपदाएँ (Mountain Area Disasters)—

- भूस्खलन (Landslide)
- हिम अवधाव (Snow Avalanche)

भू-वैज्ञानिक आपदाएँ (Geological Disasters)—

- भूकंप (Earthquake)
- ज्वालामुखी उद्गार (Volcanic Eruplion)

यह प्राकृतिक आपदाओं का व्यापक वर्गीकरण है, यद्यपि इसका भिन्न वर्गीकरण भी किया जा सकता है। उदाहरण के लिए, सुनामी को भू-वैज्ञानिक मूल का माना जा सकता है, परंतु उसे उपर्युक्त वर्गीकरण में जल संबंधित श्रेणी में रखा गया है, क्योंकि इसके विनाशकारी प्रभाव बड़ी समुद्री लहरों के कारण होते हैं।

इन सभी घटनाओं की व्याख्या और चर्चा इस पाठ्यक्रम के आगे आने वाली इकाइयों में की जाएगी। फिर भी, इस प्रारंभिक अवस्था में भू-वैज्ञानिक आपदाओं से आरंभ करते हुए इनका संक्षिप्त विवरण यहाँ दिया जा रहा है।

भूकंप–भूकंप सबसे ज्यादा अपूर्वसूचनीय और विध्वंसक प्राकृतिक आपदा है। भूकंपों की उत्पत्ति विवर्तनिकी से संबंधित है। ये विध्वंसक है और विस्तृत क्षेत्र को प्रभावित करते हैं। भूकंप पृथ्वी की ऊपरी सतह में विवर्तनिक गतिविधियों से निकली ऊर्जा से पैदा होते हैं।

भूकंप वर्ष में किसी भी समय बिना किसी चेतावनी के अचानक आ सकते हैं और इसके कारण जान और माल की भारी क्षति होती है। 1993 में लातूर में और 2002 में भुज में आए भूकंपों की त्रासदी को हम अच्छी तरह जानते हैं।

भारत देश भूकंपों के प्रति अत्यधिक संवेदनशील है और भारत में कई गंभीर भूकंप आए हैं, भूकंप जो निम्नलिखित तालिका में दिए गए हैं–

तालिका 1.1: 1950 से भारत में आने वाले हानिकारक भूकंप

वर्ष	क्षेत्र	मृत्यु
1950	असम	1500
1988	उत्तरी बिहार	1300
1993	मराठवाड़ा	10,000
2001	गुजरात	18,250

ज्वालामुखी उद्गार–ज्वालामुखी का वर्णन पृथ्वी की सतह पर एक निकास द्वार अथवा चिमनी के रूप में किया जा सकता है। यह निकास और पृथ्वी की पपड़ी की गहराई में मैगमा नामक पिघली हुई शैली (Rock) के संग्रहण से होता है। ऐसा नहीं है कि ज्वालामुखी हमेशा लावा, भाप अथवा धुआँ निष्कासित करते रहते हों। बहुत से ज्वालामुखी कई दशकों अथवा उससे भी अधिक समय से "शयन अवस्था" में रहे हैं। ज्वालामुखी विस्फोट के पूर्वानुमान के संदर्भ में यह कहा जा सकता है कि लघु अवधि के पूर्वानुमान (उद्गार के कुछ घंटों अथवा दिनों से पहले) ज्वालामुखी मॉनीटर करने की तकनीकों से पूर्वसूचित किए जा सकते हैं। भारतीय क्षेत्र में नारकोंडम और बैरन द्वीप केवल दो ही ज्वालामुखी हैं जो अंडमान में स्थित हैं। ये दोनों ही शयन अवस्था में हैं हालाँकि बैरन द्वीप ज्वालामुखी कभी-कभी कुछ धुआँ और ताप निष्कासित करता है और फिर शयन अवस्था में चला जाता है। बहरहाल ज्ञात भूतकाल में इन ज्वालामुखियों से किसी भी गंभीर क्षति का प्रमाण नहीं मिला है। इस तरह भारत ज्वालामुखियों से अधिक प्रभावित नहीं हुआ है। फिर भी अन्य देश, जैसे–इटली, जापान, मैक्सिको, इंडोनेशिया और आइसलैंड ज्वालामुखियों से बहुत अधिक प्रभावित हैं।

भूस्खलन–भूस्खलन की परिभाषा ढलान में शैल, मलबे अथवा पंक के संहति संचलन (Mass Movement) के रूप में की जा सकती है और इसमें गति की व्यापक रेंज शामिल होती है, जहाँ एक बड़ा भू-भाग गुरुत्व के प्रभाव के अंतर्गत गिरता है, सरकता है और प्रवाहित होता है। ये भारी वर्षा के तूफानों, भूकंपों और ज्वालामुखी उद्गार के गौण प्रभाव से भी घटित होते हैं। लगभग इन सभी मामलों में, भूस्खलन में अचानक अथवा मंद गति से होने वाले ऐसे परिवर्तनों से घटित ढलान पर शैलों अथवा वनस्पति की संरचना एवं संघटन से होते हैं, जिनसे परिवर्तनस्वरूप मिट्टी अथवा शैल ढीली हो जाती है और जो भारी वर्षा अथवा पृथ्वी की सतह के कंपन जैसी घटनाओं से सरकने लगती है।

भूस्खलन भूमि की खराब स्थितियों, भू-आकृतिक घटना, भारी वर्षा, भूकंप अथवा नदियों द्वारा ढलानों के आधार के नीचे की भूमि के कटाव और अक्सर वर्षा के भारी दौर में बाधित

जल निकास से हो सकते हैं। ये साधारणत: पर्वतीय क्षेत्रों, जैसे–हिमालय और पश्चिमी घाटों में अधिक होते हैं, जहाँ वे आधारभूत संरचनाओं, कृषि और आवासीय क्षेत्रों को नष्ट कर देते हैं और परिणामस्वरूप जीवन और संपत्ति की बहुत क्षति होती है; साथ ही यह अगम्य क्षेत्रों में अनिवार्य सड़कों को अवरुद्ध कर देते हैं।

हिम अवधाव–एक अवधाव की परिभाषा उस घटना के रूप में दी जा सकती है, जिसमें बर्फ, हिम, शैल अथवा अन्य सामग्री की एक वृहत् संहति पर्वत के एक ओर से नीचे अथवा किसी खड़ी चट्टान के ऊपर तीव्र गति से प्रेरित होकर अपने रास्ते में आने वाली प्रत्येक वस्तु को कुचल देती है। अवधाव तब शुरू होता है जब बर्फ, हिम और शैल की वृहत् संहति पृथ्वी की ढालू सतह के घर्षणात्मक रोधन को पराजित कर देती है और यह पराजय या तो वर्षा के कारण, बर्फ के पिघलने से अथवा किसी भी प्रकार के कंपन से हो सकती है।

भूस्खलन और अवधाव पर्वतीय क्षेत्रों की घटनाएँ हैं और एक प्रकार से इनके प्रभाव में बहुत कुछ समान है। इनमें मूल अंतर यह है कि भूस्खलन में शैल, मिट्टी और पंक की गति निहित है जबकि अवधाव में हिम, बर्फ और चट्टान। भूस्खलन छोटी पहाड़ियों अथवा चट्टानी ढलानों पर हो सकता है, परंतु अवधाव ऊँचे पर्वतों पर जहाँ हिम की अत्यधिक मात्रा होती है, वहीं होता है।

सुनामी–यह एक जापानी शब्द है, जो समुद्र के नीचे हुए भूकंप के कारण उत्पन्न समुद्री लहरों के लिए प्रयुक्त होता है।

भूकंप और ज्वालामुखी से महासागरीय धरातल में अचानक हलचल पैदा होती है और महासागरीय जल का अचानक विस्थापन होता है। परिणामस्वरूप ऊर्ध्वाधर ऊँची तरंगें पैदा होती हैं जिन्हें सुनामी (बंदरगाह लहरें) या भूकंपीय समुद्री लहरें कहा जाता है। सामान्यत: शुरू में सिर्फ एक ऊर्ध्वाधर तरंग ही पैदा होती है, तट पर पहुँचने पर सुनामी तरंगें बहुत अधिक मात्रा में ऊर्जा निर्मुक्त करती हैं और समुद्र का जल तेजी से तटीय क्षेत्रों में घुस जाता है और बंदरगाह शहरों, कस्बों, अनेक प्रकार के ढाँचों, इमारतों और बस्तियों को तबाह करता है। चूँकि विश्वभर में तटीय क्षेत्रों में जनसंख्या सघन होती है और ये क्षेत्र बहुत-सी मानव गतिविधियों के केंद्र होते हैं। अत: यहाँ दूसरी प्राकृतिक आपदाओं की तुलना में सुनामी अधिक जान-माल का नुकसान पहुँचाती है।

दूसरी प्राकृतिक आपदाओं की तुलना में सुनामी के प्रभाव को कम करना कठिन है क्योंकि इससे होने वाले नुकसान का पैमान बहुत बृहत् है।

स्तर के प्रयास आवश्यक हैं जैसा कि 26 दिसंबर, 2004 को आई सुनामी के समय किया गया था जिसके कारण 3 लाख से अधिक लोगों को जान से हाथ धोना पड़ा था। इस सुनामी आपदा के बाद भारत ने अंतर्राष्ट्रीय सुनामी चेतावनी तंत्र में शामिल होने का फैसला किया है।

चक्रवात–विनाशी हवाएँ और प्रचुर वर्षा उष्णकटिबंधीय चक्रवात के लक्षण होते हैं, जो बाढ़ लाते हैं। ऐसे तूफानों में हवाएँ 120 कि.मी. प्रति घंटे की रफ्तार से भी अधिक गति से बह सकती हैं। इस तरह की तेज हवाओं के जोर से समुद्र का जल चक्रवात के पहले ही तट की ओर गति करते हुए संचित हो जाता है। जब चक्रवात तट पर प्रहार करता है, तब संचित समुद्री जल का विशाल जमावड़ा विशालकाय समुद्री लहरों के रूप में जिसे तूफानी महोर्मि (सर्ज) कहते हैं, तट से टकराता है और ऐसी समुद्री लहरों की ऊँचाई 10 मीटर के क्रम में हो सकती

है। मूसलाधार वर्षा और तेज हवाओं के साथ तूफानी लहरें तट तथा उसके रास्ते में आने वाले द्वीपों को व्यापक क्षति पहुँचाती हैं। चक्रवातों से जीवन और संपत्ति के लिए खतरा उत्पन्न होता है। भारत में इन तूफानों को चक्रवात कहते हैं। विश्व के दूसरे भागों में इनकी दूसरी नामावली है, जैसे–ये अमेरिका में हरिकेन (Hurricanes) और जापान में टाइफून (Typhoons) कहलाते हैं।

उष्णकटिबंधीय चक्रवात तेज हवाओं वाली पद्धतियाँ हैं जो उत्तरी अर्द्ध-गोलक गोलार्द्ध में निम्न दाब के क्षेत्रों के आस-पास प्रतिदक्षिणावर्त रूप में और दक्षिणी अर्द्ध-गोलक गोलार्द्ध में दक्षिणावर्त रूप में चक्कर काटती हैं। ये खुले समुद्र के ऊपर उष्णकटिबंधीय क्षेत्रों में निर्मित होते हैं, जहाँ समुद्री सतह का तापमान लगभग 26° सेल्सियस होता है। उष्ण समुद्री तापमान, उच्च आपेक्षिक आर्द्रता, वायुमंडलीय अस्थिरता और भूमध्य रेखा से कम-से-कम 4-5 अंश के अक्षांश की दूरी चक्रवात बनने के लिए आवश्यक वायुमंडलीय और समुद्री स्थितियाँ होती हैं।

भारत में चक्रवात के दो मौसम होते हैं–पहला मानसून से पहले (अप्रैल और मई) और दूसरा मानसून के बाद (अक्तूबर और नवंबर)। अरब सागर की अपेक्षा बंगाल की खाड़ी में अधिक चक्रवात बनते हैं। चक्रवात सामान्यत: पश्चिम अथवा उत्तर-पश्चिम की ओर बढ़ते हैं इसलिए भारत का पूर्वी तट, पश्चिमी तट की अपेक्षा चक्रवात के प्रति अधिक संवेदनशील है।

बाढ़–बाढ़, जल के संचय अथवा आप्लावन की ओर संकेत करती है। दूसरे शब्दों में यह जल के अंत:प्रवाह और बाह्य प्रवाह के बीच उत्पन्न हुए असंतुलन का परिणाम है। भारी वर्षा, बाँधों की विफलता, तीव्र गति से बर्फ पिघलने, नदी के प्रवाह अथवा जलाशयों के फूटने से भी बाढ़ आ सकती है। बाढ़ से भारी क्षति और चोटें लग सकती हैं तथा खाद्य पदार्थों की कमी और पेयजल की समस्याएँ उत्पन्न हो जाती हैं। भारत में 40 मिलियन हेक्टेयर का क्षेत्र बाढ़ के प्रति संवेदनशील है और लगभग 8 मिलियन हेक्टेयर क्षेत्र प्रतिवर्ष बाढ़ से प्रभावित होता है। अत: भारत में विशेषकर चक्रवात तथा मानसून के मौसम में बाढ़ अधिक आती है। मुंबई में जुलाई 2005 में बाढ़ से आई आपदा की याद आज भी ताजा है।

बाढ़ तीन प्रकार की होती है, जैसा कि आकस्मिक बाढ़, नदी की बाढ़ और तटीय बाढ़। आकस्मिक बाढ़ सामान्यत: पहाड़ी क्षेत्रों में घटित होती है जहाँ सीमित क्षेत्र में अचानक भारी वर्षा का पानी अस्थायी रुकावट के कारण रूक जाता है और जब रूका हुआ पानी अचानक छोड़ा जाता है तो आकस्मिक बाढ़ आती है और तबाही मचाती है। नदी की बाढ़ भारी वर्षा, हिम के पिघलने और कम तीव्रता के तूफानों से जल के भारी अंतर्वाह के कारण आती है। नदी के किनारों में उसकी क्षमता से अधिक जल के भारी अंत:प्रवाह, नदी के किनारों के कटाव और नदी के तल में गाद भर जाने से, मुख्य नदी और उपनदियों में साथ-साथ बाढ़ आने से, ज्वारभाटा और पश्चजल प्रवाह के प्रभाव भी नदी में बाढ़ लाते हैं। तटीय बाढ़, सुनामी अथवा चक्रवात से उत्पन्न भारी वर्षा और चक्रवात के साथ जुड़ी हुई तूफानी लहरों के कारण भी आती है। यह स्थिति उच्च ज्वारभाटा के कारण और भी गंभीर हो जाती है। उच्च ज्वारभाटा के समय तटीय नदियों में समुद्री जल पीछे की ओर बहता है। इस पश्च-प्रवाह के कारण तटीय बाढ़ आती है, इसलिए यह जल खारा होता है। तूफानी लहरों से उत्पन्न बाढ़ का पानी भी खारा होता है और इसलिए यह अधिक संक्षारक होती है।

सूखा–सूखा ऐसी स्थिति को कहा जाता है जब लंबे समय तक कम वर्षा, अत्यधिक वाष्पीकरण और जलाशयों तथा भूमिगत जल के अत्यधिक प्रयोग से भूतल पर जल की कमी हो जाए।

सूखा एक जटिल परिघटना है जिसमें कई प्रकार के मौसम विज्ञान संबंधी तथा अन्य तत्त्व, जैसे—वृष्टि, वाष्पीकरण, वाष्पोत्सर्जन, भौम जल, मृदा में नमी, जल भंडारण व भरण, कृषि पद्धतियाँ, विशेषत: उगाई जाने वाली फसलें, सामाजिक-आर्थिक गतिविधियाँ और पारिस्थितिकी शामिल हैं।

सूखे के प्रकार–

- **मौसम विज्ञान संबंधी सूखा**–यह एक ऐसी स्थिति है, जिसमें लंबे समय तक अपर्याप्त वर्षा होती है और इसका सामयिक और स्थानिक वितरण भी असंतुलित होता है।
- **कृषि सूखा**–इसे भूमि-आर्द्रता सूखा भी कहा जाता है। मिट्टी में आर्द्रता की कमी के कारण फसलें मुरझा जाती हैं। जिन क्षेत्रों में 30 प्रतिशत से अधिक कुल बोए गए क्षेत्र में सिंचाई होती है, उन्हें भी सूखा प्रभावित क्षेत्र नहीं माना जाता।
- **जलविज्ञान संबंधी सूखा**–यह स्थिति तब पैदा होती है जब विभिन्न जल संग्रहण, जलाशय, जलभूत और झीलों इत्यादि का स्तर वृष्टि द्वारा की जाने वाली जलापूर्ति के बाद भी नीचे गिर जाए।
- **पारिस्थितिक सूखा**–जब प्राकृतिक पारिस्थितिक तंत्र में जल की कमी से उत्पादकता में कमी हो जाती है और परिणामस्वरूप पारिस्थितिक तंत्र में तनाव आ जाता है तथा यह क्षतिग्रस्त हो जाता है, तो पारिस्थितिक सूखा कहलाता है।

उष्णता लहर और शीत लहर–ऊष्ण लहर जिसे गर्म लहर भी कहा जाता है, लंबे समय तक आर्द्र मौसम में सामान्य जलवायु परिस्थितियों में निश्चित क्षेत्रों में अत्यधिक तापमान पैदा करती है। इसकी सीमा से बाहर की ऊष्णता मानव शरीर को मारती है। स्थिर वातावरणीय स्थितियाँ और खराब गुणवत्ता की हवा ऊष्ण संबंधित बीमारियों को बढ़ावा देती है। एक बड़े वेव में अचानक चलने वाली अत्यधिक शीत लहर अचानक भी हो सकती है और लंबे समय तक भी रह सकती है। ये शीत लहर कृषि, संसाधनों और संपत्तियों को नुकसान पहुँचाती है। शीत तूफान, बाढ़, तूफानी लहर, सड़क जाम, बिजली गुल और राजमार्गों एवं सड़कों में अवरोध का कारण बन जाते हैं। अत्यधिक शीत लहर और भारी हिमपात के कारण पूरा का पूरा क्षेत्र ठप हो जाता है।

ग्लोबल वार्मिंग–ग्रीनहाउस गैसों (कार्बन डाइऑक्साइड, मेथेन, नाइट्रस ऑक्साइड और अन्य) में वृद्धि से रात में पृथ्वी की सतह का शीतलन मंद हो जाता है और इससे विश्व में लगभग सब तरफ न्यूनतम तापमान में (सुबह के तापमान) वृद्धि होने की प्रवृत्ति होती है, जिसके परिणामस्वरूप तापमान में वृद्धि की घटना होती है। हालाँकि वायुमंडल, ग्रीनहाउस गैसों में वृद्धि अधिकांशत: मानव गतिविधियों से होती है तथापि ग्लोबल वार्मिंग का अध्ययन एक प्राकृतिक आपदा के रूप में किया जाना उपयुक्त होगा, क्योंकि यह सामान्यत: वायुमंडल को आवृत्त करता है तथा इसकी प्रकृति विश्वव्यापी है तथा उसका प्रभाव भी स्थानीय अथवा क्षेत्रीय मानव गतिविधि के बावजूद विश्वव्यापी होता है। यही तर्क समुद्री तल में वृद्धि और ओजोन अवक्षय को प्राकृतिक आपदाओं की श्रेणी के अंतर्गत मानने के लिए लागू होता है। यह भी ध्यान देने योग्य है कि ग्रीनहाउस प्रभाव के कारण न केवल रात में पृथ्वी की सतह में कम शीतलन होगा, बल्कि ताप की रुकावट और उस रुकावट के कारण वायुमंडल भी गर्म हो जाएगा।

समुद्र तल का ऊपर उठना—पृथ्वी के औसत तापमान में किसी भी वृद्धि के दो प्रभाव होते हैं। पहला, ध्रुवों और पर्वतों की चोटियों पर बर्फ और ग्लेशियर्स अधिक मात्रा में पिघलने लगते हैं और परिणामस्वरूप समुद्र और नदियों में जल की वृद्धि हो जाती है। दूसरा, बढ़े हुए तापमान के कारण समुद्रीय जल के आयतन में प्रसार हो जाता है। इन दोनों ही कारणों से समुद्र व महासागरों में जल स्तर बढ़ जाता है जो अंततः तटीय और द्वीप निवासियों के लिए गंभीर समस्याएँ उत्पन्न करता है और उनके सामाजिक-आर्थिक कल्याण को प्रभावित करता है। वास्तव में समुद्र तल में वृद्धि से तटीय क्षेत्र और कई द्वीपों के अस्तित्व तक का खतरा रहता है।

ओजोन अवक्षय—ओजोन, ऑक्सीजन का आइसोटोप है। इसका सृजन निम्न समताप गोलार्द्ध में होता है, जहाँ पर निम्न वायुमंडलीय दाब की स्थितियों के अंतर्गत सूर्य की किरणों में उपस्थित पराबैंगनी विकिरण ऑक्सीजन के अणु को परमाणुविक ऑक्सीजन में विभंजित कर देता है, जो ऑक्सीजन के अणु के साथ मिलकर ओजोन निर्मित करती है। पराबैंगनी विकिरण ओजोन अणु को, सामान्य ऑक्सीजन के अणु और परमाणुवीय ऑक्सीजन में विभाजित कर देती है। इस तरह यह प्रक्रिया चलती रहती है और पृथ्वी के ऊपरी वायुमंडल में लगभग 20 कि. मी. पृथ्वी के ऊपर ओजोन के अधिकतम घनत्व के साथ ओजोन की परत का सृजन करती रहती है। यह प्रक्रिया सूर्य की किरणों से हानिकारक पराबैंगनी विकिरण के एक बड़े भाग को अवशोषित कर लेती है और इस तरह पृथ्वी में निवास करने वाले मनुष्यों, जंतुओं और वनस्पति जीवनों को पराबैंगनी विकिरण के हानिकारक प्रभावों से बचाती है।

क्लोरीन मोनो ऑक्साइड ऑक्सीजन के साथ पुनः क्रिया करके ऑक्सीजन तथा क्लोरीन बनाती है, यही क्लोरीन ओजोन के साथ क्रिया करके ऑक्सीजन और क्लोरीन मोनो ऑक्साइड बनाती है। इस तरह से यह क्रिया चलती रहती है और ओजोन परत का अवक्षय होता रहता है।

ओजोन परत में अवक्षय के परिणामस्वरूप पराबैंगनी तरंगें सीधे पृथ्वी पर पड़ती हैं जिससे मानव एवं पशुओं में त्वचा कैंसर जैसी घातक बीमारियाँ फैलने लगती हैं। वनस्पतियों में क्लोरोफिल पर प्रतिकूल प्रभाव पड़ता है, जिससे प्रकाश संश्लेषण की क्रिया धीमी पड़ने लगती है। ओजोन अवक्षय रोकने का एकमात्र एवं सर्वाधिक प्रमुख उपाय क्लोरीन एवं फ्लोरीन से बनाने वाले यौगिकों, जैसे—क्लोरो-फ्लोरो कार्बन, हेलोन्स तथा कार्बन टेट्रा क्लोराइड के उत्पादन एवं उपयोग को नियंत्रित करने में निहित है।

ओजोन ह्रास के बाद वैज्ञानिक सजग हुए और उन्होंने अंतर्राष्ट्रीय सहयोग के द्वारा ओजोन के अवक्षय (ह्रास) को रोकने में सार्थक सफलता हासिल की है। जो भारत के लिए गर्व की बात है।

❑❑❑

 # WE'D LOVE IT IF YOU'D LIKE US!

/gphbooks

We're now on Facebook!

Like our page to stay on top of the useful, greatest headlines & exciting rewards.

Our other awesome Social Handles:

gphbooks
For awesome & informative videos for IGNOU students

9350849407
Order now through WhatsApp

gphbooks
We are in pictures

gphbook
Words you get empowered by

अध्याय
2

आपदा प्रबंधन को समझना

प्रश्न 1. 'आपदा प्रबंधन में गैर-सरकारी संगठन और समुदाय-आधारित संगठन महत्त्वपूर्ण भूमिका निभाते हैं।' टिप्पणी कीजिए। **(जून-2018)**

उत्तर– गैर-सरकारी संगठनों (NGOs) और समुदाय आधारित संगठनों (CBOs) का प्रयोजनीय कार्य सरकार और समुदाय के बीच संपर्क कायम रखने का है। यह महत्त्वपूर्ण है कि यह संपर्क आपदा प्रबंधन की तीनों अवस्थाओं–आपदा-पूर्व, आपदा के दौरान और आपदा के बाद–को बराबर कायम रखा जाए। यह कार्य, स्थिति की आवश्यकताओं के अनुसार विभिन्न क्रियाविधियों द्वारा किया जाता है, जैसे–राहत सामग्री का वितरण, स्वास्थ्य और स्वच्छता सुनिश्चित करना, आपदा से हुई क्षति का आकलन करना आदि। आपदा प्रबंधन में इन संगठनों द्वारा किए जाने वाले अन्य कार्य सारणी में नीचे दिए गए हैं–

तालिका 2.1: आपदा प्रबंधन में गैर-सरकारी संगठनों (NGOs) और समुदाय आधारित संगठनों (CBOs) की भूमिका

आपदा प्रबंधन की अवस्थाएँ	**एन.जी.ओ./सी.बी.ओ. द्वारा किए जाने वाले कार्य**
आपदा से पूर्व	• जागरूकता उत्पन्न करना • स्थानीय स्वयंसेवकों को प्रशिक्षण देना • स्थानीय योजना बनाना और सलाह देना
आपदा के दौरान	• तुरंत बचाव और प्राथमिक सहायता उपलब्ध कराना • मीडिया की सहायता से अफवाहों को रोकना • पानी, भोजन, दवाइयाँ और अस्थायी शरण स्थलों की आपूर्ति • स्वास्थ्य और स्वच्छता की स्थितियाँ कायम रखना • मृतकों के शवों का निपटान करने में सहायता देना • आपदा से हुई क्षति के आकलन में मदद करना
आपदा के पश्चात्	• पुनर्वास और पुनर्निर्माण में तकनीकी और सामग्री की सहायता व मार्गदर्शन देना • अनाथों और विधवाओं जैसे सुविधावंचित समूहों के लिए वित्तीय सहायता उपलब्ध करने और उसका वितरण करने में सहायता देना • पुनर्वास और राहत कार्य की मॉनीटरिंग करना।

तालिका में दी गई गतिविधियाँ यह बताती हैं कि ये संगठन आपदा प्रबंधन में विशेष रूप से सहायता और समन्वय करने में महत्त्वपूर्ण भूमिका निभा रहे हैं। वे स्थानीय लोगों के साथ संवाद में जनशक्ति की व्यवस्था करने में, संसाधन तुरंत सुलभ कराने में एवं तकनीकी और व्यावसायिक सेवाएँ मुहैया कराने में प्रभावी योगदान कर सकते हैं। इसके अतिरिक्त ये संगठन समुदाय और सरकार के बीच महत्त्वपूर्ण कड़ी हैं।

आपदा प्रबंधन में मीडिया की भूमिका—मुद्रित सामग्री, प्रसारण (ब्रॉडकास्टिंग) और प्रदर्शन के रूप में मीडिया उपयोगकर्त्ताओं के अनुकूल होता है। यह अल्पकाल में, विशेषकर आपातकाल में, लाखों लोगों तक पहुँच सकता है। दृश्य-श्रव्य संचार माध्यम निरक्षरता की सीमाएँ लाँघ जाता है और आपदा के समय यह संसाधनों के उपयोग और बाहरी सहायता प्राप्त करने के लिए बहुत उपयोगी होता है।

आपदा प्रबंधन में प्रभावशाली संप्रेषण माध्यमों की भूमिका—आपदा को कम करने के लिए विश्वसनीय और प्रभावशाली संचार अत्यंत आवश्यक होता है। इस संबंध में नई संचार प्रौद्योगिकी महत्त्वपूर्ण भूमिका निभाती है क्योंकि परंपरागत चैनल, जैसे—लैंडलाइन आपदा के दौरान आसानी से गड़बड़ा जाते हैं। इस संबंध में एमेटिअर रेडियो (एच.ए.एम.) (Amateur Radio) (HAM) प्रचालकों द्वारा आपदा के दौरान आपातकालीन सूचनाएँ प्रचालित करने के लिए किया गया योगदान, उपयोगी और प्रशंसनीय रहा है। चूँकि भारत अब अपने एमेटिअर रेडियो सैटेलाइट (हैमसेट) का संचालन करने लगा है इसलिए स्वयंसेवी प्रयास का यह क्षेत्र जिसने आपदा की स्थिति में अपनी योग्यता साबित की है, समग्र आपदा प्रबंधन में और अधिक प्रभावशाली साबित होगा।

प्रश्न 2. केंद्र और राज्य स्तरों पर आपदा प्रबंधन के लिए संगठनात्मक व्यवस्था पर एक टिप्पणी लिखिए। (जून-2019)

उत्तर— प्रकृति में बाढ़, सूखा, भूकंप, सुनामी आदि जैसी आकस्मिक आपदाएँ समय-समय पर आती ही रहती हैं और इनके कारण जीवन और संपत्ति की बहुत हानि होती है। अतः यह महत्त्वपूर्ण है कि इन प्रकृति आपदाओं का सामना करने और मानसूनी वर्षा की अति परिवर्तनशील प्रकृति के कारण भारत के कुछ भागों में हमेशा सूखा अथवा सूखे जैसी स्थितियाँ बनी रहती हैं। पारंपरिक रूप से हमारी अर्थव्यवस्था कृषि पर आधारित है, जो सूखे से बहुत अधिक प्रभावित हुई थी। इसलिए आपदा प्रबंधन को केंद्रीय और राज्य, दोनों ही स्तरों पर कृषि मंत्रालय में शामिल किया गया था जबकि अर्थव्यवस्था और अधिक व्यापक होने पर स्थितियों में हुए परिवर्तन के कारण आपदा प्रबंधन से संबंधित उत्तरदायित्वों को अधिक केंद्रीय स्थान देना वांछनीय समझा गया। अतः सन् 2002 से गृह मंत्रालय आपदा प्रबंधन के लिए भारत सरकार का केंद्रीय मंत्रालय है। फिर भी, सूखा प्रबंधन अभी भी कृषि मंत्रालय की ही जिम्मेदारी है। इसी तरह अन्य मंत्रालयों को विशिष्ट आपदाओं के लिए मुख्य उत्तरदायित्व सौंपे गए हैं। जहाँ तक संभव हो इन आपदाओं को कम से कम करने के उपाय और साधनों को खोजा जाएँ। भारत जैसे विकासशील देश में आपदा प्रबंधन अत्यंत महत्त्वपूर्ण बन गया है।

(1) केंद्रीय स्तर—आपदा के प्रकार को ध्यान में रखते हुए केंद्रीय स्तर पर राज्य और जिला प्रशासन तथा अन्य सहायक विभागों/मंत्रालयों की सभी गतिविधियों के समन्वय का

उत्तरदायित्व एक केंद्रीय (Nodal) मंत्रालय को सौंपा गया है। प्रत्येक प्रकार की आपदा के लिए नोडेल मंत्रालय की सूची सारणी में दी गई है। ये नोडेल मंत्रालय, राष्ट्रीय संकट प्रबंधन समिति (National Crisis Management Committee) का भाग हैं। ये अपने उत्तरदायित्व (क्षेत्र) के अनुसार प्रत्येक आपदा के प्रकार के लिए विस्तृत रूप से आकस्मिक योजना तैयार करते हैं।

(क) **गृह मंत्रालय**–राष्ट्रीय स्तर पर गृह मंत्रालय ही आपदा प्रबंधन के सभी तरह के मामलों के लिए नोडल मंत्रालय है।

गृह मंत्रालय में केंद्रीय राहत कमिश्नर (CRC) प्राकृतिक आपदाओं के लिए राहत कार्यों के समन्वय हेतु नोडल अधिकारी होता है।

केंद्रीय राहत कमिश्नर के पास भारतीय मौसम विभाग (IMD) अथवा जल संसाधन मंत्रालय के केंद्रीय जल आयोग से प्राकृतिक आपदा विषयक भविष्यवाणी चेतावनी की सूचना आती है।

इस कार्य में अन्य मंत्रालय भी सहायता करते हैं। गृह मंत्रालय में "केंद्रीय राहत आयुक्त" प्राकृतिक आपदाओं के लिए किए जा रहे राहत कार्यों को समन्वित करने के लिए मुख्य अधिकारी के रूप में कार्य करता है। गृह मंत्रालय बाढ़, भूकंप, चक्रवात, भूस्खलन, दावानल, अवधाव आदि आपदाओं के लिए कार्य करता है।

तालिका 2.2: आपदा का प्रकार और नोडेल केंद्रीय मंत्रालय

आपदा का प्रकार	मुख्य मंत्रालय (Nodal Ministry)
हवाई दुर्घटनाएँ	नागर विमानन मंत्रालय (Ministry of Civil Aviation)
जैविक आपदा	स्वास्थ्य मंत्रालय (Ministry of Health)
रासायनिक आपदा	पर्यावरण मंत्रालय (Ministry of Environment)
सूखे के अतिरिक्त अन्य प्राकृतिक आपदाएँ और समन्वयन	गृह मंत्रालय (Ministry of Home Affairs)
सूखा	कृषि मंत्रालय (Ministry of Agriculture)
किसी महत्त्वपूर्ण अनिवार्य सेवा के ठप्प होने से उत्पन्न समस्याएँ	संबद्ध मंत्रालय (Concerned Ministries)
देश के अंदर अथवा बाहर नाभिकीय दुर्घटना, जो भारत के निवासियों के लिए स्वास्थ्य संबंधी और अन्य संकट उत्पन्न करती है।	ऊर्जा विभाग (Department of Atomic Energy)

केंद्रीय राहत आयुक्त, भारतीय मौसम विज्ञान विभाग (IMD) अथवा केंद्रीय जल आयोग (CWC) से इन आपदाओं की पूर्व सूचना/चेतावनी की जानकारी सतत् रूप से प्राप्त करता रहता है तथा ये सूचनाएँ प्रसारित कर कार्यों का समन्वय करता है।

गृह मंत्रालय, राष्ट्रीय संकट प्रबंधन समिति को भारत सरकार के कैबिनेट सचिव के माध्यम से सूचित करता है। वह इस सूचना को, विभिन्न केंद्रीय सरकार के मंत्रालयों, विभागों और राज्य सरकारों को उचित अनुवर्ती कार्यवाही करने के लिए प्रसारित करता है।

हालाँकि गृह मंत्रालय आपदा की स्थितियों का प्रबंधन करने के लिए मुख्य मंत्रालय है, फिर भी उसे अन्य मंत्रालय भी सहायता प्रदान करते हैं। स्वास्थ्य और परिवार कल्याण मंत्रालय, स्वास्थ्य सेवा महानिदेशक के आपातकालीन चिकित्सा राहत प्रभाग के माध्यम से महत्त्वपूर्ण योगदान करता है। विशिष्ट आपदा स्थिति में, यह प्रभाग गृह मंत्रालय के केंद्रीय नियंत्रण कक्ष से संपर्क करता है और आपदा की स्थिति की सीमा और मात्रा संबंधी, जैसे कि किसी विशेष दिन के ब्यौरे, प्रभावित लोगों की संख्या और पीड़ितों के स्वास्थ्य से संबंधित जानकारी प्राप्त करता है। इन आँकड़ों और सूचनाओं के आधार पर संबद्ध चिकित्सा एजेंसियाँ पीड़ितों को चिकित्सा संबंधी राहत पहुँचाने के कार्य पर लगा दी जाती हैं।

(ख) **अन्य समितियाँ**—केंद्रीय और राज्य स्तर पर आपदा प्रबंधन कार्य के समन्वय हेतु सहभागी समितियाँ निम्नलिखित हैं—

    (i)   **कैबिनेट समिति (Cabinet Committee)**—आपदा को देखते हुए, राहत उपायों के प्रभावी क्रियान्वयन के लिए समिति गठित कर सकता है। गृह मंत्रालय में सचिव इस समिति के सचिव का कार्य करते हैं। ऐसी समिति के न होने पर, आपदा राहत से संबंधित सभी मामले कैबिनेट सचिव को रिपोर्ट किए जाते हैं।

    (ii)   **राष्ट्रीय संकट प्रबंधन समिति (National Crisis Management Committee, NCMC)**—इस समिति का गठन कैबिनेट सचिवालय में किया गया है। यह समिति कैबिनेट सचिव की अध्यक्षता में काम करती है और इस समिति के अन्य सदस्य में प्रधानमंत्री के सचिव, गृह मंत्रालय, कृषि मंत्रालय और रक्षा मंत्रालय के सचिवों के साथ इंटेलीजेंस ब्यूरो के निदेशक, अनुसंधान और विश्लेषण विंग के निदेशक और कैबिनेट सचिवालय का एक अधिकारी होते हैं। यह (NCMC) एक उच्चाधिकार प्राप्त समिति है, जो देश में अथवा वास्तविक आपदा के मामले में तुरंत क्रियाशील हो जाती है। यह संकट प्रबंधन समूह को यथावश्यक निर्देश देती है।

    (iii)   **संकट प्रबंधन समूह (Crisis Management Group, CMG)**—यह केंद्रीय राहत आयुक्त की अध्यक्षता में कार्य करने वाला समूह है, जिसमें विभिन्न मंत्रालयों और अन्य संबद्ध विभागों के वरिष्ठ अधिकारी होते हैं। इसका कार्य केंद्रीय मंत्रालयों/विभागों द्वारा प्रतिपादित आकस्मिक योजनाओं की प्रत्येक वर्ष समीक्षा करना है। इसके अतिरिक्त यह उन उपायों की भी समीक्षा करता है, जो प्राकृतिक आपदा का सामना करने के लिए

आवश्यक होते हैं; आपदा की तैयारी और राहत से संबंधित केंद्रीय मंत्रालयों और राज्य सरकारों द्वारा की गई गतिविधियों का समन्वय करता है और उपरोक्त से संबंधित उपायों के बारे में मुख्य अधिकारियों से जानकारी प्राप्त करता है। केंद्रीय राहत आयुक्त की अध्यक्षता में वर्ष में कम-से-कम दो बार सी.एम.जी. की बैठक आयोजित की जाती है। आपदा की स्थिति में, प्रतिदिन अथवा बार-बार, आवश्यकता के अनुसार इसकी बैठकें आयोजित होती रहती हैं।

(iv) **केंद्रीय नियंत्रण कक्ष (कंट्रोल रूम)**–गृह मंत्रालय में आपातकालीन कार्य केंद्र (नियंत्रण कक्ष) केंद्रीय राहत आयुक्त को उसके कर्त्तव्य निभाने में सहायता करता है। देश में किसी बड़ी आपद (Calamity) घटना के बारे में पहली सूचना प्राप्त होते ही नियंत्रण कक्ष अपने संपूर्ण स्टाफ के साथ 24 घंटे काम करने लगता है। यह प्राकृतिक आपद से उत्पन्न संकट पर प्रभावी कार्यवाही, राहत आयुक्त द्वारा निर्दिष्ट अवधि तक करता रहता है। नियंत्रण कक्ष सभी आपातकालीन स्थितियों के नर्व सेंटर के रूप में कार्य करता है। इस तरह यह कक्ष प्राकृतिक आपद और राहत से संबंधित सूचना के संचयन और संप्रेषण के लिए है; प्रभावित राज्य सरकार से निकट संपर्क बनाए रखने के लिए; अन्य केंद्रीय मंत्रालयों/विभागों के साथ परस्पर सक्रिय रहने; केंद्रीय मंत्रालय/विभागों/राज्य सरकारों में सभी कार्य स्थलों और संपर्क बिंदुओं से संबंधित सभी प्रकार की तत्संबंधी सूचना का रिकॉर्ड रखने तथा राहत आयुक्त द्वारा समय-समय पर सौंपे गए कर्त्तव्यों के पालन हेतु पर्याप्त रूप से सुसज्जित तथा अनुकूल स्थान पर स्थित है।

महत्त्वपूर्ण टिप्पणी–अभी हाल ही के वर्षों में घटित गंभीर आपदाओं की घटनाएँ और परिवर्तनशील जनसांख्यिकीय और सामाजिक-आर्थिक स्थितियों के कारण यह आवश्यक हो गया है कि आपदा प्रबंधन संगठनों को और चुस्त और दुरुस्त किया जाए। अब प्रधानमंत्री की अध्यक्षता में एक शिखर निकाय (Apex Body) के रूप में राष्ट्रीय आपदा प्रबंधन प्राधिकरण विद्यमान है। उड़ीसा और गुजरात में राज्य स्तर पर राज्य आपदा प्रबंधन प्राधिकरण और बाकी राज्य भी भविष्य में ऐसे ही अपने प्राधिकरण बना लेंगे। संसद द्वारा आपदा प्रबंधन पर एक व्यापक केंद्रीय कानून अनुमोदित किया गया है।

(2) राज्य स्तर–राज्य सरकार का यह दायित्व है कि वह आपदा की स्थिति से निपटने के लिए की जाने वाली कार्यवाही निर्धारित करे और साथ में दीर्घ अवधि के लिए तैयारी और पुनर्वास उपायों की भी व्यवस्था करे। फिर भी प्राकृतिक आपदाओं की स्थिति में राज्य सरकार के राहत प्रयासों को आगे बढ़ाने में केंद्रीय सरकार की भौतिक और वित्तीय संसाधनों के संदर्भ में सीमित भूमिका है। केंद्रीय सरकार के स्तर पर राहत पहुँचाने के आयाम, राहत व्यय के लिए दी गई वित्तीय सहायता की वर्तमान नीति और स्थिति की गंभीरता, राहत कार्यों के पैमाने और

राज्य सरकार के वित्तीय संसाधनों को बढ़ाने के लिए केंद्रीय सहायता की आवश्यकता को ध्यान में रखकर निर्धारित होते हैं।

राज्य में, राहत आयुक्त उसके राज्य में घटित प्राकृतिक आपदा के प्रबंधन के लिए राहत के उपायों का प्रभारी होता है। उसकी अनुपस्थिति में समग्र राहत कार्यों का प्रभारी मुख्य सचिव अथवा उसके द्वारा नामित अधिकारी होता है। प्रत्येक राज्य में, संबद्ध मुख्य सचिव के समग्र पर्यवेक्षण और नियंत्रण में राज्य प्रशासन में महत्त्वपूर्ण विभाग होते हैं। राज्य, आपदा घटित होने पर अपने राजस्व और राहत विभाग के माध्यम से कार्य करता है। इस संबंध में राज्य स्तर पर कार्यरत संगठन का स्वरूप निम्नलिखित है–

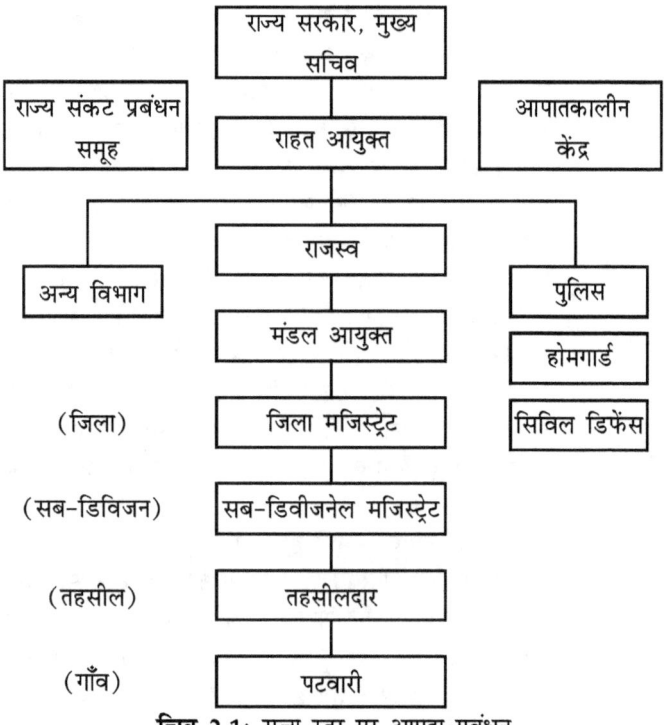

चित्र 2.1: राज्य स्तर पर आपदा प्रबंधन

यह उल्लेखनीय है कि उत्तरांचल राज्य ने आपदा प्रबंधन मंत्रालय संस्थापित करने में पहल की है। यह सही दिशा में एक प्रशंसनीय प्रयास है। अन्य राज्य, विशेषकर जो प्रकृति की गंभीर प्राकृतिक आपदाओं के प्रति संवेदनशील हैं, उनको उत्तरांचल का उदाहरण अपनाना चाहिए।

(क) **राज्य संकट प्रबंधन समूह (SCMG)**–राज्य संकट प्रबंधन समूह (एस.सी.एम. जी.), मुख्य सचिव राहत आयुक्त की अध्यक्षता में कार्य करता है। इसमें राजस्व/राहत गृह, नागरिक आपूर्ति, पावर, सिंचाई, जल-पूर्ति, ग्रामीण विकास, कृषि, वन, स्वास्थ्य, लोक निर्माण और वित्त विभागों के वरिष्ठ अधिकारी होते हैं। एस.सी.एम.जी. से अपेक्षित है कि वह उपलब्ध बुनियादी ढाँचे और भारत सरकार से प्राप्त मार्गदर्शन पर ध्यान दे और विभिन्न आपदाओं से निपटने के लिए तदनुसार

कार्यवाही योजना निर्धारित करे। यह समूह मुख्यत: राज्य स्तरीय प्रयासों के समन्वयन और केंद्र सरकार के साथ संपर्क बनाए रखने में संलग्न रहता है।

(ख) **राज्य नियंत्रण कक्ष**—जैसे ही आपदा की स्थिति उत्पन्न होती है, राज्य का राहत आयुक्त एक नियंत्रण कक्ष अथवा आपातकालीन कार्य केंद्र (EOC) की स्थापना करता है। ई.ओ.सी. प्रत्याशित आपदा का पूर्वानुमान और चेतावनी संबंधी अद्यतन सूचना का संचयन एवं प्रसारण करता है। यह केंद्रीय सरकार और अन्य संबद्ध एजेंसियों द्वारा किए जा रहे आपदा राहत प्रयासों में समन्वय स्थापित करने के लिए संपर्क बिंदु के रूप में कार्य करता है।

(3) **जिला स्तर**—क्षेत्रीय स्तर के संगठनों और सरकार की आकस्मिकता योजनाओं के कार्यान्वयन के लिए प्रभावशाली और उत्तरदायी जिला प्रशासन एकमात्र अत्यधिक महत्त्वपूर्ण इकाई है। अतएव जिला स्तर पर जिला कलेक्टर (जिलाधीश) को ऐसे आपदा प्रबंधन कार्यों के संचालन हेतु विशेष अधिकार प्राप्त होते हैं। जिले का दैनिक प्रशासन जिला कलेक्टर (कुछ राज्यों में इसे जिला मजिस्ट्रेट अथवा उपायुक्त कहा जाता है), पर केंद्रित होता है, जो जिले के प्रशासनिक संगठन का प्रमुख होता है। वह क्षेत्र स्तर पर आपदा न्यूनीकरण के लिए आकस्मिक योजनाओं के कार्यान्वयन अथवा राहत कार्य कराने के लिए उत्तरदायी होता है।

जिला कलेक्टर अपने क्षेत्र के सभी विभागों के कार्यकर्त्ताओं के ऊपर समन्वयकारी और पर्यवेक्षी अधिकार का उपयोग करता है। आपदा न्यूनीकरण और राहत कार्यों के दौरान कलेक्टर की शक्तियों में बहुत वृद्धि हो जाती है जो सरकार के विशिष्ट आदेश अथवा स्थायी अनुदेशों के तहत होती है। जिला कलेक्टर को आपदा की स्थितियों में रक्षा सेवाओं की सहायता माँगने का अधिकार प्राप्त है।

(क) **आकस्मिकता योजनाएँ**—जिला कलेक्टर अपने जिले के लिए आकस्मिकता योजना बनाता है और उसे अनुमोदन के लिए राज्य सरकार को प्रस्तुत करता है। इन योजनाओं में विशिष्ट कार्य बिंदु, मुख्य कार्मिक और संपर्क बिंदु निर्धारित किए जाते हैं जो आपदा प्रबंधन के सभी पहलुओं से संबंधित होते हैं। इन योजनाओं को लागू करने में और उनके लिए तैयारी करने में पुलिस की भूमिका बहुत महत्त्वपूर्ण होती है।

(ख) **जिला राहत समिति**—जिला स्तर पर किए जाने वाले विभिन्न राहत उपायों में नियंत्रण कक्ष की स्थापना, राहत प्रशासन, चिकित्सीय देख-रेख, महामारी, बचाव, मृतकों का निपटान, बाहर से प्राप्त होने वाली राहत, विशेष राहत और संचार माध्यमों के साथ संपर्क सहित उपयुक्त सूचना आदि शामिल होते हैं। इन उपायों की समीक्षा जिला स्तर पर राहत समिति द्वारा होती है जिसमें स्थानीय संसद सदस्य और विधायक सहित सरकारी और गैर-सरकारी सदस्य होते हैं।

(ग) **जिला नियंत्रण कक्ष**—जैसे ही प्राकृतिक आपदा प्रत्याशित होती है, जिला स्तर पर चेतावनी प्राप्त होने पर तुरंत नियंत्रण कक्ष स्थापित कर दिया जाता है। नियंत्रण कक्ष लगातार बचाव और राहत प्रयासों सहित समग्र स्थिति की मॉनीटरिंग करता है। वह आपदा प्रबंधन में संलग्न राज्य सरकार मुख्यालयों, गैर-सरकारी संगठनों और अन्य एजेंसियों के घनिष्ठ संपर्क में रहता है।

निष्कर्षत—आपदाओं के प्रबंधन की मुख्य जिम्मेदारी राज्य सरकारों की है। राष्ट्रीय सरकार की भूमिक समर्थक है, जो भौतिक और आर्थिक सहायता के रूप में तथा यातायात, चेतावनी एवं खाद्यान्न के अंत:राज्यीय गतिविधि के रूप में होता है।

राष्ट्रीय सरकार आपदाओं से जो सबक सीखती है, उन्हें वह राज्य सरकारों को बताती है। कृषि तथा सहकारिता विभाग (DAC) नोडल (Nodal) विभाग है। आपदा प्रबंधन राज्य सरकारों का दायित्व है। भारत सरकार उनके प्रयासों में पूरक का काम करती है, जो आर्थिक तथा तार्किक (logistic) सहायता के रूप में होता है। आपदा प्रबंधन का कार्य फरवरी 2002 में कृषि मंत्रालय से बदलकर गृह मंत्रालय को दे दिया गया। समुदायों तथा गैर-सरकारी संगठनों के प्रतिनिधियों को बुलाकर नीति निर्धारित की जाती है।

प्रश्न 3. "भविष्यवाणी, पूर्वानुमान, चेतावनी और न्यूनीकरण आपदा प्रबंधन में महत्त्वपूर्ण भूमिका निभाते हैं।" चर्चा कीजिए। (जून-2017)

उत्तर—भविष्यवाणी/चेतावनी—यदि आपदाओं की भविष्यवाणी की जा सके तो धन व जन को होने वाली क्षति को न्यूनतम किया जा सकता है। आजकल कुछ आपदाओं के विषय में ठीक-ठीक भविष्यवाणी करने के लिए पर्याप्त साधन उपलब्ध हैं, किंतु जहाँ अपर्याप्त सूचना हो, वहाँ पर पूर्वघटित आपदाओं का सहारा लिया जा सकता है।

किसी भी आपदाकारी घटना के प्रभावों को कम किया जा सकता है, यदि उसकी भविष्यवाणी की जा सके और समय से चेतावनी जारी की जा सके। इसके लिए आपदा के स्थल की पहचान तथा आपदा के परिमाण का निश्चयन आवश्यक है।

कुछेक प्राकृतिक आपदाओं की सही-सही भविष्यवाणी संभव है, यथा—बाढ़ें, प्रभंजन, सुनामी आदि।

एक बार आपदा की भविष्यवाणी कर चुकने पर जनसामान्य को चेतावनी देना परमावश्यक है। आपदा की प्रत्येक सूचना जनसामान्य तक शीघ्रातिशीघ्र पहुँचनी चाहिए। वैसे जनसामान्य ऐसी चेतावनी का स्वागत नहीं करना चाहता, क्योंकि कभी-कभी भविष्यवाणी मिथ्या निकल जाती है और लोगों में यह धारणा बन जाती है कि ऐसी वैज्ञानिक भविष्यवाणी गुमराह करनेवाली होती है। समाचार-पत्र, टेलीविजन, इंटरनेट, रेडियो रिपोर्ट भी भविष्यवाणी के प्रमाण को व्याख्यायित नहीं कर पाते। फिर भी, वैज्ञानिकों का धर्म है कि जनता को आगाह करें, क्योंकि सूचनाप्राप्त जनता उस जनसमूह की अपेक्षा अच्छा आचरण करती है जिसे कोई सूचना प्राप्त हुई नहीं रहती। वैसे मौसम की चेतावनी, भूकंप या भूस्खलन तथा बाढ़ों की भविष्यवाणियाँ प्राय: सत्य उतरती हैं।

किसी भी प्राकृतिक आपदा के समय जिन परिस्थितियों का सामना करना पड़ता है, उसका अच्छा अनुमान होना चाहिए।

किसी विशेष घटना का खतरा (Risk) उस घटना की संभाव्यता और परिणाम का गुणनफल होता है। (खतरा = घटना की संभाव्यता × परिणाम)।

परिणामों को जन क्षति, संपत्ति क्षति, जनसेवा आदि के रूप में परिभाषित करते हैं। इतने पर भी खतरे का विश्लेषण कठिन है। तूफान, भूस्खलन, सूखा, अग्निकांड जैसी आपदाओं को परिवर्तित करने की क्षमता वैश्विक जलवायु परिवर्तन में है। वैश्विक ऊष्मन से समुद्री जल का आयतन बढ़ जाता है, ग्लेशियर पिघल सकते हैं और मरुस्थलों का विस्तार हो सकता है।

न्यूनीकरण (Mitigation)—न्यूनीकरण का अर्थ आपदा या संभावित आपदा के विस्तार को कम करने के लिए कार्य किए जाने से तात्पर्य रखता है। न्यूनीकरण का कार्य पहले, वर्तमान यानि घटना की अवधि में अथवा आपदा के पश्चात् उपायों को अपनाने की एक प्रक्रिया है, परंतु इस शब्द का प्रयोग प्राय: संभावित आपदा के विपरीत अथवा उसको रोकने के लिए की जाने वाली कार्रवाई है। न्यूनीकरण का कार्य पहले, वर्तमान यानि घटना की अवधि में अथवा आपदा के पश्चात् उपायों को अपनाने की एक प्रक्रिया है, परंतु इस शब्द का प्रयोग प्राय: संभावित आपदा के विपरीत अथवा उसको रोकने के लिए की जाने वाली कार्रवाई है। न्यूनीकरण के उपाय भौतिक, संरचनात्मक और गैर-संरचनात्मक दोनों प्रकार के हो सकते हैं। संरचनात्मक उपाय ऐसे होते हैं जो हमें दिखाई देते हैं या हम आसानी से उनके प्रभावों की जानकारी प्राप्त कर सकते हैं, जैसे कि भवनों को मजबूत बनाना आपदा का मुकाबला करने के लिए निर्माण कार्यों को और अधिक मजबूत बनाना तथा संरचनाओं को खड़ा करना है। गैर-संरचनात्मक उपाय प्रकृति में अप्रत्यक्ष होते हैं। इनकी मात्रा को आप आसानी से माप नहीं सकते हैं परंतु यह बहुत ही महत्त्वपूर्ण होते हैं जैसे कि जागरूकता को उत्पन्न करना, शिक्षा तथा प्रशिक्षण देना और इससे संबंधित नियमों और विनियमों से लोगों को अवगत कराना तथा उनकी समुचित जानकारी देना होता है।

For **FREE Book**

"How to Pass IGNOU Exams in Less TIME and EFFORTS?"

and
Freebies, Discounts, Great Offers!

Visit-
https://www.Gullybaba.com/ignou-free

Thank you
for loving and supporting gullybaba

बाढ़

प्रश्न 1. भारत में बाढ़ की प्रकृति और प्रकारों की चर्चा कीजिए।

(दिस.-2018)

उत्तर— बाढ़ का सामान्य अर्थ है—किसी भू-भाग का लगातार कई दिनों तक जलमग्न हो जाना। सामान्यतया बाढ़ें नदी में सीमा से अधिक जल आ जाने के कारण आती हैं। इस संदर्भ में कहा गया है, "बाढ़ नदी की एक ऐसी उच्च अवस्था है, जिसमें नदी सामान्यतया अपने विशिष्ट पहुँच वाले प्राकृतिक बाँधों को तोड़कर बहने लगती है।"

बाढ़ एक प्राकृतिक घटना होती है जो अधिक वर्षा होने का परिणाम होती है। बाढ़ उस समय प्राकृतिक आपदा बन जाती है जब इसके कारण जनधन की अपार हानि होती है।

परंतु इन सभी कथनों से बाढ़ की घटना के विभिन्न पहलुओं को नहीं दर्शाता है। इस संबंध में बाढ़ की वैज्ञानिक और मान्यता प्राप्त परिभाषाओं का अवलोकन सहायक होगा।

बाढ़, नदी के जल स्तर में शिखर तक की सामान्यत: अल्प वृद्धि है, जो धीमी गति से कम होती है।

बाढ़ (अथवा नदी की बाढ़) पानी के उच्च प्रवाह में अथवा जल स्तर में आपेक्षिक वृद्धि है, जो स्पष्टत: सामान्य से अधिक होती है। बाढ़ जल वृद्धि, उफान और भूमि पर जल आप्लावन का समूह है।

बाढ़ की इन परिभाषाओं से दो तथ्य उभर कर सामने आते हैं—पहला यह कि बाढ़ जल के द्वारा सृजित घटना होती है। पानी की वृहत् और अनियंत्रणीय मात्रा के बिना बाढ़ की कल्पना करना असंभव है। दूसरा यह कि बाढ़ (अधिकांश मामलों में) नदी, नालों और उसके आस-पास के क्षेत्र की घटना होती है।

फिर भी, ऐसे क्षेत्र जहाँ नदी और नाले नहीं भी हों तो भी अपर्याप्त जल निकास व्यवस्था के कारण बाढ़ प्रभावित होते हैं। यह स्थिति शहरी केंद्रों में अनियोजित अथवा गलत नियोजन के कारण बढ़ती हुई मात्रा में अनुभव की जा रही है। इसके अतिरिक्त, कृषि क्षेत्रों में पानी की अवरुद्धता के कारण भी ऐसे क्षेत्र बाढ़ से प्रभावित होते हैं। यह "बाढ़ आने" अथवा "जल आप्लावन" की स्थिति कहलाती है, जो नदी की बाढ़ से भिन्न मानी जा सकती है; हालाँकि दोनों ही शब्द "बाढ़" और "बाढ़ आना" अक्सर समान अर्थों में उपयोग किए जाते हैं। क्षेत्र जो नदी अथवा नहर के किनारों से बहुत दूर होते हैं और जो बाढ़ के प्रति संवेदनशील नहीं होते

उनमें भी उस समय बाढ़ आ सकती है जब नदी अथवा नहर में एकदम पानी की अधिक मात्रा आ जाए। इसके अतिरिक्त पानी के वृहत् पुँज (नदी और सरिता के अतिरिक्त) भी हैं जो भूमि पर फैल जाते हैं और बाढ़ का कारण बन जाते हैं। उदाहरण के लिए, सन् 2005 में और पहले भी परीचू झील में पानी के फैलने से हिमाचल प्रदेश में भारी बाढ़ आ गई थी। इसलिए 'बाढ़ आने' की परिभाषा अंतर्राष्ट्रीय सिंचाई और जल निकास आयोग (आई.सी.आई.डी.; 1996) द्वारा दो संदर्भों में दी गई है–

(1) बाढ़ आना अथवा जल आप्लावन–

(क) नदी, झील, समुद्र अथवा अन्य जल पुँज में पानी की सामान्य सीमा के बाहर पानी का अति प्रवाह अथवा उन क्षेत्रों में जो सामान्यतः बाढ़ के पानी में नहीं डूबते हैं, उनमें जल निकास की कमी से जल आप्लावन होता है। जल आप्लावन का सामान्यतः अर्थ पानी के कुछ ही डेसीमीटर से लगाया जाता है और इसका बाढ़ से उत्पन्न होना जरूरी नहीं है।

(ख) सिंचाई आदि के प्रयोजन के लिए पानी का नियंत्रित फैलाव।

(2) बाढ़ अथवा बाढ़ आने के आधारभूत कारक–बाढ़ आपदा के उत्तरदायी कारकों में निम्नलिखित छः कारक उल्लेखनीय हैं–

(क) भारी वर्षा (Heavy Rain)–किसी क्षेत्र में कई दिनों तक लगातार भारी वर्षा होने पर उस क्षेत्र में प्रवाहित नदियों के जल स्तर में तेजी से वृद्धि होने लगती है, जिससे नदियों के समीपवर्ती भू-भाग जलमग्न हो जाते हैं। विश्व के शुष्क व अर्द्ध-शुष्क भागों में वर्षा की कमी के कारण जल निकास के स्पष्ट अपवाह मार्ग नहीं होते। यदि ऐसे भागों में भारी वर्षा हो जाती है, तो जल निकास की समुचित प्राकृतिक व्यवस्था न होने के कारण एक बड़ा भू-भाग बाढ़ग्रस्त हो जाता है। भारी वर्षा बादलों के प्रस्फोट तथा चक्रवातों के कारण भी हो सकती है।

(i) बादलों का फटना या प्रस्फोट (Cloud Burst)–असामान्य रूप से होने वाली भारी वर्षा द्वारा, जो प्रायः विद्युत की चमक तथा मेघ गर्जन के साथ अचानक तथा तेजी से होती है; कम समय में ही इतनी घनघोर वर्षा हो जाती है कि नदियों में बाढ़ आ जाती है तथा निचले क्षेत्र जलमग्न हो जाते हैं।

16–17 जून, 2013 को उत्तराखण्ड के उत्तरकाशी, चमोली, रुद्रप्रयाग तथा पिथौरागढ़ जनपदों में अचानक बादलों के फटने से हुई भारी मूसलाधार वर्षा के कारण भागीरथ, मंदाकिनी, अलकनंदा तथा पिण्डर आदि नदियों में आकस्मिक बाढ़ (Flash floods) आ गई तथा इस भारी वर्षा ने उत्तराखण्ड के उक्त क्षेत्रों विशेष रूप से केदारनाथ व रामबाढ़ा क्षेत्रों में भारी तबाही की। इस बाढ़ की विभीषिका के कारण 6 हजार से अधिक लोग काल कलंवित हो गए तथा हजारों लोग घायल हो गए, साथ ही इस क्षेत्र की सैकड़ों बस्तियाँ, पुल तथा सड़कें ध्वस्त हो गईं।

इसी प्रकार राजस्थान तथा गुजरात राज्यों में होने वाली अप्रत्याशित घनघोर वर्षा ने कई बार कई क्षेत्रों में आकस्मिक बाढ़ की स्थितियाँ उत्पन्न कर दीं।

(ii) **चक्रवात (Cyclones)**–सागर के तटवर्ती भागों में चक्रवातीय हवाएँ जब प्रचण्ड रूप लेकर भारी वर्षा करती हैं, तो इससे तटवर्ती भागों में भारी जन-धन की हानि तो होती ही है, साथ ही तटीय भाग जलमग्न हो जाते हैं।

(ख) जलग्रहण क्षेत्र का बड़ा होना (Large Catchment Area)–यदि किसी प्रदेश का जलग्रहण क्षेत्र बड़ा है, तो मध्यम वर्षा होने पर भी उस प्रदेश में प्रवाहित प्रमुख नदी में जल की अधिक मात्रा आ जाती है तथा बाढ़ आने की संभावना बढ़ जाती है।

(ग) अपर्याप्त अप्रवाह प्रबंधन व्यवस्था (Inadequate Drainage Management)–जलग्रहण क्षेत्र में अप्रवाह प्रबंधन व्यवस्था सुचारु न होने पर उस क्षेत्र में बाढ़ों का प्रकोप हो सकता है। अप्रवाह प्रबंधन व्यवस्था के अव्यवस्थित हो जाने के अनेक कारण हो सकते हैं, जिनमें भूस्खलन के कारण उत्पन्न अवरोध, नदी वाहिकाओं का स्पष्ट विकसित न होना, नदियों से विसर्पों का होना, नदियों की वाहन क्षमता में कमी तथा डेल्टा के मुहानों का बालू रोधिका के निर्माण से अवरुद्ध हो जाना उल्लेखनीय है।

(3) बाढ़ के प्रकार–बाढ़ के आधारभूत कारक होने की वजह से जल और भूमि बाढ़ के प्रकार निश्चित करते हैं। इन दोनों कारकों की प्रकृति में अंतर के परिणामस्वरूप, बाढ़ को पानी के स्रोत और भूमि के स्थान के आधार पर निम्नलिखित रूप में वर्गीकृत किया जा सकता है–

(क) वर्षण बाढ़ (Precipitation Floods)–

(i) **बरसाती बाढ़ें (Rainfall Floods)**–

- भारी वर्षा से बाढ़ (Heavy Rainfall Floods)
- एकाकी बाढ़ घटना (Single Event Floods)
- बाढ़ की अनेकानेक घटनाएँ (Multiple Event Floods)

आकस्मिक बाढ़ (Flash Floods)

- बाढ़ की एकाकी घटना (बादल फटना) Single Event (Cloud Burst)
- बाढ़ की अनेकानेक घटनाएँ (पानी की अस्थायी अवरुद्धता) (Multiple Event)

मौसमी बाढ़ (Seasonal Floods)

(ii) **वर्षा से आई बाढ़ के अतिरिक्त वर्षण बाढ़ (Precipitations other than Rainfall Floods)**–

- हिम का पिघलना (Snowmelt)
- बर्फ का पिघलना (Icemelt)

(ख) गैर-वर्षण बाढ़ (Non-precipitation Floods)–

(i) ज्वारनदमुखी बाढ़ (Estuarine Floods)

(ii) तटीय बाढ़ (Coastal Floods)–

- चक्रवाती तूफानों से आया तूफानी सर्ज (Storm Surges due to Cyclonic Storms)

- समुद्र के अधोतल में भूकंप आने के कारण उत्पन्न सुनामी (Tsunamis due to Under Ocean Earthquakes)
(iii) नहरों और नदी के तटबंधों में विच्छेद से उत्पन्न बाढ़ (Breach Floods)
(iv) बाँध के फूटने से उत्पन्न बाढ़ (Dam burst Floods)

बाढ़ के वर्गीकरण को इसलिए समझाया गया है क्योंकि इस से एक महत्त्वपूर्ण संदेश यह मिलता है कि बाढ़ या तो धीरे-धीरे विकसित होने वाली होती है (जब पानी इकट्ठा हो जाता है और भूमि संतृप्त हो जाती है) अथवा अकस्मात् प्रकार की होती है (जब पानी की वृहत् मात्रा एकदम आ जाती है और यह मात्रा उपलब्ध प्राकृतिक अथवा मनुष्य द्वारा बनाई गई जल निकास नालियों की सामान्य वाहक क्षमता से बहुत अधिक होती है)। इसलिए बाढ़ के प्रकारों को समझना आवश्यक है।

निष्कर्ष—प्रभावित क्षेत्रों में बाढ़ दिन-प्रतिदिन के कार्य को बाधित करती है। बाढ़ उन क्षेत्रों में रहने वाले लोगों के लिए विभिन्न समस्याएँ पैदा करती है। भारी बाढ़ से प्रभावित क्षेत्रों में जन-जीवन को फिर से पुनर्निर्माण करने में महीनों लगते हैं और कई बार तो सालों-साल भी।

प्रश्न 2. भारत में बाढ़ों के कारणों और प्रभावों का विवेचन कीजिए।

(जून-2019)(जून-2020)

उत्तर—**कारण और प्रभाव**—बाढ़ एक प्राकृतिक आपदा है जो किसी क्षेत्र में अत्यधिक पानी के जमा होने का कारण होता है। वास्तव में बाढ़ से जल की आवश्यकता की पूर्ति होती है और वह भूमि में उर्वरकता लाती है। परंतु मानव जीवन और संपत्ति की बाढ़ के प्रति संवेदनशीलता उसे एक खतरा बना देती है और बाढ़ से हुई वास्तविक व्यापक तबाही उसे बाढ़ आपदा का नाम दे देती है।

बाढ़ के कारण—बाढ़ के कारण इस प्रकार हैं—

(1) अत्यधिक वर्षा—किसी स्थान में लगातार कई दिनों तक भीषण वर्षा होने से नदियों का जल-स्तर बढ़ने लगता है जिसके परिणामस्वरूप नदियों के समीपवर्ती भू-भाग जलमग्न हो जाते हैं। अत्यधिक वर्षा के निम्न दो कारण होते हैं—

(क) **बादलों का फटना**—इससे प्राय: विद्युत की चमक तथा मेघ-गर्जन के साथ अचानक तथा तेजी से होती है। इसमें कम समय के अंतराल में ही ऐसी घनघोर वर्षा होती है कि नदियों में बाढ़ आ जाती है तथा निचले इलाके जलमग्न हो जाते हैं।

(ख) **चक्रवात**—सागरों के तटवर्ती भागों में चक्रवर्तीय हवाओं से प्रचण्ड रूप में भारी वर्षा होती है जिसके कारण तटवर्ती भागों में अत्यधिक जन-धन की हानि होती है। साथ ही तटीय भाग जलमग्न हो जाते हैं।

(2) वनों का ह्रास—वनों की कटाई से भू-क्षरण की दर बढ़ रही है जिसके कारण नदियों, जलाशयों की जलसंग्रहण क्षमता में कमी होती है। वनों की कटाई के कारण भूमि द्वारा जल अवशोषण की दर में कमी होने से जलाशय तथा नदियों में जल-स्तर बढ़ जाता है जिसके कारण प्रतिवर्ष विश्व की लाखों हेक्टेयर भूमि बाढ़ग्रस्त हो जाती है।

(3) नदी तल में अवसादों का जमाव–पर्वतों से निकलने वाली नदियाँ मैदानी भागों में प्रवेश करते समय भारी मात्रा में अवसादों को साथ बहाकर लाती है। ये अवसाद मिट्टी तथा बालू के रूप में नदी के तली पर विक्षेपित होते जाते हैं जिसके कारण नदी की तली निरंतर उतली होती जाती है तथा नदी में जल-संग्रहण की क्षमता कम हो जाती है। इस कारण वर्षाकाल में बाढ़ों की तीव्रता में वृद्धि हो जाती है।

(4) जलग्रहण क्षेत्र का विस्तृत होना–किसी क्षेत्र अथवा प्रदेश के जल-संग्रहण का क्षेत्र अधिक विस्तृत होने पर मध्यम वर्षा के समय जल की भारी मात्रा का संग्रहण होता है तथा साथ ही जल की अधिकता से बाढ़ की संभावनाएँ बढ़ जाती हैं।

(5) जल निकासी की अपर्याप्त व्यवस्था–अपवाह प्रबंधन की सुचारु व्यवस्था न होने के कारण बाढ़ की संभावना बढ़ जाती है। अपवाह प्रबंध के अव्यवस्थित होने के कई कारण हो सकते हैं जिनमें भू-स्खलन के कारण उत्पन्न अवरोध, नदी बहिकाओं का स्पष्ट विकसित न होना, नदियों में विसर्पों का अधिक मात्रा में होना, नदियों की वहन क्षमता में कमी, डेल्टा के मुहानों का बालू रोधिका के निर्माण में अवरुद्ध हो जाना प्रमुख है।

(6) जलाशयों में अवसादी जमाव की अधिकता–बाढ़ों को नियंत्रित करने के लिए नदियों पर बड़े जलाशयों का निर्माण किया जा रहा है। भू-क्षरण से बहकर आने वाली लाखों टन मिट्टी प्रतिवर्ष जलधाराओं में मिलकर जलाशयों में एकत्रित हो रही है। वनों के काटे जाने से भू-क्षरण की मात्रा बढ़ रही है तथा जलाशयों में अवसादों के जमा होने की दर भी बढ़ रही है जिससे बाढ़ की स्थिति उत्पन्न होती है।

(7) भूस्खलन–पर्वतीय क्षेत्र में भूस्खलन होने से नदी का मार्ग अवरुद्ध हो जाता है तथा बड़े-बड़े जलाशय बन जाते हैं, जब कभी अचानक जलाशय टूटते हैं या नदी का मार्ग खुलता है, तो प्रलयकारी बाढ़ आ जाती है। इस प्रकार की बाढ़ का वेग इतना तीव्र होता है कि यह बड़ी से बड़ी बस्ती का अस्तित्व मिटा देता है। अतः भूस्खलन बाढ़ का प्रमुख कारण है। पर्वतीय क्षेत्रों में इसी कारण बाढ़ आ जाती है।

प्रभाव–विश्वव्यापी सांख्यिकी यह इंगित करती है कि यदि हम किसी एक आपदा के प्रतिकूल प्रभावों के तीन मूल संकेतों पर ध्यान दें, जैसे–महत्त्वपूर्ण क्षति, प्रभावित मनुष्य और मौतों की संख्या, तो बाढ़ सभी प्राकृतिक आपदाओं में सबसे अधिक विनाशकारी होता है। भारत में भी समान स्थिति है। बाढ़ के अत्यधिक विनाशकारी लक्षण का कारण यह है कि यह बहुत वृहत् क्षेत्र को शामिल करती है और स्वभावतः बार-बार आती है। इस स्थिति में वृद्धि उस समय और अधिक हो जाती है, जब नदी के लिए उपलब्ध स्थान अर्थात् बाढ़ के मैदान में मनुष्य अतिक्रमण करते हैं। बाढ़ के मैदानों में किए गए अतिक्रमणों में सबसे अधिक मात्रा भौतिक संरचनाओं की होती है, जिसके परिणामस्वरूप ऐसे क्षेत्र में मानव की गतिविधियों के केंद्रीयकरण से बाढ़ एक गंभीर प्राकृतिक आपदा बन गई है। ऐसी परिस्थितियों में, जब कभी नदी में बाढ़ आती है तो मनुष्य के जीवन और संपत्ति की वृहत् तबाही हो जाती है।

जब कभी बाढ़ की आपदा आती है तो यह लोगों के दिन-प्रतिदिन के जीवन में विशेष प्रतिकूल प्रभावों की श्रृंखला उत्पन्न कर देती है। इनमें से एक ऐसा प्रभाव संरचनाओं (ढाँचों) को पानी के बहाव में बहा ले जाने की भौतिक क्षति से संबंधित होता है। इतना ही नहीं, भू-स्थल का आप्लावन भवनों को और अन्य ढाँचों को लंबे समय तक मनुष्यों के निवास के

अयोग्य कर देता है और अंत में ढह जाता है। भौतिक संरचनाओं (ढाँचों) के गिरने के बाद पानी में पड़ा मलबा मनुष्य के जीवन और संपत्ति को और अधिक क्षति पहुँचाता है। पर्वतीय और पहाड़ी क्षेत्रों में संतृप्त (Saturated) मिट्टी भूस्खलन की आपदा उत्पन्न करती है जो लोगों के जीवन में और अधिक कठिनाइयाँ लाती हैं।

महामारी का संकट और सार्वजनिक स्वास्थ्य को खतरा बाढ़ के कुछ प्रमुख प्रतिकूल प्रभाव है। लोगों के जीवन चक्र में विषाणु और अस्वास्थ्यकर पदार्थों के मिलने से मलेरिया, दस्त लगना, विषाणु संक्रमण तथा लेप्टोस्पाइरोसिस (Laptospirosis) जैसे स्थानीय रोग हो जाते हैं। लोगों की न्यूनतम अनिवार्य आवश्यकताओं में सबसे अधिक उपयोगी आवश्यकता पानी की आपूर्ति सर्वाधिक प्रभावित होती है। बाढ़ के जल द्वारा लाए गए विषाणु पदार्थ पीने के पानी और पानी के अन्य स्रोतों को संदूषित कर देते हैं। शहरी क्षेत्रों में जल आपूर्ति तंत्र ठप पड़ जाने और भू-जल का संदूषण हो जाने से लोगों के पीने के लिए स्वच्छ पानी की पूर्ति एक असंभव-सा कार्य हो जाता है। अंततोगत्वा, बाढ़ के प्रतिकूल प्रभावों में फसल की बर्बादी हो जाती है, संग्रहित खाद्यान्न के भंडार पानी में बहकर नष्ट हो जाते हैं। इससे पशुओं, खेती के औजार और किसानों के सहायक भंडारों की भी तबाही हो जाती है। इस तरह बाढ़, प्रभावित समुदाय के स्वास्थ्य और आर्थिक सुरक्षा को खतरे में डालती है। कृषि, उद्योग और व्यवसाय संबंधी गतिविधियों में अस्थायी अथवा लंबी अवधि के लिए रुकावट आ जाती है, जो बाढ़ की अवधि और उसकी गंभीरता पर निर्भर करती है। इसके परिणामस्वरूप, उत्पन्न बेरोजगारी लोगों को दूसरे राज्यों में प्रवास के लिए उत्प्रेरित करती है और लोगों में सामाजिक-आर्थिक तनाव होता है। विकासशील गतिविधियों की तरह समुदाय को, संपन्न बनाने वाली धन अर्जन की गतिविधियों को भारी धक्का लगता है। रेंगने वाले कीड़ों द्वारा काटने और अन्य कीटाणुओं आदि को छोड़कर, व्यक्तिगत आघात बहुत कम होते हैं। जहर फैलने से अथवा सदमा लगने से अथवा दोनों से कभी-कभी तो मृत्यु भी हो जाती है। बाढ़ में अधिकांश मौतें डूबने से होती हैं। समुदाय के वंचित वर्ग (गरीब, बीमार, विकलांग, वृद्ध, बच्चे और महिलाएँ) सबसे अधिक पीड़ित होते हैं। डूबने अथवा परभक्षी द्वारा मारे जाने से पालतू जानवर, घरेलू पशुओं और वन्य जीवन भी काफी बड़ी संख्या में प्रभावित होते हैं।

बाढ़ के गंभीर परिणामों को हम संक्षेप में निम्नलिखित रूप में बता सकते हैं—

(1) बाढ़ सभी प्राकृतिक आपदाओं में से सबसे अधिक व्यापक और सबसे अधिक बारंबारता वाली आपदा है।

(2) इसके परिणाम मृत्यु, विनाश, अधोगति, बीमारी और विस्थापन हैं।

(3) बाढ़ चाहे अकस्मात् घटना के प्रकार की हो अथवा धीरे-धीरे बढ़ने वाले प्रकार की हो, इसके समाप्त होने में समय अधिक लगता है और यह अपने पीछे दीर्घकालीन दुष्प्रभाव छोड़ जाती है।

(4) समुदाय के आर्थिक और सामाजिक रूप से वंचित वर्ग के लोगों को सबसे अधिक नुकसान होता है।

(5) बाढ़ की बारंबारता की प्रकृति इस आपदा को और बढ़ा देती है।

(6) बाढ़ के प्राकृतिक संकट लंबे समय तक कायम रहने वाली सामाजिक-आर्थिक आपदा में बदल जाते हैं।

प्रभावित समुदाय पर इन सामाजिक-आर्थिक प्रभावों के अतिरिक्त, बाढ़ जलमार्गों, बाढ़ के मैदानों और तटीय क्षेत्रों में महत्त्वपूर्ण भू-आकृतिकीय (Geomorological) परिवर्तन कर देती है। बाढ़ आने की स्थिति में अपरदन, अभिगमन और अवसादन (Sedimentation) की संयुक्त प्रक्रियाओं के परिणामस्वरूप भूमि का रूप बदल जाता है। इस क्रिया में जल निकास के एक भाग से पदार्थ को हटाने और उसे दूसरे में जमा करने का कार्य होता है।

निष्कर्ष: बाढ़ विभिन्न क्षेत्रों में बड़े विनाश का कारण है। इस मुद्दे को गंभीरता से लेना चाहिए और इस समस्या को नियंत्रित करने के लिए मजबूत उपायों का पालन करना चाहिए।

प्रश्न 3. आपदा तैयारी, प्रतिक्रिया और न्यूनीकरण की विशेषताओं की व्याख्या कीजिए। (जून-2021)

उत्तर– तैयारी– भारत के उपमहाद्वीप स्वरूप, भौगोलिक स्थिति तथा मानसून के व्यवहार को दृष्टिगत रखते हुए, भारत प्राकृतिक आपदाओं से आसानी से प्रभावित हो जाता है और हर साल आपदाओं का सामना करना पड़ता है और भारी नुकसान होता है। अगर आपदाओं से राहत पाना है तो पहले से ही तैयारी आवश्यक है। आपदा प्रबंधन का सबसे निर्णायक तत्त्व आपदा के लिए तैयारी करना है। इसका उद्देश्य यह सुनिश्चित करना है कि संकट के समय संवेदनशील समुदाय उसके लिए तैयार रहें और आपदा प्रभावित लोगों को सहायता देने के लिए तथा उन्हें अपनी सहायता स्वयं कर पाने में समर्थ बनाने के लिए अन्य उपयुक्त तंत्र उपलब्ध हों। आपदा के लिए तैयारी करने का उद्देश्य सावधानी बरतने के कार्यों द्वारा जोखिम के प्रतिकूल प्रभावों को न्यूनतम करना है और आपदा के प्रभाव पीछे-पीछे ही समय पर, उपयुक्त तथा कुशल संगठन द्वारा आपातकालीन अनुक्रिया सुनिश्चित करना है।

बाढ़ से मनुष्यों की बस्तियों को क्षति होती है, लोगों को सुरक्षित स्थानों पर पहुँचाने की अनिवार्यता होती है, फसलों का नुकसान होता है, खेती का कार्य रूक जाता है, संरचनाएँ बह जाती हैं, औद्योगिक उत्पादन में रुकावट आ जाती है, बेरोजगारी की स्थिति उत्पन्न हो जाती है और कुपोषण और रोग की स्थिति आ जाती है। इसलिए बाढ़ के संदर्भ में आपदा की तैयारी में इन सभी पहलुओं पर कार्य करना चाहिए जिससे कि सरकार और समुदाय बाढ़ की घटना की स्थिति में इन समस्याओं का प्रभावशाली रूप से सामना करने के लिए तैयार हो सके। बाढ़ समेत सभी आपदाओं की तैयारी सुनिश्चित करने की प्राथमिक जिम्मेदारी राज्य और जिला प्रशासन की होती है। वे आपदा की तैयारी के लिए खतरे के विश्लेषण और संवेदनशीलता के आकलन के आधार पर आपदा प्रबंधन की तैयारी की व्यापक योजना बनाते हैं। इस चरण में दुर्घटना घटते ही त्वरित सूचना सभी संबंधित विभागों तक पहुँचाई जाती है, आपातकालीन स्थिति में प्रतिक्रिया का समय कम से कम हो इसलिए आपदा से निपटने के साधनों का पर्याप्त भंडारण किया जाता है।

अनुक्रिया– एक बार जब आपदा की तैयारी की योजना बन जाती है तो समुदाय और प्रशासन आपदा के शुरू होने पर अनुक्रिया (अनुवर्ती कार्य) करने की स्थिति में आ जाते हैं। ये कार्य, भावी आपदा की पूर्व सूचना और चेतावनी मिलने के साथ ही शुरू हो जाते हैं जिनमें आपदा की तैयारी की योजना और कार्यविधियों का कार्यान्वयन शामिल होता है, जो आपदा की तैयारी को कुछ हद तक आच्छादित करता है। आपदा के प्रति अनुक्रिया, आपदा (अभी बाढ़)

की पूर्ण अवधि तक और बचाव, राहत और पुनर्वास कार्यक्रम के पूरा होने तक जारी रहती है।

अनुक्रिया में अनेक गतिविधियाँ शामिल होती हैं और प्रत्येक गतिविधि औपचारिक अथवा अनौपचारिक रूप से नीतियों और कार्यविधियों के अनुसार होती है और प्रत्येक गतिविधि विशेष रूप से नोडेल (Nodal) एजेंसी के तत्वावधान में संचालित होती है। आपदा के प्रति अनुक्रिया की प्रमुख गतिविधियों में चेतावनी, खतरे के स्थान खाली कराना, खोज और बचाव, राहत, शिविर प्रबंधन, स्वास्थ्य, स्वच्छता, आपदा के बाद का आकलन, बचे हुए जीवित लोगों की अनुक्रिया और पुनः सामान्य अवस्था में आना, सुरक्षा, आपातकालीन क्रियाएँ, पुनर्निर्माण, पुनर्वास और पुनः लोगों को बसाना आदि शामिल हैं।

अन्य आपदाओं की तरह बाढ़ के मामले में भी अनुक्रिया करने में समुदाय के लोग पहले आते हैं। उनकी अनुक्रिया की प्रभावशीलता ही बहुमूल्य जीवनों और चल संपत्ति को बचाने में सबसे अधिक कारगर साबित होती है। उनको अपनी तैयारी की योजना के अनुसार अनुशासन और सहयोग के साथ तीव्र प्रतिक्रिया प्रदर्शित करने की आवश्यकता होती है। इस संदर्भ में बाढ़ और अन्य प्राकृतिक आपदाओं के प्रति संवेदनशील समुदाय का तैयारी के स्तर पर एक अनिवार्य और प्रभावशाली घटक के रूप में नकली अभ्यास कराना महत्त्वपूर्ण होता है।

आपदा न्यूनीकरण–बाढ़ का सामना करने और उसके प्रतिकूल प्रभावों को कम करने के कई तरीके हैं। प्रत्येक स्थिति भिन्न होती है, इसलिए भिन्न तरीके अथवा कई तरीकों को इकट्ठा अपनाया जाता है। मूल रूप से ये तरीके निम्नलिखित श्रेणियों के अंतर्गत आते हैं–

- बाढ़ का स्थानांतरण करना अर्थात् पानी को इकट्ठा न होने देना। दूसरे शब्दों में बाढ़ के पानी को लोगों से दूर रखना।
- बाढ़ की क्षति के प्रति लोगों की सुग्राहिता को रूपांतरित करना अर्थात् बाढ़ के पानी से लोगों को दूर रखना।
- लोगों पर बाढ़ से उत्पन्न क्षति के बोझ को रूपांतरित करना।

बाढ़ के रूपांतरण में ऐसे कई उपाय शामिल होते हैं, जैसे (यदि संभव हो तो)–मौसमी रूपांतरण, जलग्रहण और भूमि के उपयोग में रूपांतरण करना, भौतिक नियंत्रण कार्य जैसे जलाशय और तटबंध बनाना आदि। लोगों की सुग्राहिता के रूपांतरण में बाढ़ की पूर्व सूचना, चेतावनी, बाढ़ की अभेद्यता और बाढ़ के मैदानों का प्रबंधन शामिल है। क्षति के बोझ को रूपांतरित करने का कार्य लोगों को खतरे के स्थान से दूर ले जाना, पानी को पंप की सहायता से दूर भेजना, महामारी के प्रकोप को रोकना, बाढ़ के लिए बीमा कराना और क्षति पूर्ति की व्यवस्था करने से संभव होता है।

इस तरह जोखिमों का रूपांतरण संरचनात्मक और गैर-संरचनात्मक उपायों से संभव होता है। संरचनात्मक उपाय, जैसे–विशेषकर बाढ़ का पानी जमा करने के लिए जलाशय का निर्माण कार्य बहुत खर्चीले होते हैं और उनमें प्राथमिकताओं की समस्याएँ शामिल होती हैं। तटबंध बनाने का कार्य भी आसान नहीं है, इसलिए गैर-संरचनात्मक उपायों पर अधिक जोर दिया जाता है जिससे आपदा पर्याप्त मात्रा में कम करने की गुंजाइश हो और ये अधिक स्वीकार्य प्रतीत होते हैं। इनमें बाढ़ के मैदान का क्षेत्रीकरण तथा नियमन क्रियाविधि अपनाना एक प्रभावशाली उपाय है। इसका उद्देश्य बाढ़ के स्थान, क्षेत्र की हदें, विभिन्न संभावनाओं पर बाढ़ की तीव्रता और बारंबारता की सूचनाओं का प्रचार-प्रसार करना और क्षति को कम करने के लिए बाढ़ के मैदानों

के अव्यवस्थित और अनियोजित विकास की सूचनाओं का प्रचार-प्रसार करना नियमित करना है। बाढ़ मैदानों के प्रबंधन में भूमि के उपयोग के विनियम, कानून क्षेत्र बनाने संबंधी अध्यादेश तथा सरकार द्वारा भूमि की खरीद तथा पुनर्स्थापन शामिल होते हैं। राष्ट्रीय बाढ़ आयोग की 1980 की रिपोर्ट में यह सिफारिश की गई है कि जहाँ भी आवश्यक विधि नियम लागू है वहाँ बाढ़ के मैदानों के प्रबंधन के उपाय अपनाए जाने चाहिए और अन्य राज्यों में भी इसके लिए उपयुक्त विधान अधिनियमित किए जाने चाहिए। केंद्रीय जल आयोग ने बाढ़ मैदान के क्षेत्रीकरण के लिए मार्गदर्शी सिद्धांत जारी किए थे, जिसमें वृहत् पैमाने के नक्शों में बाढ़ की घटना वाले क्षेत्रों को सीमा रेखा द्वारा दर्शाए जाने की आवश्यकता को उजागर किया गया था; बाढ़ की विभिन्न बारंबारताओं में संभावित जल आप्लावित क्षेत्रों के रेखांकन तथा बाढ़ के मैदानों में अंकित विभिन्न क्षेत्रों का जिन्हें अन्य प्रकार के उपयोग में लाया जा सकता है उनका रेखांकन करने की आवश्यकता का महत्त्व बताया गया है। 1987 में ग्रहण की गई राष्ट्रीय जल नीति में भी बाढ़ की आपदा की क्षति को न्यूनतम करने और बाढ़ राहत पर आवर्ती व्यय को कम करने के लिए बाढ़ के मैदान के क्षेत्रीकरण जैसे गैर-संरचनात्मक उपायों की सिफारिश की गई है और उन पर जोर दिया गया है।

बाढ़ की आपदा को कम करने का एक बड़ा उपाय जिसकी अभी हाल ही के वर्षों में व्यापक रूप से चर्चा हुई थी और जो भारत सरकार के अत्यधिक उच्च स्तर पर विचाराधीन है, वह नदियों को एक-दूसरे से जोड़ने से संबंधित प्रस्ताव हैं। बाढ़ नियंत्रण के अलावा यह योजना सूखे के प्रति रोधिता बढ़ाने, पर्याप्त सिंचाई और जलविद्युत शक्ति के जनन के लिए लाभकारी कही जा रही है। फिर भी इसमें वृहत् पैमाने पर अत्यधिक उच्च किस्म की इंजीनियरी कुशलताओं के अतिरिक्त अधिक मात्रा में वित्तीय निवेश वांछित होगा। अंतर्राज्यीय दावों और विवादों के अलावा इस योजना पर पर्यावरणी मानवतावादी और पारिस्थितिकी दृष्टि से प्रश्न उठाए जा सकते हैं, जैसे कि अनेक चालू नदी परियोजनाओं (सरदार सरोवर, टेहरी) ने आंदोलनकारियों के विरोध का सामना किया है। यहाँ पर एक अंतर्राष्ट्रीय पहलू भी होगा क्योंकि बहुत-सी उत्तर और उत्तर-पूर्व की नदियाँ अंतर्देशीय नदियाँ हैं। परंतु इसमें कोई संदेह नहीं है कि नदियों को जोड़ने की योजना में बाढ़ को कम करने की बहुत अधिक संभावनाएँ हैं। छोटे पैमाने पर अंतर्राज्यीय स्तरों पर ऐसा करने की पहल की गई है। उत्तर प्रदेश और मध्य प्रदेश के बीच केन और बेतवा नदियों को जोड़ने का समझौता इस दिशा में एक अभिनंदनीय प्रयास है।

निष्कर्षत: कहा जा सकता है कि आपदाएँ अचानक आने वाली विपदाएँ हैं, जो विनाश का दृश्य उपस्थित करती हैं। बाढ़, सूखा, भूकंप, सुनामी ऐसी आपदाएँ हैं जिन्हें रोकना मानव के वश में नहीं है। इन आपदाओं के प्रभावों को विभिन्न उपाय अपनाकर कम किया जा सकता है। आपदाओं के प्रभावों को कम करने के लिए बेहतर आपदा प्रबंधन तंत्र की आवश्यकता होती है। भारत में भी 2005 में आपदा प्रबंधन व रोकथाम के लिए कानून बनाया गया है। इस कानून के अंतर्गत विभिन्न प्रावधान किए गए हैं। आपदाओं के रोकथाम व प्रभावों के रोकथाम के लिए प्रशासनिक व राजनीतिक प्रयासों के साथ-साथ सामाजिक व व्यक्तिगत प्रयास भी आवश्यक हैं।

Gullybaba.com

Simply Scan QR Codes to Jump at Our Latest Products

HELP BOOKS

TYPED ASSIGNMENTS

HAND WRITTEN ASSIGNMENTS

READYMADE PROJECTS

CUSTOMIZED PROJECTS

COMBOS OF BOOKS/ ASSIGNMENTS

Note: The above QR Codes can be scanned and open through QR Code Scanner Application/App of your smart mobile Phone.

अध्याय
4

बाढ़: केस अध्ययन

प्रश्न 1. गोरखपुर बाढ़ 2000 पर एक टिप्पणी लिखिए। (जून-2018)

उत्तर– क्षेत्र की रूपरेखा–गोरखपुर भारत के उत्तर प्रदेश राज्य के पूर्वी भाग में नेपाल की सीमा के पास, गोरखपुर जिले में स्थित एक प्रसिद्ध नगर है। यह नगर राप्ती और रोहिणी नामक दो नदियों के तट पर बसा हुआ है। नेपाल से निकलने वाली इन दोनों नदियों में सहायक नदियों का पानी एकत्र हो जाने से कभी-कभी इस क्षेत्र में भयंकर बाढ़ आ जाती है। उत्तर पूर्वी कोने में घाघरा (सरयू) नदी भी स्थित है जिसके उत्तर में बहुत बड़ा भाग और लंबा देहाती क्षेत्र समाविष्ट है। यहाँ पर लगभग 37.8 लाख लोग निवास करते हैं और जिले का भौगोलिक क्षेत्र 3321 वर्ग मीटर आँका गया है, हालाँकि इस जिले का क्षेत्र हर वर्ष घाघरा नदी की अवक्षाली (Fluvial) क्रिया के कारण निरंतर बदलता रहता है।

जिले का भूगोल भू-भाग की विभिन्नता प्रदर्शित करता है। अत्यंत बाहर की ओर स्थित पहाड़ियाँ उत्तरी सीमा से कुछ ही किलोमीटर की दूरी पर हैं। बाहरी पहाड़ियों के नीचे शुष्क शिलाखंडों से भरा (Boulder Strewn) क्षेत्र है, जहाँ वर्षा तथा छोटे नालों से आई नमी का अधिकांश भाग भूमि में अवशोषित हो जाता है, जिसे 'तराई' कहते हैं और यहाँ बहुत अधिक मात्रा में कृषि की जाती है। तराई के दक्षिण में वनभूमि का लंबा क्षेत्र है, जो दक्षिण की ओर छोटे-छोटे टुकड़ों में जिले के मध्य भाग तक फैला हुआ है। मैदानी क्षेत्र में समतल भू-खंड है जिसका हल्का-हल्का ढाल पश्चिम से दक्षिण-पूर्व की ओर है। कुछ स्थानों पर भूमि के ऊँचे ऐलीवेशन हैं, जहाँ पर भूमि की सपाट सतह रेत की पहाड़ियों की ओर अनियमित रेंज से विभंजित है। इस प्रकार की स्पष्ट रूप से दिखाई देने वाली घाटी (Ridge) महाराज गंज से शुरू होती है और लगभग देओरिया तक टेढ़ी-मेढ़ी (Winding Course) जाती है। यह अनुमानतः गंडक नदी अथवा किसी अन्य नदी का लंबा क्षेत्र चिह्नित करती है, क्योंकि इसकी पूरी लंबाई में अवदाब (Depression) और झीलों की एक शृंखला का हाशिया बना है और कई स्थानों पर इन गड्ढों अथवा कुओं में कंकड़-पत्थर (pebbles) और शिलाखंड दिखाई देते हैं। ऊँचे कटक (Ridge) के विपरीत नदियों की नीची और अक्सर चौड़ी घाटियाँ हैं, जो 'कछर' (Kachhar) कहलाती हैं। बड़ी नदियों की घाटियाँ इस ग्रामीण क्षेत्र के सामान्य स्तर से न केवल नीची हैं बल्कि काफी चौड़ी भी हैं। इस तरह यहाँ पर निचली भूमि का बहुत बड़ा क्षेत्र है, जो भारी वर्षा के वर्षों में जल आप्लावित हो जाता है।

मुख्य नदी तंत्र जो राप्ती तंत्र कहलाता है, गोरखपुर शहर के पश्चिम की ओर तक ही सीमित है। घाघरा, राप्ती, रोहिणी और आमी नदी घाटियाँ अपने निचले प्रसार में कई स्थानों पर चौड़ी हो जाती हैं और जिले के सामान्य स्तर से काफी नीचे की ओर अवदाबित हो जाती हैं और अपनी बाढ़ को दोनों ओर के ऊँचे भू-भाग पर सीमित रखती हैं। राप्ती की सहायक नदियाँ कई हैं, जिनमें महत्त्वपूर्ण घांघी, रोहिन, तुरा, गौरा फरेन्द्र नाला, आमी और तरायना हैं। घाघरा नदी तंत्र राप्ती के अतिरिक्त कुवाना नदी से बनता है। बड़ी गंडक और छोटी गंडक, दो महत्त्वपूर्ण नदियाँ हैं, जो बाढ़ के लिए बदनाम हैं। इनके अतिरिक्त जिले में बहुत-सी झीलें और ताल हैं जो जिले के नदी तंत्र का अभिन्न भाग हैं। कुछ महत्त्वपूर्ण ताल रामगढ़ ताल, नरहरि ताल, डोमिंगढ़ ताल, करमैनी ताल, नन्दूर ताल, अमीयर ताल और चिलुआ ताल हैं। बड़ी गंडक द्वारा बहा लिए गए जल को छोड़कर संपूर्ण जिले का जल निकास गंधार में जाता है। बहुत से स्थानों की जल निकास व्यवस्था बेहतर नहीं है, विशेषकर राप्ती और उससे निकली जल धाराओं की द्रोणी में।

आपदा : कारण और प्रभाव—गोरखपुर जिले में बाढ़ का मुख्य कारण यह है कि यह जिला मानसून के मौसम, जून से सितंबर, में अत्यधिक भारी वर्षा के क्षेत्र में स्थित है। यह बाढ़ भयंकर तब हो जाती है, जब दूसरे सहायक कारक, जैसे—नदी की दिशा में बदलाव, दो या दो से अधिक नदियों के जल का प्रवाह एक समय पर होना, बाढ़ की स्थिति को और बढ़ा देते हैं। बाढ़ के मैदानों पर लोगों का बढ़ता हुआ दखल भी बाढ़ को बहुत अधिक संकटग्रस्त बनाने का एक महत्त्वपूर्ण कारक हो जाता है।

स्वतंत्रता के बाद के समय में जिले में बाढ़ की घटना हर साल की बात हो गई है। यहाँ हम वर्ष 2000 के मानसूनी मौसम की भयंकर विध्वंसकारी बाढ़ का वर्णन करेंगे। राप्ती और घाघरा नदियों के ऊपरी क्षेत्र में होने वाली अत्यधिक वर्षा से इन नदियों के जल स्तर में अचानक वृद्धि हो गई, जिससे गोरखपुर का पूरा जिला प्रभावित हो गया था। राप्ती नदी सहजनवा के पास समुद्र तल से लगभग 77 मीटर ऊँचे स्तर पर और रोहिन नदी चिलुआ ताल पर उससे भी अधिक ऊँचे स्तर पर बह रही थी। जैसे ही राप्ती नदी का जल स्तर तीव्रता से बढ़ रहा था, उस समय बाढ़ के पानी को आजमगढ़ सड़क पर फैलने और शहर में वापस बह जाने से रोकने के लिए असाधारण एवं विशेष उपाय किए जाने चाहिए थे। बाढ़ का पानी वृहत् क्षेत्र में फैलने के बावजूद जीवन हानि अपेक्षाकृत कम हुई थी। घास चरने का मैदान काफी लंबे समय तक पानी से भरा हुआ था जिसके कारण पशुचारे की व्यापक कमी हुई थी, जिसे पूरा करने के लिए पशुओं की नि:शुल्क चराई के लिए जंगल के बहुत से आरक्षित खंड खोल दिए गए थे।

यह बहुत लंबे समय तक ठहरने वाली बाढ़ थी इसलिए यह और अधिक तबाही लाने वाली बन गई थी क्योंकि राप्ती की बाढ़ का बहुत सारा पानी लंबे समय तक स्थिर रूप में रहा था जिससे निचले स्तर पर स्थित कछर के क्षेत्रों में बहुत नुकसान उठाना पड़ा था। इससे सदर तहसील के लगभग 400 गाँवों में फसल को भारी नुकसान पहुँचा। बासगाँव तहसील के गाँवों को भी कुछ नुकसान हुआ। इसके अतिरिक्त कई गाँव तो लगभग पूर्ण रूप से बह गए थे। दूसरी ओर घाघरा नदी में पानी के तीव्रता से बढ़ने से धूरियापार और चिल्लूपार परगना के क्षेत्रों में पानी भर गया था। इन सबके संचयी प्रभाव से जिले के लोगों को काफी कष्ट भोगने पड़े थे। संपत्ति को जो नुकसान हुआ था, उसमें न केवल लोगों की चल और अचल संपत्ति (जैसे-घर) बह गई थी,

प्रत्युत्त नगर की सड़कें, रेल और पुल जैसे सार्वजनिक निर्माणों को भी भारी नुकसान हुआ था। तसल्ली के लिए मनुष्य और पशुओं की बहुत कम जानें गई थीं। बाढ़ के पानी के दीर्घकालीन ठहराव से मलेरिया और डायरिया जैसी महामारियों का प्रकोप भी फैल गया था।

वर्ष 2000 के मानसूनी मौसम की वर्षा की बाढ़ के समग्र प्रभाव को गोरखपुर के पूरे जिले और उसके आस-पास के क्षेत्रों में महसूस किया गया था। फिर भी हमेशा से पीड़ित लक्ष्मीपुर, फरेन्द्र, ब्रजमंगनी, जंगल कोरिहा, पिपरैच, खाराबर, सहजनवा, बासगाँव और गोला ऊहवा जैसे क्षेत्र गंभीर रूप से प्रभावित हुए थे। नौतनवा, धानी, कैम्पियर गाँव, पाली, चरगांव, भाटहट, ब्रह्मपुर खजानी, कौरीराम और बेलाघाट जैसे शेष क्षेत्रों में भी नुकसान हुआ था परंतु कुछ कम मात्रा में।

अनुक्रिया–सन् 2000 की बाढ़ के प्रति राज्य सरकार की अनुक्रिया, कमोबेश, सरकारी राहत मैनुअल (Government Relief Manual) में उल्लिखित सिद्धांतों के आधार पर थी। मैनुअल में तीन चरणों में राहत कार्यों के मार्गदर्शी सिद्धांत दिए गए हैं। प्रारंभिक चरण में जब पानी ऊपर हो और बढ़ता जाता हो, तब सबसे पहले किया जाने वाला कार्य मनुष्यों के जीवन को बचाने का है; इसके साथ ही पशुओं को बचाना भी आवश्यक है। मनुष्यों और पशुओं को ऊँचे भू-क्षेत्रों में नावों द्वारा ले जाना पड़ सकता है। इसके बाद जब आपातकालीन बचाव कार्य नियंत्रण में आ जाता है, तो इस चरण में राहत कार्य को व्यवस्थित रूप से संगठित करना होता है, जो उपयुक्त स्थानों पर राहत केंद्रों को स्थापित करके किया जाता है। इस स्टेज पर गैर-सरकारी एजेंसियों को कार्य में शामिल करने की गुंजाइश है। अंतिम चरण में जब बाढ़ थम जाती है, पानी का स्तर नीचे जाने लगता है, तब पुनर्वास और पुनःनिर्माण के कार्यों को आयोजित और कार्यान्वित किया जाता है, परंतु साथ-साथ अत्यधिक प्रभावित लोगों को राहत सहायता निरंतर दी जाती रहती है। ये सब कार्य, राजस्व अधिकारियों से प्राप्त रिपोर्ट तथा विशेष रूप से किए गए क्षेत्रीय सर्वेक्षण की रिपोर्ट के आधार पर किए जाते हैं। वर्ष 2000 की गोरखपुर की बाढ़ का परिमाण इतना अधिक था कि लगभग बाढ़ के प्रारंभ से ही नगर प्रशासन को सेना और वायु सेना की सहायता की आवश्यकता पड़ गई थी। आपदा के आरंभ होते ही सेना के प्राधिकारियों ने तेजी से कार्य कर, मूल्यवान सहायता पहुँचाई। सेना की करीब 60 नावों को काम पर लगाया गया था और लगभग 300 सैनिकों से लैस कई ट्रक भेजे गए जिन्होंने सबसे अधिक प्रभावित क्षेत्रों में अत्यधिक कठिन परिस्थितियों के अधीन जिला प्रशासन को मदद करना प्रारंभ कर दिया। सतही परिवहन तंत्र तकरीबन पूरी तरह ठप पड़ गया था, इसलिए अधिकांश प्रभावित क्षेत्रों में आई.ए.एफ. के हैलीकॉप्टरों और छोटे हवाई जहाजों से तुरंत राहत सामग्री, ऊपर से गिरा कर, पहुँचाई गई थी। कुछ दिनों तक तो खराब मौसम के कारण हैलीकॉप्टर की सेवाएँ भी संचालित नहीं की जा सकी थीं।

लोगों के घर पानी में बह जाने अथवा बाढ़ के भँवर में होने से लगभग चार मिलियन (चालीस लाख) लोग अकस्मात् बिना भोजन-पानी के बेघर शरणार्थी हो गए थे। अनेक स्थानों पर स्पष्ट विकल्प में ऊँचे रेल तटबंध और पुल ही थे। प्रभावित लोगों के लिए अस्थायी शरण स्थान बनाने के लिए सामुदायिक केंद्र, स्कूल, अस्पताल, स्वास्थ्य केंद्र और भवन खोल दिए गए थे। हवाई, नदी और सड़क परिवहन के द्वारा तिरपाल और शुष्क भोजन, बुरी तरह प्रभावित क्षेत्रों और भीतरी स्थलों तक पहुँचाया गया था। राहत शिविरों और अस्थायी शरण स्थानों में

स्वास्थ्य रक्षा संबंधी स्वच्छता और चिकित्सीय आपूर्ति तेजी से भेजी गई। बड़ी संख्या में रसोईघर खोले गए ताकि लोगों के लिए खाने की अस्थायी व्यवस्था की जा सके। ये रसोईघर सरकार और ऐच्छिक एजेंसियों द्वारा संचालित किए गए थे।

यद्यपि महामारियों के प्रकोप को रोकने के लिए निवारक उपाय किए गए थे, फिर भी अगस्त के अंत में यह जिला पानी से उत्पन्न रोग, जैसे कि मलेरिया और आंत्रशोध आदि से पीड़ित था। ये रोग पहले से भी गोरखपुर में स्थानीय रूप से हुआ करते थे। वायु और थल सेना ने भी इन कठिन परिस्थितियों में एक महत्त्वपूर्ण भूमिका निभाई थी। सेना द्वारा बचाव कार्य बड़ी कुशलतापूर्वक किया गया था।

प्रश्न 2. सुनामी बाढ़ 2004 के कारणों और प्रभावों का उल्लेख कीजिए।

(जून-2017)

उत्तर– दिसंबर 2004 में इंडोनेशिया के पास हिंद महासागर में 9 से 10 के बीच की तीव्रता वाला भूकंप आया जो सुनामी की लहरों का कारण बना। सुनामी की उत्पत्ति के लिए जिम्मेदार कारकों में समुद्र के नीचे भूस्खलन, ज्वालामुखी विस्फोट, भूकंप इत्यादि कारकों को माना जाता है। ज्यादातर मामलों में सुनामी समुद्र तल पर बड़े भूकंपों के कारण आती है। प्लेटटेक्टोनिक गतिविधियों के कारण जब चट्टान के फलक में हलचल होती है तो पानी की गति बढ़ जाती है। इससे लहरें उत्पन्न स्रोत से दूर चली जाती हैं और पानी का बड़े पैमाने पर विस्थापन होता है और इस प्रकार विशाल लहरें पैदा होती हैं। 26 दिसंबर, 2004 को हिंद महासागर में आए सुनामी का कारण भारतीय प्लेट तथा बर्मी प्लेट का टकराव था।

यह सुनामी थी, जो इंडोनेशियाई द्वीप सुमात्रा के उत्तरी सिरे से 155 कि.मी. दूर आए भूकंप से (वहाँ के स्थानीय समय 07.59 प्रातः यानी भारतीय मानक समय 06.29 प्रातः) आई थी। परिणामस्वरूप, महासागर के पानी के ऊपर उठने से लहरों की एक श्रृंखला उत्पन्न होकर बाहर की ओर फैलने लगी और सभी दिशाओं में समुद्र की सतह पर भूकंप केंद्र के चारों ओर बहुत तेजी से प्रवाहित होने लगी जबकि महासागर की सबसे ऊँची लहर उद्गम स्थान के पास लगभग एक मीटर ही थी, ये लहरें बाहर की ओर बड़ी तेजी से 700 कि.मी. प्रति घंटे की भयंकर तेज रफ्तार से आगे बढ़ने लगीं। जब ये लहरें प्रवाहित होती हैं तो खुले महासागर में तेजी से प्रवाहित होते समय इनकी गति कम हो जाती है, साथ ही इनकी ऊँचाई भी काफी कम हो जाती है जिसके परिणामस्वरूप ये महासागर के जहाजों को प्रभावित नहीं करतीं। परंतु जैसे ही सुनामी लहरें तट के करीब पहुँचने लगती हैं, जहाँ समुद्र उथला रहता है, वहाँ सुनामी द्वारा लाए गए समुद्री पानी के तेजी से इकट्ठा होने से इनकी ऊँचाई भयानक रूप से बढ़ जाती है। यह समुद्री पानी की दीवार 10 मीटर अथवा उससे भी अधिक ऊँची हो जाती है और इनकी गति लगभग 40 कि.मी. प्रति घंटे तक हो जाती है तथा इसके प्रवाह के दौरान जो भी रास्ते में होता है, यह उसे अपने साथ ले जाती है और सारे तटीय क्षेत्रों को लवणीय और संक्षारी समुद्री पानी से जल आप्लावित कर देती है। जैसे ही सुनामी तट से टकराती है, तो कुछ ऊर्जा समुद्र में वापस विक्षेपित हो जाती है जिससे "किनारे की लहरें" आगे और पीछे दोनों तरफ प्रवाहित होती हैं और अधिक विनाश करती हैं। इस तरह जहाँ तक तटों का संबंध है, इनकी मुठभेड़ भयंकर अनुपात में बाढ़ के आने से होती है।

26 दिसम्बर 2004 को हिंद महासागर में आई सुनामी ने भारत समेत दुनिया के कई देशों में भारी तबाही मचाई। इस भयंकर सुनामी का कारण बंगाल की खाड़ी में एक भयंकर भूकंप था जिसका मुख्य केंद्र बिंदु इंडोनेशिया में उत्तरी सुमात्र के पश्चिमी समुद्री तटीय क्षेत्र में स्थित था। यह एक शक्तिशाली समुद्री भूकंप था जिसके विस्तार या मात्रा की तीव्रता बहुत व्यापक थी जो कि रेक्टर स्केल पर 9.0 थी। सबसे पहले अंतर्राष्ट्रीय समय के अनुसार प्रात: 6.29 बजे रिकार्ड किया गया और इसके लिए तीन घंटे बाद इसका प्रकोप भारत के पूलो कुंजी ग्रेट निकोबार, (7.3 रेक्टर स्केल) के पश्चिम में इसका आंकलन हुआ। इस भूकंप से विशाल सुनामी ज्वार भाटा की लहरें जो कि 3 से 10 मीटर की ऊँचाई तक व्याप्त हो गई थी, लगभग 3 किलोमीटर तक प्रदेश के अंदर घुस गई थी (ए.डी.बी., यू.एन. एवं डब्ल्यू.बी., 2005)। सन् 2004 की भारतीय महासागर सुनामी के कारण अन्य देशों के लोगों के जीवन और संपत्ति का भी सर्वनाश हो गया और भारत में इस सर्वनाश की भरपाई नहीं हो सकती है। भारत के समुद्री तटीय क्षेत्रों को भी भारी हानि हुई थी। इस सुनामी के द्वारा हुए महाविनाश में लगभग 20 देशों को हानि उठानी पड़ी थी, संपत्ति के अतिरिक्त लोगों को अपना जीवन खोना पड़ा और लगभग 2.2 मिलियन लोग बुरी तरह से प्रभावित हुए।

इस विनाशकारी सुनामी से भारत के समुद्री तटीय क्षेत्र का लगभग 2,260 कि.मी. का क्षेत्र विनाश के कारण प्रभावित हुआ, जिसमें तमिलनाडु, केरल, आंध्र प्रदेश और केंद्र शासित पुडुचेरी तथा अंडमान एवं निकोबार द्वीप समूह सम्मिलित थे। भारत सरकार की रिपोर्ट के अनुसार 12,405 लोगों की मौत हो गई तथा 6913 लोग घायल व जख्मी हो गए। 64,759 लोग बेघर हो गए। भारतीय समुद्री तटीय क्षेत्र का लगभग 2000 कि.मी. का क्षेत्र जलमग्न हो गया, जिसकी दूरी 2 कि.मी. की रही है।

भारतीय महासागर सुनामी के कारण तमिलनाडु के 13 समुद्री तटीय जिलों का विध्वंस हो गया था जिनमें चैन्नई, तिरुवल्लूर, कांचीपुरम, कुड्डालोर, नागापट्टीनम, तिरुवरूर, थन्जावुर, पुडुकोट्टई, रामनाथपुरम, थुथुकुडी, तिरुनेलवेली और कन्याकुमारी सम्मिलित थे। इनमें से तीन जिले, नागापट्टीनम, कन्याकुमारी और कुड्डालोर सभी जिलों की तुलना में सबसे अधिक प्रभावित हुए थे जिसमें क्रमश: लगभग 6,065; 828 तथा 617 लोगों की अलग-अलग स्थानों में मृत्यु हो गई थी (राज्य योजना आयोग, 2005)।

हालाँकि, सुनामी बचाव तथा राहत कार्य में बहुत सहज तथा व्यापक रूप से सभी संगठनों ने मिलकर कार्य किया। सुनामी के विध्वंस के तुरंत बाद स्थानीय समुदायों के सदस्य, सरकार, गैर-सरकारी संगठनों और अन्य कार्यकर्त्ताओं की अनुक्रिया से पहले ही बचाव कार्यों में लग गए थे। इस तरह से केवल सुनामी के दूसरे चरण में ही सरकार और गैर-सरकारी संगठन अपनी सेवा व सहायता दे पाए थे। सरकार द्वारा राहत सामग्री तथा राहत कार्यों का समन्वयन और पुनर्वास कार्यों में आपूर्ति, सेवा और संयोजन के कार्यों को पूरा किया गया था। इसके साथ ही स्वैच्छिक संगठनों और गैर-सरकारी संगठनों ने कार्यक्रमों के सुचारू रूप से संचालन के लिए किए गए कार्यक्रमों में एक दूसरे की परस्पर मध्यस्थों और अंतक्षेप के कार्यों में भाग लिया था तथा न्यूनीकरण, अनुक्रिया और पुनरूत्थान को प्राप्त करने में भरसक प्रयास किए। इसके अतिरिक्त, वैश्विक समुदायों ने तुरंत बचाव कार्यों को आरंभ कर दिया था तथा सुनामी से निपटने के लिए, संसाधनों व स्रोतों को गतिशील बनाते हुए तुरंत संचालित कर दिया गया तथा

आवश्यक अनुक्रिया प्रयासों को सुचारू रूप से अपनी सेवाएँ और सहायता उपलब्ध कराई गई थी।

इस आपदा के बाद राहत कार्यों के उपायों को तुरंत आरंभ कर दिया गया था जिसमें खोज, बचाव तथा निकासी व न्यूनीकरण की प्रक्रिया, प्रथम राहत सहायता, आश्रय, कठिन व संकटपूर्ण संरचना के ढाँचे को पुनःस्थापित करना, परिवहन मार्गों को फिर से प्रारंभ करने, संचार लाइनों, बिजली व्यवस्था को फिर से स्थापित करके और भोजन, साफ पानी की आपूर्ति को सुनिश्चित किया गया।

इस विध्वंसकारी आपदा के पश्चात् गृह मंत्रालय, भारत सरकार ने शेष कार्यों को पूरा करने के लिए तथा प्रभावित राज्यों और केंद्र शासित प्रदेशों में राहत कार्यों व उपायों को सुचारू रूप से संचालित करने के लिए राष्ट्रीय स्तर पर एक नोडल अभिकरण का गठन किया और उसको नामित किया। इसके पश्चात् सन् 2005 में संसदीय मंत्रीमंडल समिति और इसके सचिव की अध्यक्षता में राष्ट्रीय संकट प्रबंधन समिति (National Crisis Management Committee; NCMC) की स्थापना की गई। राहत कार्यों के लिए किए जाने वाले कार्यों और प्रयासों की निगरानी के लिए संबंधित मंत्रालयों/विभागों सेना बलों के प्रमुखों सचिवों सहित मंत्रीमंडल के सदस्यों की एक समिति प्रधानमंत्री की अध्यक्षता में बनाई गई। आपदा से पीड़ित व प्रभावित राज्यों और केंद्र शासित प्रदेशों के लिए राष्ट्रीय आपदा आकस्मिक कोष (National Calamity Contingency Fund; NCCF) के द्वारा 112 मिलियन यू.एस. डॉलर के बराबर धनराशि राहत कार्यों के उपायों के लिए आवंटन किया गया। योजना आयोग ने पुनरूत्थान व पुनर्वास करने के लिए महत्त्वपूर्ण भूमिका निभाई और राज्यों की सरकारों ने पुनरूत्थान योजनाओं को क्रियान्वित करने का उत्तरदायित्व ले लिया। (यू.एन. कंट्री टीम - UN Country Team, 2005)।

सुनामी से प्रभावित प्रत्येक परिवार को तमिलनाडु की राज्य सरकार ने 4,000 रुपए की धनराशि देने की घोषणा की, तथा इसके बाद तीन महीने तक हरएक परिवार को 1,000 रुपए की धनराशि देने की घोषणा की। इसके अतिरिक्त सरकार के आदेश के प्रावधानों के अनुसार प्रत्येक परिवार को 60 कि.ग्रा. चावल, खाने का तेल, 3 लीटर मिट्टी का तेल व दालें इत्यादि प्रतिमाह दी गई और इसके अतिरिक्त 2000 रुपए रोगाणुओं व कीटाणुओं को नष्ट करने के लिए व दिन में तीन बार छिड़काव के लिए प्रत्येक परिवार को उपलब्ध कराए गए। इसके अलावा, केंद्र सरकार द्वारा सुनामी में मरने वाले व्यक्ति के परिवार को 1,00,000 रुपए दिए गए और राज्य सरकार की ओर से भी 1,00,000 रुपए की धनराशि उपलब्ध कराई गई।

इस सुनामी में चारों तरफ ढह हुए मकानों, ढाँचों के कारण खोज, बचाव कार्यों तथा राहत कार्यों के संचालन में भारी बाधा आई। लोक निर्माण विभाग ने स्थानीय लोगों की सहायता से गिरे हुए मकानों, मार्गों, पुलों और अन्य संरचनागत माध्यमों के साथ जड़ से उखड़े अथवा टूटे हुए वृक्षों को मार्गों से हटाने और मलबे को साफ करने के कार्यों को किया था। इसके साथ ही तमिलनाडु कृषि विश्वविद्यालय के विशेषज्ञों ने कृषि भूमि का दौरा किया और उसका निरीक्षण किया और वहाँ से उन्होंने सागर का पानी निकाला और भूमि का पुनरुद्धार करने के लिए अपनी कार्रवाई की ताकि उसे पूर्व स्थिति में फिर से लाया जा सके।

आपातकालीन राहत उपायों के लिए त्वरित क्षति आकलन की अत्यंत आवश्यकता होती है। इस कार्य के लिए गैर-सरकारी संगठनों ने ग्रामीण सूचना केंद्रों (VICs) की स्थापना की

ताकि जो नुकसान हुए उनका आंकलन या पता लगाया जा सके कि इनकी क्या मात्रा थी। ग्रामीण सूचना केंद्र सरकारी कर्मचारियों, अधिकारियों और सामुदायिक सदस्यों के साथ संयोजन करते हैं और आपदा की भयानकता, गंभीरता, नुकसान की मात्रा व स्थिति, मृतकों की संख्या का पता लगाते हैं, संपत्तियों की हानि से संबंधित सूचनाओं को एकत्रित करते हैं और फिर ये लोग खंड जिलाधिकारियों व प्राधिकारियों के पास सूचना भेजते हैं ताकि तुरंत कार्रवाई के लिए समुचित कदम उठाए जा सके। इसके साथ ही, पीड़ित व्यक्ति अपनी समस्याओं को लेकर ग्रामीण सूचना केंद्रों के पास जाते हैं और शिकायत दर्ज कराते हैं तथा अपनी समस्याओं को सुलझाने के लिए उनके पास जाकर कार्रवाई के लिए आवेदन करते हैं।

गैर-सरकारी संगठन शरण स्थलों में सामुदायिक रसोई या खाने के लिए लंगरों को संचालित करते हैं। कुछ अंतर्राष्ट्रीय गैर-सरकारी संगठनों (International Non-Governmental Organisations - INGOs) के द्वारा पीड़ितों को शुद्ध जल की आपूर्ति कराने के लिए मिनिरल वाटर इकाइयाँ लगा दी गई। स्वच्छता को ध्यान में रखते हुए यूनीसेफ (UNICEF) की सहायता और सहयोग से इको-स्वच्छ शौचालयों की स्थापना भी की गई।

इस चरण में अनुक्रिया के लिए समन्वयन की व्यापक और शीघ्र आवश्यकता होती है। स्थानीय, क्षेत्रीय, राष्ट्रीय और अंतर्राष्ट्रीय स्तर के असंख्य अभिकरणों को गाँव में एकत्रित किया जाता है ताकि पीड़ितों को विभिन्न प्रकार की सहायता सेवाएँ उपलब्ध कराई जा सके। हालाँकि प्रारंभिक अवस्था में विभिन्न अभिकरणों के बीच समन्वयन और सहयोग को कार्यान्वित करने का कार्य चुनौतीपूर्ण हो जाता है। इसके पश्चात् प्रशासन विभिन्न साझीदारों के बीच समन्वयक केंद्र की स्थापना करके इस कार्य को आसान बनाने का प्रयास करती है। सन् 2004 में सुनामी के द्वारा हुए विध्वंस को साक्ष्य मानते हुए सन् 2005 में आपदा प्रबंधन अधिनियम को पारित किया गया। बाद में, सन् 2009 में राष्ट्रीय आपदा प्रबंधन नीति की संरचना की गई थी।

प्रश्न 3. 'आपदा के तत्पश्चात् फैलने वाली अफवाहें विनाशकारी सिद्ध होती हैं जिनके कारणवश अस्त-व्यस्तता तथा कुप्रबंधन होता है।' टिप्पणी कीजिए।

(जून-2020)

उत्तर– बाढ़ का पानी, डूबे हुए क्षेत्रों से कम नहीं हो रहा था, स्थिति और जटिल होना शुरू हो गई क्योंकि अफवाहें शुरू हो गई थीं। यह 28 जुलाई को आरंभ हुआ (जब 26 जुलाई के जल प्रलय के दो दिन बाद) जब बाढ़ ग्रस्त और बिजली रहित पूर्वी उपनगरीय क्षेत्र में यह अफवाह फैलने लगी कि पोवाई बाँध फट गया है। जैसे ही उन्हें इस अफवाह के बारे में मालूम हुआ, पुलिस, लाउडस्पीकरों और संचार माध्यमों से घोषणा करने लगी कि ऐसा नहीं है, परंतु इससे पहले ही आतंक से ग्रस्त हजारों लोग सड़कों पर आ गए। जब तक वे यह समझते कि कोई बाँध नहीं टूटा है, तब तक नगर के पश्चिमी भाग में शाम को एक दूसरी अफवाह उड़ने लगी। जुहू में नेहरू नगर की झोपड़-पट्टियों में रहने वाले लोगों को कहीं से यह स्पष्टत: झूठी खबर लग गई कि धारावी की झोपड़-पट्टियाँ बाढ़ में डूब गईं और उन्होंने स्वयं यह निष्कर्ष निकाल लिया कि सुनामी आ रहा है। पूर्वी तट के सुनामी की याद से लोग पागल से हो गए और इधर-उधर अंधेरे में भागने लगे। झूठी अफवाह के प्रति अस्त-व्यस्त अनुक्रिया से बहुत से लोग दबकर मर गए और बहुतों को चोटें भी लगीं।

परंतु यह अफवाहों का अंत नहीं था। 29 जुलाई को जो न केवल रविवार था और सप्ताह का पहला धूप वाला दिन था, दक्षिण मुंबई के क्षेत्र (जहाँ पर कम बारिश और बेहतर बुनियादी ढाँचे के कारण ज्यादा तबाही नहीं हुई थी) में यह अफवाह फैल गई कि चक्रवात आ रहा है। संयोग से मानसून का मौसम (जून से सितंबर तक) चक्रवात का मौसम नहीं होता। इससे यह ज्ञात होता है कि अफवाह कितनी आधारहीन हो सकती है।

उसके बाद एकाएक नगर में डॉक्सीसाइक्लीन नामक दवा की गंभीर कमी हो गई, क्योंकि नगर में यह अफवाह फैल गई कि बाढ़ का पानी सड़क पर फैलने और उसमें चूहों के मृत शरीर के पड़े रहने से जल संक्रमित हो गया है और लेप्टोपाइरोसिस की महामारी का रोग फैल रहा है और डॉक्सीसाइक्लीन से इस बीमारी को रोकने में सहायता मिलती है। बहुत से संगठनों ने यह दवा अपने कर्मचारियों को बाँट दी जिससे दवा की कमी हो गई, लेकिन तथ्य यह था कि कहीं लेप्टोपाइरोसिस की कोई महामारी नहीं फैली थी।

फिर भी यहाँ ध्यान देने की मुख्य बात यह है कि ये अफवाहें किन्हीं असामाजिक तत्त्वों और गड़बड़ी फैलाने वालों द्वारा नहीं फैलाई गई थीं। ये प्रेरित अफवाहें नहीं थीं। ये आतंक और भय के कारण विकसित हुई अफवाहें थीं, जो बड़ी तेजी से समझदार और तनावग्रस्त जनता में पहुँच गईं। आधुनिक प्रौद्योगिकी, जैसे–सेल फोन, एस.एम.एस. और इलेक्ट्रॉनिक संचार माध्यमों से ये तेजी से संचारित हो गईं। मुंबई में बाढ़ के बाद लोग गलत सूचना से पीड़ित हुए, न कि झूठी सूचना से। परंतु इससे यह मालूम हो गया कि गलत सूचना, सही सूचना की अपेक्षा तीव्र गति से संचारित होती है और गलत सूचना झूठी सूचना की तरह ही हानिकारक भी होती है।

अनुक्रिया–किसी भी आपदा की स्थिति में समुदाय सदैव ही पहली अनुक्रिया करता है और आपदा घटित होने के बाद की घटनाओं की दिशा अधिकांशतः पीड़ितों और जीवितों की पहली अनुक्रिया द्वारा निर्धारित होती है। पहली अनुक्रिया समाज में जागरूकता और समझ के स्तर की ओर संकेत करती है और संकट का सामना करने के लिए लोगों को प्रेरित करती है।

यदि जुलाई 2005 की मुंबई की बाढ़ जिसका सामना नगर को करना पड़ा था, दुष्टतम आपदा थी, तो यह मुंबई के लोगों में अनुकूलता और सहयोग की भावना भी सामने लाई। इस परिमाण की आपदाएँ भौतिक और प्रतीकात्मक रूप दोनों ही दृष्टि से बड़े स्तर पर समानता कारक होती हैं, क्योंकि ये समाज के सभी वर्गों–अमीरों, गरीबों, पुरुषों, स्त्रियों, वृद्धों, जवानों–सभी के लिए समान मुसीबतें लाती हैं। लोगों ने अपने बंधु-बांधव खो दिए और अपनी कमाई को अपनी आँखों के सामने पानी में बहते देखा। इस त्रासदी और तनाव का सामना करने में समाज सभ्य रहा। वहाँ कोई भी दंगे, लूट, कानून और व्यवस्था की समस्याएँ अथवा कोई हादसा नहीं हुआ, जिसका वर्णन किया जा सके। साधारण नागरिकों ने उन लोगों के लिए अपने घर खोल दिए, जिनको वे जानते तक नहीं थे। लोगों ने पानी में फँसे हुए लोगों को भोजन और पीने के लिए पानी दिया। छोटे दुकानदारों ने बिस्कुट और अन्य अल्पाहार बाँटे।

इस आपातकाल की गंभीरता की अनुभूति में इस आकस्मिक संकट से निपटने के प्रयास करने के पहले नगर की पुलिस, अग्निशमन सेवाओं, नगर निगम और राज्य सरकार को लगभग 24 घंटे लगे। सुरक्षा उपाय की दृष्टि से बिजली काट दी गई थी और इसे पूरे नगर में फिर से चालू करने में 3 से 10 दिन लगे थे। इस वजह से राहत कार्य में रुकावट आई। बिजली न होने से पीने के पानी की कमी पड़ गई। मुंबई की लगभग 60 प्रतिशत जनसंख्या अर्थात् लगभग एक करोड़ लोग नगरीय गरीब श्रेणी के हैं और यह बड़ा वर्ग पूरी तरह निस्सहाय था। लगातार हो

रही वर्षा, बाढ़ के पानी से भरी सड़कें, बिजली और पीने का पानी न होना, ये सब राहत कार्य में बाधा डाल रहे थे। इस अवस्था में, जैसे कि आशा थी ऐच्छिक संगठन सामने आए और उन्होंने लोगों को भोजन, पानी, कपड़ा और शरणस्थान उपलब्ध कराए। सभी हाउसिंग सोसाइटियों को अपने पानी के टैंकों में क्लोरीन की गोली और पाउडर डालने के लिए कहा गया। इस आपदा में कुछ आंत्रशोध और कुछ पानी से उत्पन्न होने वाले रोगों के केस तथा कुछ लेप्टोस्पाइरोसिस के केस सामने आए; परंतु महामारी का कोई प्रकोप नहीं हुआ।

आपदा के प्रति जनता की अनुक्रिया बताने का एक उदाहरण मात्र, 30 जुलाई को एक सांसद और अखबार के एक समूह 'फाउंडेशन' की पहल पर एक मीटिंग बुलाई गई। इस मीटिंग में एक 'नागरिक-सरकारी' कार्य योजना बनाई गई। अनेक एन.जी.ओ., रोटरी और लायन क्लब जैसे संगठनों ने एक साथ मिलकर राहत, स्वास्थ्य, स्वच्छता और चिकित्सा संबंधी सहायता के क्षेत्र में समुदाय के साथ किए गए कार्य के अपने अनुभवों के आधार पर सहायता करने के प्रयास किए। आपदा प्रबंधन के लिए अनुक्रिया में, जनता-सरकार की सहभागिता की यह वास्तव में एक बहुत अच्छी पहल थी।

यहाँ यह बताना उपयोगी होगा कि मुंबई में प्रशासन की दोहरी संरचना है। नगर निगम, राजस्व प्रशासन और पुलिस आयुक्त दिन-प्रतिदिन के आधार पर देश की वित्तीय राजधानी और सर्वाधिक आबादी वाले नगर का प्रबंध करते हैं। फिर भी नगर के अधिकांश मामलों पर राज्य सरकार सर्वोच्च प्राधिकरण है। इस आपदा के मामले में राज्य सरकार के पास पूरी मुंबई के चारों ओर से आपदा की खबरें पहुँच रही थीं। प्रारंभिक आँकड़ों ने, महाराष्ट्र राज्य में क्षतिग्रस्त घरों की संख्या 1,87,000; भूस्खलन में दबी राज्य की 27,424 वर्गमीटर सड़कें; 18,362 कि.मी. सड़कें नष्ट हो गईं, जिनको बनाने की आवश्यकता थी और उसके लिए ₹4,100 करोड़ की लागत का आकलन किया गया था। बहुत बड़ी संख्या में स्कूल, डिसपेंसरियाँ, जल-पूर्ति परियोजनाएँ नष्ट अथवा अनुपयोगी हो गई थीं। इस अभूतपूर्व आपदा के होते हुए राज्य सरकार के सामने बहुत सारी समस्याएँ थीं।

केंद्रीय सरकार ने इस आपदा के प्रति बहुत जल्दी अनुक्रिया की। संसद सत्र चल रहा था और उसमें इस स्थिति पर ध्यान दिया गया। प्रधानमंत्री मुंबई गए और ₹500 करोड़ की तुरंत राहत पहुँचाने की घोषणा की। यह राशि आपदा की व्यापकता को देखते हुए कुछ ही दिनों में दुगुनी कर दी गई। प्रधानमंत्री के राष्ट्रीय राहत कोष से भी राहत सहायता दी गई। भारत सरकार की नोडेल एजेंसी, गृह मंत्रालय तुरंत क्रियाशील हो गया। रक्षा सेवाओं, विशेषकर भारतीय नौसेना की अनुक्रिया शीघ्र व प्रभावशाली थी।

प्रत्येक दिन बीतने पर राहत, पुनर्वास और पुन:निर्माण की समस्याओं के नए-नए पक्ष सामने आते रहे। इसमें कोई संदेह नहीं है कि यह दीर्घकालीन प्रक्रिया होगी, जिसमें बहुत बड़ी मात्रा में निवेश, नियोजन और समर्पित कार्यान्वयन की आवश्यकता होगी।

यह आपदा वास्तव में अकस्मात् और अपूर्व थी, परंतु मुंबई जैसे एक व्यावसायिक, औद्योगिक, वित्तीय और नीतिगत प्रेरक को बुरी-से-बुरी आपदा का सामना करने के लिए अपने आपको समर्थ होना होगा (अथवा समर्थ बनाने की आवश्यकता है)।

❑❑❑

Must Read — अवश्य पढ़ें

Gullybaba.com

GULLYBABA PUBLISHING HOUSE PVT. LTD.

New Syllabus Based

100% Guidance for IGNOU EXAM

IGNOU HELP BOOKS

BAG, BCOMG, BA (Hons.), BSCG, BSC (Hons.) B.A., B.Com., M.A. M.Com., BED, BCA, MCA and many more...

IAS, PCS, UGC & All University Examinations

Chapterwise Researched
QUESTIONS & ANSWERS
Solved papers & very helpful for your assignments preparation

Hindi & English Medium

 GULLYBABA PUBLISHING HOUSE PVT. LTD.
2525/193, 1st Floor, Onkar Nagar-A, Tri Nagar, Delhi-110035, (From Kanhaiya Nagar Metro Station Towards Old Bus Stand)

Email : hello@gullybaba.com
Web : www.gullybaba.com

Join us on Facebook at /gphbooks

For any Guidance & Assistance Call:
9350849407

अध्याय 5 — सूखा

प्रश्न 1. सूखे के विभिन्न प्रकारों पर एक टिप्पणी लिखिए। (जून-2019)

उत्तर— सूखे को कई तरीके से श्रेणीबद्ध किया जा सकता है। इनका वर्गीकरण जल की कमी की सीमा के अनुसार किया जा सकता है। इनकी तीव्रता के आधार पर, और प्रभावित क्षेत्र की जलवायु के अनुसार भी इनमें अंतर किए जा सकते हैं।

(1) जल की कमी की सीमा के अनुसार सूखे के प्रकार— जल की कमी के प्रति मानव की विभिन्न गतिविधियों की सहिष्णुता विशेष गतिविधि पर निर्भर करती है, इसलिए तकनीकी रूप से सूखा, मानव गतिविधि के विभिन्न सेगमेंट्स के लिए जलाभाव के विभिन्न स्तरों पर उत्पन्न होगा वास्तव में यह सूखे का सर्वाधिक वैज्ञानिक वर्गीकरण प्रतीत होता है। वर्धमान जलाभाव के संदर्भ में सूखे के तीन प्रकारों को मान्यता दी गई है।

(क) **मौसम विज्ञान संबंधी सूखा (Meteorological Drought)—** जब किसी क्षेत्र में वास्तविक वर्षा कुछ सप्ताह अथवा महीनों तक सामान्य मान (दीर्घ-अवधि की औसत वर्षा) के 75 प्रतिशत से कम होती है। इस स्थिति में पानी का संरक्षण आवश्यक हो जाता है, परंतु फिर भी यह स्थिति अधिक चिंता का कारण नहीं होती है।

(ख) **जल विज्ञान संबंधी सूखा (Hydrological Drought)—** जब पानी की कमी से ऐसी स्थिति आ जाती है, जिसमें सतह जल का काफी मात्रा में अवक्षय (Deplete) हो जाता है, और जिसके कारण जल प्रवाह धीमा हो जाता है, एवं झील, जलाशय और नदियाँ आदि जल कुंड सूख जाते हैं। इसका यह भी परिणाम हो सकता है कि वर्षण (वर्षा तथा हिम) की कमी से मौसमी हिम का अपर्याप्त मात्रा में जनन हो सकता है, जिससे पर्वतीय झरनों और ग्लेशियर्स (हिमनद) का प्रभाव मंद हो जाता है।

(ग) **कृषि सूखा (Agricultural Drought)—** जब पानी की कमी इतनी गंभीर हो जाती है, तब फसलों की वृद्धि के लिए मिट्टी की नमी अपर्याप्त हो जाती है। जल का तल घट जाता है (जल स्तर नीचे चला जाता है) और सिंचाई की आवश्यकता भू-जल से पूरी नहीं की जा सकती है।

(2) तीव्रता के आधार पर सूखे के प्रकार— सूखे की तीव्रता—(क) वर्षा में कमी की मात्रा; (ख) सूखा पड़ने की अवधि; (ग) सूखे से प्रभावित क्षेत्र के आकार पर निर्भर करती

है। सूखे की तीव्रता निर्धारित करने के लिए सूखे की अवधि महत्त्वपूर्ण है। लंबी अवधि तक कायम रहने वाला मध्यम श्रेणी का सूखा कम अवधि के गंभीर सूखे की अधिक प्रतिकूल प्रभाव डालता है। सूखे की तीव्रता प्रभावित क्षेत्र पर भी निर्भर होती है। एक स्थान पर पड़ा सूखा राज्य अथवा देश की अर्थव्यवस्था को उतना प्रभावित नहीं करता, जितना कि व्यापक क्षेत्र में फैला हुआ सूखा।

भारतीय मौसम विज्ञान विभाग (India Meteorological Department) द्वारा निर्धारित मापदंड, जो राष्ट्रीय कृषि आयोग (National Commission on Agriculture) की रिपोर्ट में अपनाए गए, के अनुसार, सूखे को तब 'मॉडरेट' श्रेणी का माना जाता है, जब किसी क्षेत्र में वर्षा की कमी 26 प्रतिशत और 50 प्रतिशत के बीच हो अर्थात् यदि वास्तविक बारिश सामान्य अर्थात् दीर्घ-अवधि की औसत वर्षा 50 से 75 प्रतिशत के बीच हो। सूखे को तीव्र तब माना जाता है, जब बारिश की कमी 50 प्रतिशत से अधिक हो, अर्थात् वास्तविक वर्षा सामान्य से 50 प्रतिशत कम हो।

सूखे को मध्यम (Moderate) श्रेणी का तब माना जाता है जब मौसमी वर्षा में कमी देश के 20 प्रतिशत क्षेत्र में (जरूरी नहीं कि क्षेत्र सूखा प्रवण हो) 26 से 50 प्रतिशत के बीच हो। सूखा 'तीव्र' श्रेणी का तब कहलाएगा जब मौसमी वर्षा में कमी समान क्षेत्र में 50 प्रतिशत से अधिक हो।

देश के 20 प्रतिशत से छोटे क्षेत्र को प्रभावित करने वाले सूखे की गणना स्थानीय सूखे के रूप में की जाती है। सूखे की तीव्रता प्रत्येक मामले में परखी जाती है, क्योंकि स्थानीय संवेदनशीलता की भूमिका महत्त्वपूर्ण होती है।

(3) क्षेत्र की जलवायु के अनुसार सूखे के प्रकार—जबकि पानी की उपलब्धता (अथवा कमी) किसी क्षेत्र में वर्षा की सहज विभिन्नता पर निर्भर करती है, अनेक ऐसे भौगोलिक (प्राकृतिक) और मानवजनिक (Anthropogenic) (मानव-निर्मित) लक्षण हैं, जो किसी क्षेत्र को सूखा प्रवण क्षेत्र बनाते हैं। यह स्थिति जलवायु अथवा जलवायु परिवर्तन संबंधी कारकों से उत्पन्न होती है।

शुष्कता का अर्थ किसी क्षेत्र में कम वर्षा और/अथवा भू-तल जल के स्तर में कमी की स्थायी स्थिति से है। रेगिस्तान का अर्थ नमी की कमी की स्थायी अवस्था से होता है, जो भूमि की जैविक शक्ति में कमी (अथवा उसके विनाश) की ओर ले जाती है; जिसका अर्थ यह है कि उस भूमि में कुछ भी उपज नहीं हो पाती क्योंकि मिट्टी अंतिमतः रेत में बदल जाती है। शुष्क क्षेत्रों की अपनी पारिस्थितिकी होती है, और वर्षा की स्थिति के अनुसार उनकी कृषि-आर्थिक गतिविधि निर्धारित होती है। वर्षा की गतिविधि वर्ष-दर-वर्ष बहुत अधिक परिवर्तनशील होती है, यह परिवर्तनशीलता अधिक स्थायी जलवायु प्रतिमानों पर अधिरोपित होती है।

सूखे की निम्नलिखित श्रेणियों का वर्णन इस प्रकार है—

(क) **स्थायी सूखा**—इसको सबसे अधिक सूखी जलवायु से चिह्नित किया जाता है। क्षेत्र की शुष्कता में बिखरी-बिखरी वनस्पति उगाई जाती है और निरंतर सिंचाई के बिना कृषि असंभव होती है (यदि वहाँ कोई सिंचाई का स्रोत उपलब्ध हो)।

(ख) **मौसमी सूखा**—यह उस जलवायु में होता है जहाँ सुपरिभाषित वार्षिक वर्षा और शुष्क मौसम होते हैं। यहाँ पर कृषि की वह रीतियाँ अपनाई जाती हैं जो वर्षा के मौसम का लाभ उठा सकें।

(ग) **आकस्मिक और अननुमेय सूखा**—इसमें वर्षा की असामान्य विफलता निहित होती है। यह किसी भी स्थान पर, यहाँ तक कि उस क्षेत्र में भी हो सकता है, जहाँ सबसे अधिक वर्षा होती है (उदाहरणार्थ 2005 में भारत के उत्तर-पूर्वी क्षेत्र, जिसमें चेरापूँजी के आस-पास का क्षेत्र शामिल था, में मानसून मौसम में सूखा पड़ा था)।

सूखा, शुष्कता और मरूस्थलीकरण परस्पर संबद्ध घटनाएँ हैं। लंबे समय तक लगातार पड़ने वाला सूखा शुष्कता को उत्पन्न कर सकता है और यदि यह प्राकृतिक और/अथवा कृत्रिम कारणों से बढ़ जाता है, तो मरूस्थलीकरण तक जा सकता है।

प्रश्न 2. 'भारत में सूखा प्रबंधन में कुछ विधिवत चरण सम्मिलित होते हैं।' टिप्पणी कीजिए।

उत्तर— भारत में कृषि मंत्रालय, राष्ट्रीय सुदूर संवेदी एजेंसी (एन.आर.एस.ए.), मौसम विज्ञान विभाग (आई.एम.डी.) और केंद्रीय जल आयोग (सी.डब्ल्यू.सी.) सूखा मॉनीटरिंग करने वाले संगठन हैं।

(1) **तैयारी**—इन संगठनों का मुख्य महत्त्व सूखा प्रबंधन की तैयारी पर और चुनौतियों का सामना करने के लिए समुदाय की तैयारी पर है।

(क) **मरुस्थल विकास कार्यक्रम (Desert Development Programme)** जिसमें हरियाणा के गर्म मरुस्थल क्षेत्र, जम्मू और कश्मीर, हिमाचल प्रदेश, गुजरात तथा राजस्थान के शीत मरुस्थल के क्षेत्र सम्मिलित हैं। सूखे के प्रबंधन की वर्तमान पद्धति निम्न है—

तालिका 5.1: सूखा प्रबंधन की वर्तमान पद्धति

अवस्था	एजेंसी	वर्तमान स्थिति	अंतराल/प्रतिबंध
सूखा प्रवण क्षेत्र	आई.एम.डी. कृषि मंत्रालय	जलवायु संबंधी आँकड़े जल संतुलन मॉडल जो शुष्क/अर्ध-शुष्क क्षेत्रों का वर्गीकरण करते हैं	वर्गीकरण केवल व्यापार स्तर पर किया गया है, परंतु सूक्ष्म स्तर (जैसे तालुक/ग्राम पर नहीं
चेतावनी/ मॉनीटरिंग	आई.एम.डी. डी.ओ.एस., कृषि मंत्रालय	राज्य सरकारों की रिपोर्ट पर आधारित मॉनीटरिंग। वर्षा की कमी-मुख्य मापदंड	मौसम विज्ञान उप-प्रभाग स्तर पर गुणात्मक आकलन
क्षति आकलन	कृषि मंत्रालय/ राज्य सरकारें	फसल क्षति पर फील्ड रिपोर्ट पर आधारित आकलन	फसल क्षति पर प्राप्त सूचना अपर्याप्त और विषम
आपदा प्रशमन/ राहत	कृषि मंत्रालय/ राज्य सरकारें, गैर-सरकारी संगठन	राज्य सरकार द्वारा दिए गए सूखा मेमोरेंडम पर आधारित राहत कार्य जो राज्य सरकार द्वारा समन्वित होता है।	प्रभाव/तीव्रता के बारे में सूचना की कमी तथा राहत कार्य की अपर्याप्त योजना
सूखा प्रूफिंग	कृषि मंत्रालय/ राज्य सरकारें, गैर-सरकारी संगठन	चुने हुए जल विभाजक (Water sheds) के लिए ही दीर्घ-अवधि की योजना	सूखा प्रवण क्षेत्रों के सतत् विकास के लिए सर्वव्यापी योजना की कमी

ये 5 राज्यों में 131 ब्लॉक और 21 जिलों में कार्य कर रहे हैं, जिसमें 0.362 मिलियन वर्ग कि.मी. क्षेत्र और 15 मिलियन जनसंख्या है। इस कार्यक्रम के उद्देश्यों में मरुस्थल बनने की प्रक्रिया पर नियंत्रण रखना, सूखे के प्रभावों को कम करना, पारिस्थितिकी संतुलन को पुन: प्राप्त करना, भूमि, जल, पशुधन और मानव संसाधनों की उत्पादकता को बढ़ाना शामिल है। आबंटन का कम-से-कम 75 प्रतिशत भाग उन गतिविधियों के लिए नियत है, जो मरुस्थल बनने की प्रक्रिया का सामना करने में सहायता करती है। यह कार्यक्रम 100 प्रतिशत केंद्रीय सहायता से कार्यान्वित होता है। योजना आयोग का कार्य 'मूल्यांकन संगठन' इस कार्यक्रम को मूल्यांकित करता है, ताकि इन क्षेत्रों में रहने वाले लोगों की आय, मरुस्थलीकरण निर्माण के नियंत्रण पर उसके प्रभाव और उत्पादकता में हुए सुधार का विश्लेषण किया जा सके।

(ख) **सूखा संभव क्षेत्र कार्यक्रम (Drought Prone Area Programme)**—सूखा संभव क्षेत्र कार्यक्रम प्राकृतिक संपदा की कमी वाले शुष्क और अर्द्ध-शुष्क क्षेत्रों में आरंभ किया गया था। इसका उद्देश्य शुष्क कृषि को बेहतर मिट्टी और नमी का संरक्षण प्रदान करके, जल संसाधनों का अधिक वैज्ञानिक उपयोग करके अधिक उत्पादक बढ़ाना और वनीकरण, चारा और चरागाह संसाधनों के विकास

से पशुधन विकास और लंबी अवधि में पारिस्थितिकी संतुलन को पुन: प्राप्त करने को बढ़ावा देना है। इसमें 615 ब्लॉक शामिल हैं जो 91 जिलों और 13 राज्यों के हैं। यह केंद्र द्वारा प्रायोजित योजना है, जिसमें राज्य और केंद्र दोनों सरकारों को 50:50 के आधार पर आबंटन किया जाता है। इस योजना कार्यक्रम में जल विभाजक के आधार पर विकास योजनाओं की तैयारी, कार्यक्रम की योजना बनाने और उसके कार्यान्वयन में जनता की सहभागिता तथा अनुसंधान और कार्यान्वयन करने वाली एजेंसियों के बीच प्रभावशाली संपर्क का विकास करना इस कार्यक्रम के कुछ प्राथमिक क्षेत्र हैं।

सरकार द्वारा चलाए गए सूखा संबंधित कुछ अन्य कार्यक्रम निम्न हैं—

(i) समेकित ग्रामीण विकास कार्यक्रम
(ii) राष्ट्रीय ग्रामीण रोजगार कार्यक्रम
(iii) ग्रामीण भूमिहीन रोजगार गारंटी कार्यक्रम
(iv) काम के बदले अनाज कार्यक्रम
(v) त्वरित ग्रामीण जल प्रदाय कार्यक्रम
(vi) जवाहर रोजगार योजना
(vii) इंदिरा आवास योजना
(viii) रोजगार बीमा योजना, जो सूखा प्रवण क्षेत्रों और पहाड़ी क्षेत्रों में कृषि मौसम में मंदी के समय में 100 दिनों के रोजगार का आश्वासन देती है।

(2) राहत और पुनर्वास उपाय—राष्ट्रीय स्तर के प्रयास सूखा और अकाल की स्थितियों से निपटने के लिए अति महत्त्वपूर्ण होते हैं। इसके लिए निधि की व्यवस्था निम्नलिखित द्वारा की जाती है—

(क) आपद् राहत निधि (राज्यों के लिए संरचनात्मक अनुदान)
(ख) प्रधानमंत्री राष्ट्रीय राहत कोष (विवेकाधीन अनुदान)
(ग) राष्ट्रीय आपद् आकस्मिकता निधि
(घ) गैर-सरकारी संगठन

लघु अवधि राहत उपायों का मुख्य उद्देश्य निम्न उपायों से लोगों को अनाज उपलब्ध कराना है—

(क) प्रभावित समाज के अंदर सभी समूहों की पात्रता का बचाव करना; और
(ख) प्रभावित क्षेत्र में खाद्य पदार्थों की उपलब्धता सुनिश्चित करना।

खाद्य सुरक्षा का अनुरक्षण करने के लिए किए जाने वाले कुछ महत्त्वपूर्ण उपाय—

(क) पूरक स्वास्थ्य कार्यक्रम
(ख) स्वच्छ पेयजल उपलब्धि कार्यक्रम
(ग) सामान्य खाद्य आपूर्ति और वितरण कार्यक्रम
(घ) खाद्य सहायता
(ङ) खाद्य जमाखोरी को रोककर और उचित दर की दुकानों को शुरू करके मूल्यों का स्थिरीकरण
(च) पशुधन और अन्य घरेलू परिसंपत्तियों के लिए विशेष कार्यक्रम

(छ) रोजगार उत्पन्न करने के कार्यक्रम

सूखे के प्रभाव को कम करने के लिए आपेक्षित उपाय–

(क) सूखा-रोधी फसलों की उपज;

(ख) मरुस्थलीकरण को रोकने के उपायों का कार्यान्वयन, जैसे–पेड़ लगाना;

(ग) जल संसाधन प्रबंधन उन्नत करना, जो नए कुँए खोदकर, पुराने कुँओं का सुधार, प्रतिधारण बाँधों का निर्माण, रेतीले नदी तल में जल धारण के लिए उप-सतही बाँधों का निर्माण और पानी रोक कर जल धारक पर्त में शीघ्र सोख सकने वाले जलभराव के जलग्राही का रिचार्ज करना; और

(घ) उन्नत प्रबंधन।

विभिन्न कार्यक्रमों के द्वारा, प्रभावित लोगों की उनके स्वास्थ्य को ठीक रखने, आय शक्ति बढ़ाने तथा सूखे और अकाल की स्थिति के पश्चात् क्षतिग्रस्त हुई उनकी परिसंपत्तियों को फिर से प्रतिस्थापित करने में सहायता करना पुनर्वास में सम्मिलित होना है। इस प्रकार के कार्यक्रम अस्थायी खाद्य असुरक्षा की गंभीर अवधियों के बाद अनिवार्य होते हैं, जब घरों में अधिकांश परिसंपत्तियाँ नष्ट हो जाती हैं और लोगों को दूसरे स्थानों में प्रवास के लिए जाना पड़ता है, साथ ही उनको कई रोग हो जाते हैं और मृत्यु दर बढ़ जाती है। इस कार्यक्रम में स्वास्थ्य देखभाल संबंधी सेवाएँ, परामर्श, सहायता सामग्री उपलब्ध करवाना, जैसे–खाना पकाने के बर्तन, पिछले आवास में वापिस पलायन करने के लिए परिवहन की सुविधा उपलब्ध करवाना, उनके घरों और उत्पादक गतिविधियों को फिर से स्थापित करना सम्मिलित होते हैं।

पुनर्वास के मध्य का समय अति महत्त्वपूर्ण होता है, उदाहरणार्थ, बीज बाँटने का कार्यक्रम, अगली बुआई के मौसम के आरंभ होने से पहले ही समाप्त हो जाना चाहिए। सफलता प्राप्त करने के लिए पुनर्वास के बीच के समय का आयोजन और कार्यान्वयन राहत गतिविधियों के साथ किया जाना चाहिए। बीज कार्यक्रम, पुनर्वास प्रयासों का एक महत्त्वपूर्ण भाग है। इस कार्यक्रम की तर्कसंगतता यह है कि प्रभावित लोगों के बीज या तो बार-बार पुन: बोने से समाप्त हो जाते हैं या फिर खाद्य पदार्थ की कमी के कारण खाने के रूप में उपयोग में आ जाते हैं, इसलिए आपेक्षित बीज इन लोगों को उपलब्ध कराए जाने की आवश्यकता है।

अध्याय 6
सूखा: केस अध्ययन

प्रश्न 1. गुजरात में सूखा प्रबंधन की क्रिया की व्याख्या कीजिए। (जून-2018)

अथवा

भारत में सूखा प्रबंधन के केस-अध्ययन की व्याख्या कीजिए। (दिस.-2018)

अथवा

गुजरात सूखे (अकाल), 2002 के प्रबंधन की चर्चा कीजिए। (फरवरी-2021)

उत्तर— सूखाग्रस्त क्षेत्र उन क्षेत्रों को माना जाता है जिनमें सूखा रहने की संभावना 20 प्रतिशत से अधिक रहती है जबकि गंभीर रूप से सूखाग्रस्त क्षेत्रों में यह प्रतिशत 40 से अधिक रहता है। गुजरात उन्हीं सूखा ग्रस्त क्षेत्रों में से एक है। 1.9.2003 को गुजरात सरकार द्वारा गुजरात राज्य आपदा प्रबंधन प्राधिकरण (जी.एस.डी.एम.ए.) की स्थापना गुजरात सरकार द्वारा की गई। गुजरात आपदा प्रबंधन अधिनियम (वर्ष 2003 का गुजरात अधिनियम संख्या 20) के अनुसार, जी.एस.डी.एम.ए. राजस्व विभाग और जहाँ आवश्यक होगा वहाँ अन्य संबद्ध सरकारी विभागों की आपदा प्रबंधन गतिविधियों का समन्वय, उनकी मॉनीटरिंग करेगा और उनको सुसाध्य बनाएगा। राजस्व विभाग, जिला कलक्टर कार्यालय तथा साथ ही सभी संबद्ध विभागों के माध्यम से आपदा के पश्चात् राहत और आपातकालीन राहत के उपायों को सुचारु रूप से कार्यान्वित करने के लिए उत्तरदायी होगा।

(1) सूखा : पूर्वानुमान और चेतावनी देने की पद्धति—गुजरात सरकार ने प्रमुख सचिव की अध्यक्षता में सूखे का सही पूर्वानुमान और चेतावनी के लिए मौसम सतर्कता समूह का गठन किया है। इस समूह में प्रमुख सचिव, सचिव (कृषि और सहकारी विभाग), सचिव (नर्मदा और जल संसाधन), राहत आयुक्त और सचिव (अछत, Scarcity), संयुक्त सी.ई.ओ. (जी.एस.डी.एम.ए., गाँधीनगर), निदेशक (आई.एम.डी., अहमदाबाद), निदेशक (आई.एस.आर.ओ.), निदेशक (आर.ई.एस.ई.सी.ओ., गाँधीनगर), उपाध्यक्ष (गुजरात समुदीय बोर्ड), उप-सचिव (अछत, राजस्व विभाग), निदेशक (कृषि) और राहत आयुक्त और उप-सचिव हैं। यह समूह, प्रत्येक सप्ताह मानसून की गतिविधि का विश्लेषण करने और उसकी मॉनीटरिंग करने के लिए बैठक करता है। सरकार ने तालुक स्तर और उप-केंद्र स्तर पर वर्षामापी स्टेशनों की स्थापना की। इस प्रकार, पिछले 24 घंटों के वर्षा के आँकड़ों को सभी जिलों से ऑनलाइन (कंप्यूटर) सेवा से इकट्ठा किया जाता है। मौसम सतर्कता समूह जलाशयों के जल स्तरों का

विश्लेषण और वर्षा की तथा भू-जल संसाधनों की स्थिति की मॉनीटरिंग करता है। इसके अतिरिक्त, कृषि की गतिविधियाँ वर्षा पर निर्भर करती हैं, फसल और बुआई कार्य की स्थिति की मॉनीटरिंग भी की जाती है।

(2) **सूखा : राहत के लिए उपाय**—राज्य सरकार ने राहत उपलब्ध कराने के लिए और रोजगार उत्पन्न करने पर अपना ध्यान केंद्रित किया है। इस प्रयोजन के लिए जिलेवार प्रमुख योजनाएँ तैयार की गई थीं। सूखे से प्रभावित क्षेत्रों के बेरोजगार लोगों को रोजगार उपलब्ध कराने के लिए एस.जी.आर.वाई. पद्धति का उपयोग किया गया था। सूखे के दौरान 11.94 लाख श्रमिकों को, वेतन सहित रोजगार दिया गया था और 6.67 करोड़ रोजगार के कार्यदिवस उत्पन्न किए गए थे। गुजरात सरकार ने सूखाग्रस्त क्षेत्रों में वेतन-सहित रोजगार उपलब्ध कराने के लिए ₹211 करोड़ विभिन्न कार्यक्रमों और योजनाओं को लागू करने पर खर्च किए।

 (क) **काम के बदले अनाज**—एस.जी.आर.वाई. विशेष घटक के अंतर्गत वेतन के रूप में श्रमिकों को अनाज वितरित किया गया था; ताकि खाद्य सुरक्षा सुनिश्चित हो सके। इस काम के बदले अनाज कार्यक्रम के अंतर्गत 2.10 लाख मैट्रिक टन खाद्यान्न वितरित किया गया था।

 (ख) **नकद अनुदान**—वृद्ध, कमजोर, बच्चों और गर्भवती स्त्रियों को सूखे के दौरान नकद अनुदान दिया गया, जो राहत नीति का एक भाग था, क्योंकि ये लोग गर्मी की कठोर ऋतु में काम करने में असमर्थ थे। नीति के अनुसार, वयस्क हितग्राहियों को रु. 10 प्रतिदिन, बच्चों को रु. 5 प्रतिदिन, तथा गर्भवती स्त्रियों को रु. 20 प्रतिदिन का नकद अनुदान दिया गया था।

 (ग) **पीने का पानी**—2002-2003 में सूखे के पश्चात् पीने योग्य पानी की अत्यंत गंभीर समस्या थी। गुजरात में 6263 गाँव और 54 शहर पेयजल की गंभीर समस्या का सामना कर रहे थे। राज्य के जल-पूर्ति विभाग ने रात-दिन कुँओं, नलकूपों और वर्तमान कुँओं को गहरा बनाने और हथबरमों की मरम्मत आदि का कार्यक्रम चलाया। इस दौरान 1761 गाँवों में कुएँ और गहरे नलकूप जो 150 मि.मी./100 मि.मी. थे, लगाए गए। इसके अतिरिक्त, गुजरात सरकार ने सूखा ग्रस्त क्षेत्रों में टैंकर के माध्यम से सड़क और रेल द्वारा पानी उपलब्ध कराया। सूखाग्रस्त राज्यों को ट्यूबवेल खोदने के लिए केंद्र सरकार ने धन दिया। कुल मिलाकर 1,000 ट्यूबवेल लगवाएँ। इस तरह प्रभावित क्षेत्रों में पीने का पानी उपलब्ध कराने के लिए राज्य सरकार ने 127 करोड़ रुपयों का व्यय किया। गुजरात सरकार ने सूखे के प्रभाव को कम करने के लिए लंबी अवधि के उपायों की ओर भी ध्यान देना शुरू कर दिया, जैसे—सूखे के प्रभावों को कम करने के लिए जल संरक्षण योजना को प्राथमिक उपाय के रूप में माना गया। इस संदर्भ में 1500 से अधिक तालाब खोदे गए अथवा उनको गहरा किया गया तथा 20,000 से अधिक रोक बाँध बनाए गए।

केंद्रीय सरकार द्वारा प्रायोजित वाटरशेड विकास कार्यक्रम के अंतर्गत निम्न योजनाएँ जो राज्य सरकार द्वारा 2002-2003 के दौरान हाथ में ली गईं—

तालिका 6.1: सूखा प्रबंधन के लिए कार्यक्रम/योजनाएँ

क्र. सं.	कार्यक्रम/ योजना	पूरी की गई परियोजना	शामिल क्षेत्र (हैक्टेयर में)	चालू परियोजना	कार्य के अंतर्गत क्षेत्र (हैक्टेयर में)
(1)	डी.पी.ए.पी.	689	3,44,500	1461	7,30,500
(2)	डी.डी.पी.	577	2,88,50	1494	7,47,000
(3)	आई.डब्ल्यू.डी.पी.	-	-	521	2,60,500
(4)	ई.ए.एस.	546	2,73,00	-	-

(i) डी.पी.ए.पी.–सूखा संभावित क्षेत्र कार्यक्रम (Drought Prone Area Programme)

(ii) डी.डी.पी.–मरुस्थल विकास कार्यक्रम (Desert Development Programme)

(iii) आई.डब्ल्यू.डी.पी.–समेकित बंजर भूमि विकास कार्यक्रम (Integrated Wasteland Development Programme)

(iv) ई.ए.एस.–रोजगार बीमा योजना (Employment Assurance Scheme)

गुजरात राज्य राहत मैनुअल के अनुसार अंतःस्रवण (रिसन) (Percolation) टैंक जैसे उपयोगी और उत्पादी कार्यों को प्राथमिकता दी गई थी। सूखे के वर्ष (2002-2003) के पश्चात् 258 रोक बाँधों का कार्य पूरा किया गया। इसके अतिरिक्त सरदार पटेल सहभागी जल संचय योजना के अंतर्गत जल संचयन योजना के भाग के रूप में 2773 कार्य को पूरा किया गया।

(घ) चारा–गुजरात राज्य में 56.30 लाख जानवर सूखे की स्थिति से सर्वाधिक प्रभावित थे, डिपो के माध्यम से प्रभावित जिलों में घास वितरित की गई। इस प्रयोजन के लिए 373 घास के डिपो खोले गए थे। प्रभावित क्षेत्रों में 1120.66 लाख किलो घास और 110.80 लाख किलो चारा उपलब्ध कराने की व्यवस्था की गई थी। रेलवे मेंत्रालय ने राज्य सरकारों से सलाह करके पानी तथा धारा दोनों का मुफ्त यातायात किया। इसके लिए विशेष मालगाड़ियाँ चलाई गईं इस तरह रेलवे ने लगभग 80 करोड़ रुपए का परिवहन मुफ्त किया।

(ङ) गौशालाओं और पशु शिविरों का संधारण–सूखे की अवधि के पश्चात् जानवरों की देख-रेख करने के लिए गौशालाएँ और पिंजर-पोल चलाए गए। गुजरात सरकार ने ₹10 प्रतिदिन की दर से जानवरों के रख-रखाव के लिए सहायता दी। सरकार द्वारा पशु सहायता उपलब्ध कराने के लिए ₹ 43.5 करोड़ खर्च किए गए।

(3) सूखा प्रबंधन : संगठनात्मक ढाँचा–

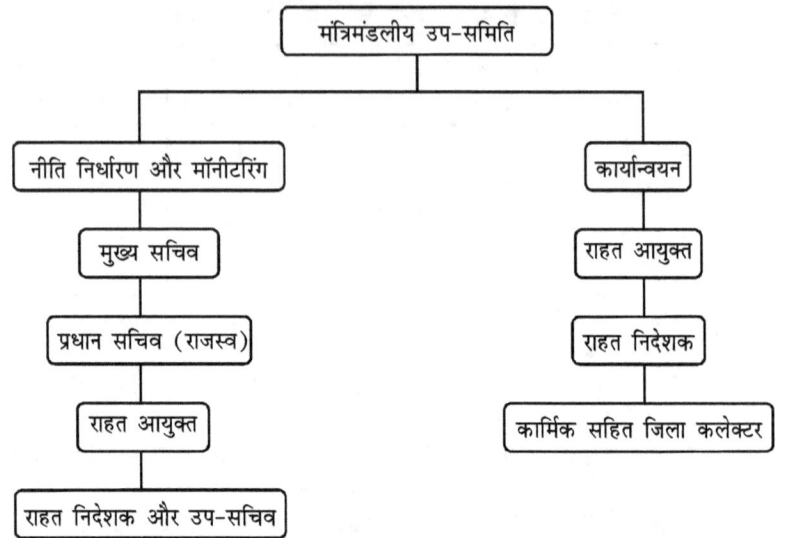

चित्र 6.1: गुजरात में सूखा प्रबंधन के लिए संगठनात्मक ढाँचा

प्रस्तुत संगठनात्मक ढाँचा 2002-2003 के सूखे की घोषणा के पश्चात् स्थापित किया गया। राज्य में जैसे ही सूखे की घोषणा हुई, वैसे ही मुख्यमंत्री की अध्यक्षता में मंत्रिमंडलीय उप-समिति का गठन, सूखे से संबंधित उपायों की समग्र रूप से मॉनीटरिंग करने के लिए किया गया। इसमें वित्त मंत्री, राजस्व मंत्री, कृषि मंत्री और जलपूर्ति मंत्री, ऊर्जा मंत्री तथा विभिन्न प्रमुख विभागों के सचिव सदस्य थे। सूखा संबंधी गतिविधियों की राजस्व विभाग, जैसे–जलपूर्ति, पशु देखभाल, स्वास्थ्य देखभाल जैसे संबंधित क्षेत्रों की अन्य विभागों, जैसे–स्वास्थ्य और परिवार कल्याण, जलपूर्ति और पशुपालन विभागों के साथ मिलकर निगरानी करता है।

सूखा प्रबंधन कार्यक्रम को सुचारु रूप से चलाने में राज्य स्तरीय प्रशासनिक ढाँचे की महत्त्वपूर्ण भूमिका होती है। इस संदर्भ में राहत आयुक्त, राज्य सरकार और जिला प्रशासन के बीच कड़ी का काम करता है। प्रधान सचिव राजस्व जिले से प्राप्त फीडबैक के आधार पर निर्णय लेता है। निदेशक राहत, जिला और राज्य स्तर की क्रियाविधियों के बीच निरंतर संपर्क बनाए रख कर राहत आयुक्त की सहायता करने वाला मुख्य अधिकारी है और सूखा राहत में लगी संपूर्ण प्रशासनिक व्यवस्था का कार्य सुचारु रूप से चलाने के लिए जनशक्ति, औजार और वित्त आदि की मॉनीटरिंग करता है तथा राज्य में सूखा प्रबंधन की संपूर्ण व्यवस्था मुख्यमंत्री की समीक्षा और पुनरीक्षा के अधीन रहती है।

सूखे की समस्या का सामना करने के लिए राज्य सरकार की मॉनीटरिंग और कार्यान्वयन पद्धति सर्वाधिक कारगर सिद्ध हुई है। राहत उपायों के लिए नीति संबंधी निर्णय सूखे के पिछले वर्षों में प्राप्त अनुभवों के आधार पर लिए गए थे। इसके अतिरिक्त प्रभावित जिलों के प्राधिकारियों को निर्देश दिया गया था कि सूखा प्रबंधन के लिए बनाई गई नीतियों और कार्यविधियों का सख्ती से कार्यान्वयन किया जाए। राहत कार्यों की प्रभावशाली मॉनीटरिंग और कार्यान्वयन के लिए राज्य, तालुक और जिला स्तरों पर प्रशासनिक सहायता ढाँचे की व्यवस्था की गई थी। आपदा प्रबंधन के महत्त्वपूर्ण अंग के रूप में चारा प्रबंधन और चारा पूर्ति के लिए

एक अलग संगठन का निर्माण किया गया। राज्य स्तर पर 'अभाव कक्ष' को राहत कार्यों को सुचारु रूप से चलाने, जैसे–चारा प्रबंधन, खाद्य अनाज वितरण, श्रमिकों को किए गए भुगतान, नकद अनुदान तथा जिला प्रशासन द्वारा वांछित वित्तीय और अन्य सुविधाओं की दिन-प्रतिदिन निगरानी करने का कार्य सौंपा गया।

एक्जीक्यूटिव (कार्यपालन) इंजीनियर की देख-रेख में एक योग्य नियंत्रण कक्ष की स्थापना की गई, जिसमें अन्य तकनीकी स्टाफ रखा गया जो गुणवत्ता तथा मापन की दृष्टि से राहत कार्यों की मॉनीटरिंग करे। राज्य और जिला स्तर के निरीक्षण दलों द्वारा राहत प्रयासों की जाँच करने और अनियमितताओं पर नियंत्रण रखने हेतु अचानक निरीक्षण किए गए।

(4) 1987 और 2002 के सूखे के बीच के समय में विकास संबंधी परिवर्तन–राज्य के लगभग सभी गाँवों के लिए 1985-86 और 1987 के सूखे के वर्ष, सूखे के बाद के प्रभावों के कारण अधिक भयंकर थे। सरकार भी यह मानती है कि राज्य में सूखे की स्थिति अत्यंत दयनीय थी। 1987 के सूखे में राज्य के सौराष्ट्र और कच्छ क्षेत्रों में मानसूनी वर्षा में सामान्य से 76 प्रतिशत की कमी थी, जिससे कि सूखे की गंभीर स्थितियाँ उत्पन्न हो गई थीं और राज्य को इसके लिए पर्याप्त मात्रा में व्यय करना पड़ा था। साथ ही राज्य ने इससे बहुत से ऐसे पाठ सीखे, जो 2002 के सूखे से निपटने में उपयोगी सिद्ध हुए। इसी बीच जनवरी 2001 में गुजरात को सौराष्ट्र और कच्छ में आए भूकंप से जूझना पड़ा। सरकार भूकंप की इस स्थिति से उबर भी नहीं पाई थी कि राज्य में 2002 का सूखा पड़ गया और राज्य को उसका भी सामना करना पड़ा। बेरोजगारी से परेशान लोग पलायन को मजबूर थे।

वर्ष 1987 में सहायता मजदूरी की दर ₹ 11 प्रतिदिन थी, जबकि वर्ष 2002 में बढ़ते हुए सूचकांक की परिस्थितियों में श्रमिक को राहत मजदूरी ₹ 42 प्रतिदिन दी गई थी। रिकॉर्ड के अनुसार 1985-87 के दौरान अधिकांश सड़क निर्माण कार्य हुआ था, फिर भी राहत कार्यों में उत्पादकता की अवधारणा पहली बार राज्य में अपनाई गई थी। इसके परिणामस्वरूप कायम रहने वाली समुदाय परिसंपत्तियों का सृजन किया गया। यहाँ तक कि कृषि की पद्धति के क्षेत्र में भी काफी परिवर्तन हुआ, जहाँ फसल को बदल-बदल कर उगाने की फसल पद्धति का विकास किया गया है। इसके अतिरिक्त, अधिक उपज की किस्म के क्षेत्र में वर्ष 1987 की तुलना में 81.60 प्रतिशत की वृद्धि (2002) की गई। अंतिम पर कम महत्त्वपूर्ण नहीं, सिंचाई किए गए क्षेत्र में वर्ष 1987 की तुलना में 39.11 प्रतिशत की वृद्धि (2002 में) हुई। इसके अतिरिक्त किसानों को नकदी (Cash) फसलें पैदा करने के लिए प्रोत्साहित किया गया, ताकि उनको अपने उत्पादों के लिए तैयार बाजार मिले। गुजरात सरकार ने वर्ष 2002 की सूखे की स्थिति का प्रभावशाली तरीके से सामना करने के लिए बेहतर कार्य किए। सूखे की आपदा को कम करने उसका प्रबंधन करने और उसका अनुमान करने के लिए उन्नत और सुधरे हुए तरीकों का प्रयोग किया गया। प्रभावित क्षेत्रों में मिड-डे मील स्कीम का प्रबंध करने को कहा गया। प्रभावित क्षेत्रों में गौशालाएँ स्थापित करने के लिए कहा गया। National Calamity contingency Fund : प्रत्येक राज्य के पास यह फंड है जिसमें से खर्च किया जा सकता है।

प्रश्न 2. राजस्थान में सूखा प्रबंधन का संगठनात्मक ढाँचा पर टिप्पणी कीजिए।
(जून-2017)

उत्तर– राजस्थान में सूखा प्रबंधन के संगठनात्मक ढाँचे को नीचे दिए गए चार्ट द्वारा आसानी से समझा जा सकता है–

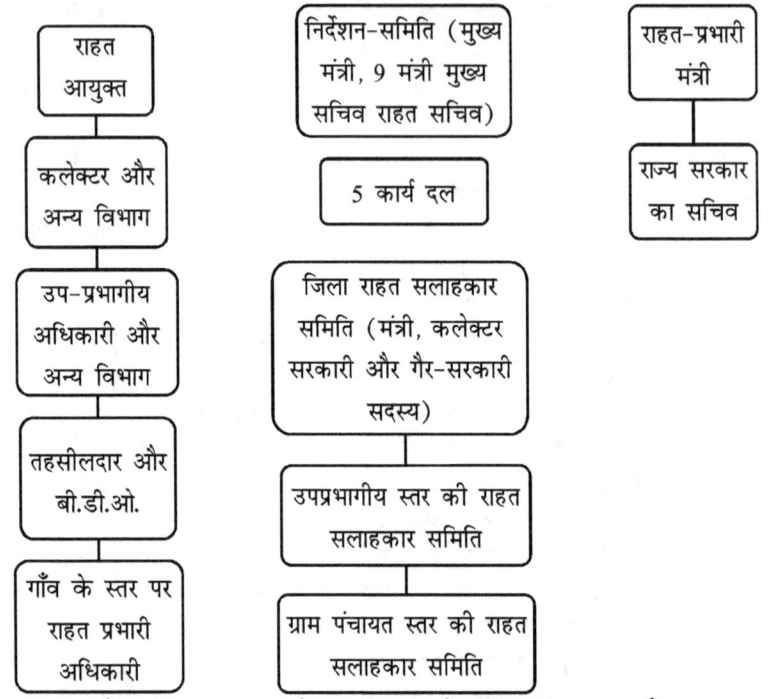

चित्र 6.2: राजस्थान में सूखा प्रबंधन के लिए संगठनात्मक ढाँचा

चार्ट में दिखाए गए ढाँचे से यह स्पष्ट है कि इस समय निदेशन समिति शिखर स्तर पर थी। आपदा प्रबंधन के निर्णय लेने के लिए यह समिति एक उच्चतम निकाय थी। सूखे की अवधि के समय समिति आपदा प्रबंधन की प्रगति पर विचार-विमर्श करने के लिए मुख्यमंत्री के नेतृत्व में महीने में दो बार बैठक करती थी।

राहत कार्यों में स्वास्थ्य और ऊर्जा की गतिविधियों सहित पेयजल, चारा, पोषण का निकटता से निरीक्षण करने के लिए पाँच कार्य दलों की स्थापना की गई। ये दल 15 दिन में एक बार बैठक करते थे। जिला स्तर पर जिसका प्रमुख जिले का प्रभारी मंत्री की अध्यक्षता और कलक्टर की सह-अध्यक्षता में जिला और उप-प्रभागीय राहत समितियाँ राहत उपायों की देखभाल और उनके कार्यान्वयन की निकटता से मॉनीटरिंग करती थीं। चार्ट में उप-प्रभागीय स्तर की राहत कार्य सलाहकार समिति को भी प्रदर्शित किया गया है। इस क्रम में ब्लॉक स्तर पर सार्वजनिक नेता और प्रशासक दोनों एक समिति हैं। इस समिति का प्रमुख उप-प्रभागीय अधिकारी होता है और उसके बाद ग्राम पंचायत स्तर पर समिति होती है, जिसका प्रमुख सरपंच होता है।

नियंत्रण कक्ष—सुरक्षा प्रबंधन के अंतर्गत राज्य, जिला और ब्लॉक स्तर पर नियंत्रण कक्षों की स्थापना की गई, जिनका वरिष्ठ अधिकारियों द्वारा प्रबंधन किया जाता था। आपदा की अवधि के दौरान ये नियमित रूप से आगत आपदा के प्रारंभिक संकेतों का पता लगाने और इस संकट को टालने के लिए समयानुसार कार्यवाही के लिए लगातार कार्य करते थे। इस तरह

नियंत्रण कक्षों में कार्य कर रहे अधिकारी सूचना प्राप्त करने और उसके आगे संबद्ध अधिकारियों को समय-समय पर क्षेत्रों की विभिन्न गतिविधियों के बारे में सूचना देने के लिए उत्तरदायी थे।

ऐच्छिक संगठनों की भूमिका—सूखा राहत कार्यक्रम को सुचारु रूप से चलाने में गैर-सरकारी संगठनों सहित ऐच्छिक संगठनों ने बहुत उपयोगी सेवाएँ प्रदान की हैं तथा महत्त्वपूर्ण योगदान दिया है। उन्होंने ढोर शिविरों के रख-रखाव, सूखा संभाव्य क्षेत्रों में पीने के पानी की उपलब्धि, सामुदायिक रसोइयों का संचालन, चारा प्राप्ति और वितरण उपलब्ध कराने जैसे कार्यों में भाग लिया।

विकास परिवर्तन : 1987 और 2002 के सूखे के बीच—वर्ष 2002 का सूखा निरंतर सूखे की स्थिति का पाँचवाँ वर्ष था और यह राजस्थान का आज तक का सबसे तेज तीव्रता वाला सूखा था। सरकार द्वारा दिखाए गए आँकड़ों से यह स्पष्ट है कि प्रभावित जिलों की संख्या में 22 जिलों से बढ़कर 32 जिले हो गई थी और फसल को हुए नुकसान का मूल्य भी 2283.49 करोड़ से बढ़कर 4414.00 करोड़ हो गया था। 1987 और 2002 के दो मुख्य सूखों के बीच विकास में हुए परिवर्तन पर किए गए अध्ययन यह संकेत करते हैं कि राज्य ने गरीबी कम करने और आपदा प्रबंधन में नियमित प्रगति की। इन प्रयासों का प्रभाव इस तथ्य से स्पष्ट है कि 2002-03 के सूखे की अवधि के दौरान भी मनुष्यों और ढोरों का, अन्य पड़ोसी क्षेत्रों में बड़े पैमाने पर प्रवासन नहीं हुआ था। इसके अतिरिक्त, प्रभावित नागरिकों की जरूरतों के अनुसार कार्य करने में तंत्र की क्षमता बढ़ गई थी और नई चुनौतियों का सामना करने के लिए कुछ मात्रा में अनुकूलनीयता का भी विकास हुआ था।

सिंचाई को सूखा रोकने के सबसे प्रभावी तंत्र और कृषि उत्पादन में स्थिरता लाने के बड़े उपाय के रूप में माना जाता है। भंडारण बाँधों का निर्माण करने से जरूरत के समय पानी का उपयोग करके सिंचाई करने में सुविधा मिलती है। इस प्रकार सिंचाई परियोजनाओं के कमान क्षेत्र के तहत आने वाले सूखा प्रभावित क्षेत्रों को पूरे वर्ष के दौरान सुनिश्चित सिंचाई जल आपूर्ति प्रदान की जाती है। जल संसाधन मंत्रालय ने त्वरित सिंचाई लाभ कार्यक्रम, कमान क्षेत्र विकास और जल प्रबंधन कार्यक्रम तथा जल निकायों का सुधार, नवीकरण और प्रतिरक्षण करने जैसी स्कीमों के माध्यम से सिंचाई परियोजनाओं को तकनीकी और वित्तीय सहायता प्रदान करके परियोजनाओं को समय से पहले पूरा करने के लिए राज्य सरकारों को प्रोत्साहित किया है।

विद्यार्थीगण GPH की पुस्तकें क्यों चुनते हैं?

- विश्वविद्यालयों/परीक्षा बोर्डों/संस्थानों द्वारा निर्धारित पाठ्यक्रमों का पूर्ण समावेश।
- आसानी से समझी जा सकने वाली भाषा तथा प्रारूप (फॉर्मेट) जिससे विद्यार्थियों को थोड़े समय में परीक्षा की तैयारी करने में सहायता मिलती है।
- हमारी पुस्तकें परीक्षा को ध्यान में रखकर प्रश्न-उत्तर शैली में तैयार की जाती हैं जिससे विद्यार्थीगण सही उत्तर को तुरंत समझ पाते हैं।
- पिछले वर्षों के प्रश्न-पत्रों को हल करके शामिल किया जाता है ताकि विद्यार्थीगण को परीक्षा के उस खास ढाँचे को समझने में सहायता मिल सके और वे परीक्षा की तैयारी बेहतर ढंग से कर सकें।
- दोनों छमाहियों (जून-दिसम्बर) के प्रश्न-पत्रों को हल करके पुस्तक में शामिल किया जाता है।
- आँकड़ों में जब भी कोई परिवर्तन होता है तो उसे अपडेट कर दिया जाता है।
- पुनरावृत्त (रिसाइकल किए गए) कागज का प्रयोग।
- सुविधाजनक आकार तथा उचित मूल्य।
- अपने सामाजिक दायित्वों के अनुरूप हम बेची गई प्रत्येक पुस्तक से समाज/संस्थाओं/एन.जी.ओ./वंचितों को सहयोग देते हैं।

अध्याय 7
चक्रवात

प्रश्न 1. हवाओं, वर्षा और तूफानी सर्ज के संदर्भ में चक्रवातों के प्रतिकूल प्रभावों का विवेचन कीजिए। (जून-2019)

उत्तर– उष्णकटिबंधीय चक्रवात एक तूफान प्रणाली है जो एक विशाल निम्न दबाव केंद्र और भारी तड़ित-झंझावातों द्वारा चरितार्थ होती है और जो तीव्र हवाओं और घनघोर वर्षा को उत्पन्न करती है। उष्णकटिबंधीय चक्रवात की उत्पत्ति तब होती है जब नम हवा के ऊपर उठने से गर्मी पैदा होती है, जिसके फलस्वरूप नम हवा में निहित जलवाष्प का संघनन होता है। वे अन्य चक्रवात आँधियों, जैसे–नोर'ईस्टर, यूरोपीय आँधियों और ध्रुवीय निम्न की तुलना में विभिन्न ताप तंत्रों द्वारा उत्पादित होते हैं, अपने "गर्म केंद्र" आँधी प्रणाली के वर्गीकरण की ओर अग्रसर होते हुए, उष्णकटिबंधीय चक्रवात भूमध्य रेखा से 10 डिग्री की दूरी पर शांत कटिबंध में आरंभ होता है।

तीव्र उष्णकटिबंधीय चक्रवात के कारण बहुत दुर्घटनाएँ होती हैं तथा जीवन, संपत्ति और कृषि की फसलों को बहुत नुकसान होता है। यह विनाश तटीय जिलों तक ही सीमित होता है। अधिकतम विनाश चक्रवात के केंद्र से 100 कि.मी. के अंदर और तूफान के रास्ते के दाहिने ओर ही सीमित होता है। चक्रवात से उत्पन्न प्रमुख खतरे–(1) बहुत तेज हवाएँ, (2) मूसलाधार वर्षा, और (3) ऊँचे तूफानी ज्वार होते हैं, जो तूफानी सर्ज कहलाते हैं।

तूफानी ज्वारों द्वारा तट के जल आप्लावन के कारण अधिकांश दुर्घटनाएँ होती हैं। अधिकांश मामलों में तूफानी सर्ज का अधिकतम प्रभाव तट से अंदर की ओर 10 से 20 कि. मी. तक होता है। भारी वर्षा और बाढ़ से होने वाली तबाही, विनाश प्रभाव के क्रम में तूफानी सर्ज के बाद आते हैं। इनसे संपत्ति और मनुष्यों के जीवन को बड़ी क्षति होती है। इसकी तुलना में केवल हवाओं के कारण मृत्यु और विनाश कम होता है जबकि भवनों का ढहना, पेड़ों का गिरना, मलबे का उड़ना, बिजली से मौत, विमान दुर्घटनाएँ तथा संदूषित भोजन और पीने के पानी से विभिन्न रोगों का फैलना जैसी आपदाएँ चक्रवात के बाद, जीवन को क्षति और संपत्ति को नुकसान पहुँचाता है।

(1) **हवाएँ**–जबकि उष्णकटिबंधीय चक्रवात अत्यंत शक्तिशाली हवाओं का उत्पादन कर सकता है, वे उच्च लहरों और हानिकारक आँधियों की लहर और साथ ही साथ अधिक मात्रा में तूफान पैदा करते हैं। वे गर्म पानी की बड़ी राशियों को विकसित करते हैं और भूमि पर चलते

हुए अपनी ताकत खो देते हैं। यही कारण है कि तटीय क्षेत्र को एक उष्णकटिबंधीय चक्रवात से गंभीर नुकसान उठाने पड़ सकते हैं।

चक्रवाती क्षेत्र को चार भागों में बाँटा जा सकता है अर्थात् सीधा आगे की ओर, बायीं ओर से आगे, दायीं ओर से पीछे और बायीं ओर से पीछे का क्षेत्र। सामान्यतः हवा की दिशा और गति एक क्षेत्र से दूसरे क्षेत्र में भिन्न-भिन्न होती है, जिसके परिणामस्वरूप हर क्षेत्र में उसके प्रभाव में भी अंतर होता है। हवा की गति बाएँ आधे की तुलना में दाएँ आधे की ओर अधिक होती है। दायाँ आगे की ओर के क्षेत्र में हवा की गति समुद्र से भू-भाग की ओर होती है, जबकि बायाँ आगे में वह भू-भाग से समुद्र की ओर होती है। इस तरह चक्रवाती हवा समुद्र के जल को बल के साथ सर्ज के रूप में रूपांतरित कर दाएँ हिस्से में आगे तट की ओर ले जाती है, जहाँ से तटीय क्षेत्रों का जल आप्लावन करता हुआ उच्चतम तूफानी सर्ज देखा जा सकता है। दूसरी ओर बाएँ आगे की ओर के क्षेत्र में हवाएँ भूमि से समुद्र की ओर जाती हैं, जो पानी को भूमि के तट से समुद्र की ओर ढकेलती हैं। इस तरह से चक्रवात के आस-पास हवा की गति और दिशा सतत् चक्रवात के दाएँ आगे की ओर के क्षेत्र को अन्य क्षेत्रों की तुलना में बहुत अधिक विनाशकारी बना देते हैं।

हरिकेन अटलांटिक महासागर से उठने वाला जलीय तूफान है। चक्रवात में सबसे अधिक सतत् हवा की गति का विश्व रिकॉर्ड हरिकेन इनेज (Hurricane Inez) का था, जो 1966 में संयुक्त राज्य अमेरिका में आया था। हवा की गति की उच्चता का रिकॉर्ड 317 कि.मी. प्रति घंटा था जिसमें हवा का झोंका 360 कि.मी. प्रति घंटा था। उत्तरी हिंद महासागर के क्षेत्र में अधिकांश मामलों में उष्णकटिबंधीय चक्रवात में 185 कि.मी. प्रति घंटे की गति से अधिक हवा की गति नहीं होती, यद्यपि तूफान बहुत अधिक तीव्र हो सकते हैं। एक निश्चित सीमा के बाद हवा की गति को मापना बहुत कठिन होता है, क्योंकि तेज गति के कारण हवा की गति मापने के यंत्र टूट जाते हैं। हालाँकि अप्रत्यक्ष पद्धतियों द्वारा, हवा की उच्चतम गति को सैटेलाइट तकनीक से मापा जा सकता है। पिछले दिनों भारतीय क्षेत्र में उष्णकटिबंधीय चक्रवातों से संबंधित अनुमानित हवा की उच्चतम गति लगभग 140 नॉट (लगभग 260 कि.मी. प्रति घंटा) थी, यह 1977 के आंध्र प्रदेश में आए चक्रवात और अक्तूबर 1999 में उड़ीसा में आए चक्रवात से संबद्ध थी।

(2) वर्षा–उष्णकटिबंधीय चक्रवात के साथ संबद्ध वर्षा की गतिविधि सामान्यतः उसके आकार, सामर्थ्य, हवा की गति और गति की दिशा पर निर्भर करती है। छोटे चक्रवात की तुलना में बड़े आकार के चक्रवात के मामले में अधिक वर्षा होती है। इसी तरह से तीव्र चक्रवात में, कमजोर प्रभाव के चक्रवात की अपेक्षा, अधिक वर्षा होती है। धीमी गति वाले चक्रवात की तुलना में तेज गति वाले चक्रवात की स्थिति में अधिक वर्षा होती है। भारत में पश्चिम की ओर गति करने वाले चक्रवात में सामान्यतः बायीं ओर के आगे के क्षेत्र में भारी वर्षा देखी गई है, हालाँकि दायीं ओर के आगे के क्षेत्र में वर्षा अधिक व्यापक क्षेत्र में हो रही थी। भारी वर्षा चक्रवात के केंद्र से 150-200 कि.मी. के क्षेत्र में सामान्यतः सीमित होती है, उसके बाद वह जैसे-जैसे दूर होती जाती है अर्थात् दूरी के अनुसार कम होती जाती है और 500 कि.मी. अथवा उससे अधिक दूरी पर नगण्य हो जाती है। यह हालाँकि एक सामान्य चित्र है और वर्षा की मात्रा समय और स्थान के अनुसार अत्यधिक विभिन्न होती है।

साधारणत: चक्रवात के साथ 20 से 30 से.मी. वर्षा प्रतिदिन होती है। उष्णकटिबंधीय चक्रवात से संबद्ध 24 घंटे की संचयी वर्षा 100 से.मी. के लगभग हो सकती है। तीव्र स्थिति में उष्णकटिबंधीय चक्रवात के साथ होने वाली वर्षा अधिक-से-अधिक 250 से.मी. तक हो सकती है।

(3) **तूफानी सर्ज**—उष्णकटिबंधीय चक्रवात का सबसे घातक भाग चक्रवात की उत्पत्ति के कारण समुद्र के पानी का खगोलीय ज्वार स्तर से ऊपर उठाना तूफानी लहर या तूफानी सर्ज कहलाता है, जो समुद्र से आता है। तूफानी सर्ज, तट के साथ-साथ, समुद्र तल में हुई अकस्मात् वृद्धि है जो उष्णकटिबंधीय चक्रवात के कारण उत्पन्न होता है वैसे ही उष्णकटिबंधी चक्रवात तट की ओर गति करता है। चक्रवाती केंद्र के नीचे, समुद्र 30 से.मी. या ऐसे ही सामान्य से ऊपर कर्षित होता है, केंद्र में कम दबाव के कारण होता है और पानी को हवा के बहाव से केंद्र की ओर भेजता है। समुद्र के ऊपर जहाँ किसी भी तरह की कोई रुकावट नहीं होती, पानी बहुत शीघ्रता से चारों ओर क्षीण हो जाता है और सामान्यत: तल के स्तर को असामान्य रूप में बढ़ने नहीं देता। परंतु गहरे समुद्र में इस प्रक्रिया में सतह घर्षण (Surface Friction) की कोई भूमिका नहीं होती। फिर भी जब चक्रवात समुद्र की ओर आता है तो तेज हवा जो दायीं ओर के आगे के क्षेत्र में होती है वह समुद्र जल को तट की ओर प्रवाहित करती है। दूसरी ओर बायीं ओर के आगे के क्षेत्र में तट से दूर की हवाएँ पानी को तट से दूर समुद्र की ओर प्रवाहित करती है। पानी जो दायीं ओर के आगे के क्षेत्र में इस प्रक्रिया से तट के किनारे एकत्रित हो जाता है, वह उस दर से क्षीण नहीं हो पाता जिस दर से एकत्रित होता है, क्योंकि सतह पर हवाएँ समुद्र की ओर उसको रोधित करती हैं और तट रोधक का कार्य करता है। यदि समुद्र के धरातल की ढलान तटीय क्षेत्र में कोमल है (उथला तटीय जल), तो यह एकत्रित जल के अवक्षय के लिए अतिरिक्त प्रतिरोध प्रदान करता है। इसके परिणामस्वरूप, पानी एकत्रित होने की दर उसके अवक्षय की तुलना में अधिक होती है। यह समुद्र के जल स्तर में हुई वृद्धि, तट से 100-150 कि.मी. दूरी तक मुख्यत: लैंडफॉल प्वाइंट के दायीं तरफ दिखाई देती है। यही कारण है कि सर्ज गहरे समुद्र के ऊपर न दिखाई देकर तट के किनारे दिखाई देता है।

तूफानी सर्ज (क) चक्रवात के केंद्र और उसकी परिधि के बीच के दबाव में अंतर (दबाव जितना अधिक कम होगा, सर्ज उतना ही अधिक बड़ा होगा); (ख) अधिकतम हवा क्षेत्र की त्रिज्या; (ग) उष्णकटिबंधीय चक्रवात के संचलन की गति और दिशा; और (घ) समुद्र जल के नीचे तट के धरातल की स्थलाकृति पर निर्भर करता है।

खगोलीय कारणों से समुद्र तल में परिवर्तन होता रहता है जिसे ज्वार के रूप में जाना जाता है। ऊँचे और नीचे ज्वार प्रत्येक 6 घंटों में बदलते रहते हैं और एक दिन में दो बार ज्वार ऊँचे और नीचे होते हैं। ज्वार के कारण भारतीय तट के कुछ भाग, जैसे—उत्तरी उड़ीसा-पश्चिम बंगाल के तट और सौराष्ट्र में खम्भात की खाड़ी में औसत समुद्र तल से 4.5 मीटर तक की वृद्धि हो सकती है। बढ़ता हुआ तूफानी सर्ज सामान्य खगोलीय ज्वारों पर अध्यारोपित हो जाता है। पानी का इस तरह बना हुआ पुँज पानी की 10 मीटर अथवा उससे अधिक ऊँची दीवार बना देता है जो बहुत ही तीव्र गति से आती है और तटीय क्षेत्रों में गंभीर बाढ़ लाती है। इससे सबसे अधिक तबाही तब होती है, जब सबसे ऊँचा सर्ज ऊँचे ज्वार के समय घटित होता है। पानी की अत्यधिक मात्रा के जरा से बल का प्रभाव बहुत अधिक घातक होता है। यह और भी गंभीर

तब हो जाता है जब तूफानी सर्ज संक्षारी समुद्र जल से तट को जल आप्लावित कर देता है। प्रमुख तूफानी सर्ज भारत के पूर्वी तट के लगभग सभी भागों और बांग्लादेश के तटों को प्रभावित करते हैं।

निष्कर्षत–चक्रवात के समय समुद्री तट (mudslide) पर बसे निचले क्षेत्र इनसे सीधे ही खतरे में पड़ जाते हैं। समीपवर्ती बसे क्षेत्र बाढ़, मडस्लाइड व भूस्खलन आदि होने से जल्दी प्रभावित होते हैं। टेलीफोन और बिजली के तार और खंभे, दीवारें, पेड़, मछली पकड़ने की नावें, साइनबोर्ड आदि के लिए चक्रवात आने से खतरा बढ़ जाता है। हल्का इमारती ढाँचा, जैसे–फूस की झोपड़ी, टिन की छत वाले घर चक्रवात की क्षति को बहुत अधिक झेलते हैं। भारी वर्षा के कारण लोग और उनकी संपत्ति बाढ़ के पानी में बह सकती है या चक्रवात की तूफानी हवा में उड़ सकती है। तटीय क्षेत्र में आए चक्रवात के कारण समुद्र की लहरें भूमि पर पहुँच जाती हैं और बाढ़ आ जाती है। इससे प्रभावित क्षेत्रों में मिट्टी और पानी में खारापन आ जाता है। इसके कारण पानी की आपूर्ति और कृषि फसलों पर प्रतिकूल प्रभाव पड़ता है।

प्रश्न 2. चक्रवात की चेतावनी एवं पूर्वानुमान पद्धति किस प्रकार काम करती है? (फरवरी-2021)

उत्तर– चक्रवात विध्वंसक प्राकृतिक आपदाओं में से एक आक्रामक तूफान है। उष्णकटिबंधीय महासागरीय क्षेत्रों में इनकी उत्पत्ति होती है। यह तटीय क्षेत्रों में तीव्र गति के साथ वर्षा तथा तूफान लाते हैं। इण्डियन महासागर में ये 'चक्रवात' अटलांटिक महासागर में 'हरीकेन' के नाम से, पश्चिम प्रशांत और दक्षिण चीन सागर में 'टाइफून' और पश्चिमी ऑस्ट्रेलिया में 'विली-विली' के नाम से जाने जाते हैं।

जिससे अब यह संभव हो गया है कि उष्णकटिबंधीय चक्रवात के खतरे से प्रभावित होने वाली जनसंख्या को कम-से-कम 24 से 36 घंटे पहले चेतावनी दी जा सकती है। यह तथ्य मान्यता प्राप्त है कि विश्वसनीय चक्रवात चेतावनी सेवाओं का लाभ लेकर, उष्णकटिबंधीय चक्रवात के कारण मनुष्यों के जीवन में होने वाली क्षति को न्यूनतम किया जा सकता है। सक्षम चक्रवात की सक्षम चेतावनी पद्धति के लिए (1) उत्तम अवलोकन पद्धति, (2) आधुनिक और विश्वसनीय पूर्वानुमान की तकनीकें, (3) चेतावनी और पूर्व-सूचना सलाहकारियों के लिए, तीव्र और निर्भर करने योग्य संचार व्यवस्था ताकि सूचना चेतावनी सभी संबद्ध लोगों को शीघ्रता से पहुँच जाए, और (4) पर्याप्त तैयारी और शीघ्र अनुक्रिया अनिवार्य है। यह कहा जाता है कि चेतावनी तब तक चेतावनी नहीं होती, जब तक वह विश्वसनीय न हो और उसे कार्यान्वित न किया जा सके। मौसम संबंधी जानकारी का समाज पर महत्त्वपूर्ण प्रभाव पड़ता है।

(1) संगठन–भारतीय मौसम विज्ञान विभाग (आई.एम.डी.) जिसके पास चक्रवातों के प्रेक्षण, संसूचन, पता लगाने और पूर्वानुमान तथा अरब सागर और बंगाल की खाड़ी में चक्रवात के विकसित होते ही चेतावनी जारी करने के लिए सुसंस्थापित संगठनात्मक ढाँचा है। मौसम विभाग का नेतृत्व मौसम विज्ञान के महानिदेशक करते हैं। इन चक्रवातों की चेतावनी सूचना चक्रवात के 6 चेतावनी केंद्रों में प्रदान की जाती है। ये केंद्र कोलकाता, भुवनेश्वर, विशाखापट्टनम, चेन्नई, मुंबई और अहमदाबाद में स्थित हैं। ये केंद्र क्षेत्रवाद अपने स्पष्ट दायित्वों को निभाते हैं तथा भारत के दोनों पूर्वी और पश्चिमी तटों, बंगाल की खाड़ी और अरब सागर, अंडमान और

निकोबार द्वीप समूह और लक्षद्वीप के समुद्री क्षेत्र भी शामिल हैं। केवल कटिबंधीय चक्रवातों से संबंधित समस्याओं के अध्ययन एवं निराकरण के लिए चेन्नई में चक्रवात चेतावनी एवं अनुसंधान केंद्र स्थापित किया गया है। चक्रवात चेतावनी की पूर्व सूचना के बुलेटिन विभिन्न भाषाओं में प्रसारित करने और प्रदर्शित करने के लिए आकाशवाणी और दूरदर्शन को भेजे जाते हैं। अखिल भारतीय स्तर पर ऐसी सूचनाएँ आकाशवाणी और दूरदर्शन, नई दिल्ली के चक्रवात चेतावनी प्रभाग, मुख्यालय, नई दिल्ली को जारी की जाती हैं। आई.एम.डी. उनके नई दिल्ली स्थित मुख्यालय के माध्यम से यह सूचना भारत सरकार, गृह मंत्रालय में गठित नियंत्रण कक्ष और संकट प्रबंधन समूह को प्रदान करता है, जो अंततः विभिन्न अन्य केंद्रीय सरकार की एजेंसियों के प्रभावी आपदा प्रशमन कार्रवाई से संबंधित कार्यों को समन्वित करने के लिए उत्तरदायी है। आई.एम.डी. का चक्रवात चेतावनी प्रभाग, जो नई दिल्ली में है, अंतर्राष्ट्रीय अपेक्षाओं की जरूरतों को भी ध्यान में रखता है, जैसे कि पड़ोसी देशों के सलाहकारियों को चक्रवात की सूचना व जानकारी देना। चक्रवात चेतावनी के बारे में इसकी योग्यताओं को ध्यान में रखते हुए भारतीय मौसम विज्ञान विभाग, नई दिल्ली को विश्व मौसम विज्ञान संगठन (डब्ल्यू.एम.ओ.) द्वारा क्षेत्रीय विशिष्ट मौसम विज्ञान केंद्र (आर.एस.एम.सी.)–उष्णकटिबंधीय चक्रवात–नई दिल्ली के रूप में पदनामित किया जाता है जो विश्व के ऐसे 5 केंद्रों में से एक है, जो अपने उत्तरदायित्व के क्षेत्र में चक्रवात की चेतावनी सेवा के लिए निर्दिष्ट किए गए हैं।

(2) चक्रवात की मॉनीटरिंग–भारतीय मौसम विज्ञान विभाग (आई.एम.डी.) की चक्रवात का पता लगाने की एकीकृत व्यवस्था है, जिसमें 562 प्रेक्षणशालाएँ पृथ्वी की सतह से मौसम विज्ञानी आँकड़ों को लेने के लिए, 20-25 कि.मी. के अक्षांश के ऊपरी वायुमंडल में हवा की गति का माप लेने के लिए 98 प्रेक्षणशालाएँ, 20 से 23 कि.मी. के अक्षांश पर आर्द्रता, तापमान और दबाव का मापन करने के लिए 35 प्रेक्षणशालाएँ, जहाज में प्रेक्षणशालाएँ, तट के किनारे 10 चक्रवात संसूचन राडार और भू-स्थिर इनसेट सैटेलाइट की समेकित व्यवस्था है। शक्तिशाली चक्रवात संसूचन राडार जिनकी रेंज 400 कि.मी. है, वे कोलकाता पाराद्वीप, विशाखापट्टनम, मछलीपट्टनम, चेन्नई, पूर्वी तट पर केरैकल और गोओ, कोचीन, मुंबई और पश्चिम तट पर भुज में प्रतिष्ठापित किए गए हैं।

अभी हाल ही में चेन्नई और कोलकाता स्थित पुराने राडारों को बदलकर, डॉपलर राडार लगा दिए गए हैं, जो समुद्र पर तट के पास की हवा के बारे में जानकारी भी उपलब्ध करा सकते हैं। तट के किनारे और अधिक डॉपलर राडार प्रतिष्ठापित करने की योजना है। देश की वर्तमान चक्रवात निगरानी व्यवस्था ऐसी है कि व्यवस्था के संपूर्ण जीवन में कभी भी किसी भी प्रकार का चक्रवात संसूचन से बच नहीं सकता।

(3) उपयोगकर्त्ता एजेंसियाँ–आई.एम.डी. द्वारा देश के तटीय क्षेत्रों और खुले समुद्रों में उष्णकटिबंधीय चक्रवातों के लिए चेतावनियों की व्यवस्था की जाती है। यह विभाग, मुख्य उपयोगकर्त्ता एजेंसियों, जैसे–(क) व्यावसायिक जहाजरानी और भारतीय नौसेना, (ख) बंदरगाह प्राधिकरण, (ग) मत्स्यपालन अधिकारी, (घ) केंद्र और राज्य सरकारों के अधिकारी, (ङ) आई. एम.डी. के साथ पंजीकृत विशेष चेतावनी माँगकर्त्ता, (च) व्यावसायिक उड्डयन, (छ) विशेष हित समूह, और (ज) सामान्य जनता को जानकारी देता है।

(4) पूर्वानुमान की तैयारी–चक्रवात की चेतावनियों के महत्त्वपूर्ण घटक इस आपदा की भावी दिशा का पूर्वानुमान, तीव्रता और उससे संबद्ध विनाशी मौसम, जैसे–तेज हवाएँ, भारी वर्षा

और तूफानी सर्ज हैं। चक्रवात और तूफानी सर्ज की भावी दिशा के पूर्वानुमान के लिए आधुनिक पद्धतियाँ, जैसे–परंपरागत पद्धतियों के साथ कंप्यूटर का प्रयोग किया जाता है। तीव्रता का पूर्वानुमान सैटेलाइट तकनीकों को प्रयुक्त करके किया जाता है। भारत में पूर्वानुमान के लिए प्रयोग की जाने वाली तकनीक विश्व के विकसित देशों की तकनीकों से तुलनीय है। प्रारंभिक अवस्थिति एवं तीव्रता का पता लगाने के बाद पथ और तीव्रता के पूर्वानुमान का प्रयास किया जाता है जहाँ चक्रवात के मार्ग के अनुमान में यहाँ तक कि आधुनिक और अत्याधुनिक तकनीकों का इस्तेमाल करने के बावजूद भी औसत गलतियाँ देखी गई हैं–24, 48 और 72 घंटे पहले चेतावनी देने में क्रमशः लगभग 200 कि.मी., 400 कि.मी. और 600 कि.मी. की त्रुटि हो सकती है। वास्तव में ये त्रुटियाँ भारी वर्षा और तेज हवाओं जैसे चक्रवाती मौसम के प्रभाव के विस्तृत क्षेत्र की ओर संकेत करती हैं। इसलिए जितनी शीघ्र चेतावनी उपलब्ध की गई होती है, उतनी ही उसमें लैंडफॉल त्रुटि होती है और ऐसी स्थिति में व्यापक क्षेत्रों में चेतावनी देने की जरूरत होती है। लोगों को सुरक्षित स्थान पर पहुँचाना (यह मानव जीवन की क्षति को कम करने का केवल एक ही साधन है) ऐसी स्थिति में बहुत कठिन हो जाता है। पूर्व सूचना और चेतावनी को यदि प्रभावकारी बनाना है तो यह आवश्यक होगा कि सरकारी और गैर-सरकारी एजेंसियों द्वारा की गई तैयारी ऐसी हो कि वे खराब मौसम में 24 घंटों के अंदर सूचना प्राप्त होते ही अधिकांश लोगों को सुरक्षित जगह पर पहुँचा सकें और खतरे की जगह को खाली करा सकें।

(5) चेतावनी पद्धति : चार चरण–चक्रवात-संभावित क्षेत्र को पहचानना बहुत आवश्यक है। चक्रवात संभावित क्षेत्र में किसी प्रकार के विकास कार्य की अनुमति नहीं देनी चाहिए। ऐसी इमारतें बनानी चाहिए जो हवा और बाढ़ों की तीव्रता को झेल सकें। किसी ढाँचे की पकड़ रखने वाले तत्त्व मजबूती से जमीन में गढ़े होने चाहिए जिससे वे अपने ऊपर टिके ढाँचे को मजबूती से संभाल सकें। तट के किनारे लगे वन चक्रवात के प्रभाव को काफी हद तक कम करने में समर्थ होते हैं।

आपदा प्रबंधन अधिकारी (केंद्रीय और राज्य सरकार, जिला कलक्टर और अन्य उपयोगकर्त्ता एजेंसियाँ) को चेतावनी निम्नलिखित चरणों में जारी की जाती है–

(क) चक्रवात-पूर्व निगरानी–जैसे ही समुद्र में दबाव विकसित होता है और वह चक्रवात में विकसित होने की संभावना प्रदर्शित करता है।

(ख) चक्रवात सतर्कता–तट के किनारे प्रतिकूल मौसम के शुरू होने के 48 घंटे पूर्व का समय।

(ग) चक्रवात चेतावनी–आशा किए गए लैंडफॉल के 24 घंटे पहले।

(घ) लैंडफॉल के बाद का पर्यवेक्षण–तट पर लैंडफॉल के 12 घंटे पहले।

चक्रवात पूर्व की चेतावनी में चक्रवात के बारे में विभिन्न सूचनाएँ, जैसे–उसकी गति और संचलन की दिशा और संभव प्रतिकूल मौसम की जानकारी होती है। भूमि पर चक्रवात का आम वस्तुओं पर प्रभाव भी शामिल होता है, जब चक्रवात का लैंडफॉल भयजनक होता है। जैसे ही दबाव का पता चलता है, बंदरगाह और मत्स्यपालन उद्योगों को चक्रवात आने की चेतावनी दे दी जाती है। बंदरगाहों पर विशेष प्रकार के बंदरगाह चेतावनी संकेतों द्वारा रात में और दिन में चेतावनी सूचनाएँ दी जाती हैं। जिससे लोग चक्रवात आने से पहले ही सजग हो जाएँ। चेतावनी और स्थान परिवर्तन प्रस्तावित मार्ग के अनुसार ही होना चाहिए।

चक्रवात अचानक ही घटित होते हैं जबकि इनको बनने में लंबा समय लग जाता है। चक्रवात के बाद प्राय: तेज वर्षा होती है जिसके कारण बाढ़ भी आ जाती है। उपग्रहों के द्वारा इनके द्वारा प्रभावित होने वाले संभावित क्षेत्रों का पूर्वानुमान लगाया जा सकता है और वहाँ के निवासियों को चेतावनी दी जा सकती है। चेतावनी और स्थान परिवर्तन प्रस्तावित मार्ग के अनुसार ही होना चाहिए।

(6) चक्रवात चेतावनियों का प्रसार–चक्रवात संबंधी पूर्व सूचना लोगों तक सही समय पर पहुँचाने के लिए चक्रवात की चेतावनी का प्रसार विभिन्न माध्यमों द्वारा किया जाता है–(क) उच्चतम प्राथमिकता के साथ तार भेजना, (ख) दूरदर्शन द्वारा प्रसारण, (ग) आकाशवाणी द्वारा प्रसारण, (घ) प्रेस बुलेटिन, (ङ) खुले समुद्र और तटीय जल में जहाजों के लिए P&T के तटीय रेडियो स्टेशनों द्वारा प्रसारण, (च) इनसेट आधारित चक्रवात चेतावनी प्रसारण पद्धति (सी.डब्ल्यू.डी.एस.) द्वारा, और (छ) ग्लोबल मैरीटाइम डिस्ट्रैस सेफ्टी सिस्टम (जी.एम.डी.एस.एस.) के द्वारा प्रसारण जो अंतर्राष्ट्रीय मैरीटाइम सैटेलाइट (आई.एन.एम.ए.आर.एस.ए.टी.) का उपयोग करती है।

इन सबके अतिरिक्त, चक्रवात की चेतावनी का प्रसारण टेलीप्रिंटरों, टेलेक्स, फेसीमिले, टेलीफोन और इंटरनेट से उन एजेंसियों को किया जाता है, जिनको इसकी आवश्यकता होती है और उनके पास चेतावनी प्राप्त करने की व्यवस्था और सुविधा भी होती है। चेतावनी बुलेटिन सामान्यत: 3 घंटे की अवधि के अंतराल पर जारी किए जाते हैं, परंतु जब आवश्यकता हो तो बार-बार जारी किए जाते हैं। चक्रवात द्वारा ग्रसित क्षेत्रों, भारी वर्षा, विनाशी हवाओं की मात्रा और उनके प्रभाव, तूफानी सर्ज का उत्थान और जल आप्लावित होने वाले तटीय क्षेत्र ऐसे घटक हैं जिनके बारे में चेतावनी मीडियाज, समाचारों द्वारा सूचना दी जाती है।

(7) चक्रवात चेतावनी प्रसार व्यवस्था–चक्रवात की स्थिति में संचार के माध्यम, जैसे–तार, टेलेक्स, टेलीफोन आदि इन सब पर आपदा का प्रभाव पहले होता है, अत: इन माध्यमों के द्वारा चक्रवात की चेतावनी के प्रसारण की निर्भरता को कम करने के लिए भारत ने सैटेलाइट आधारित प्रसारण व्यवस्था का विकास किया है। यह साइक्लोन वार्निंग डिसैमिनेशन सिस्टम (सी.डब्ल्यू.डी.एस.) विश्वसनीय और अनन्य संचार व्यवस्था है। इस व्यवस्था के द्वारा चक्रवात की चेतावनी शीघ्र और सीधे ही केंद्रीय स्टेशन से इनसेट सैटेलाइट के माध्यम से उन स्थानों पर स्थानीय भाषाओं में प्रसारित की जा सकती है, जो दूर-दराज नियुक्त स्थानों में स्थित हैं। वर्तमान में भारत के पूर्वी और पश्चिमी तट के किनारे 250 सी.डब्ल्यू.डी.एस. सेट खंड विकास, ताल्लुक कार्यालयों और पुलिस स्टेशन जैसी प्रशासनिक इकाइयों में प्रतिष्ठापित किए गए हैं, जो स्थानीय बचाव और राहत कार्यों के लिए उत्तरदायी होते हैं। सी.डब्ल्यू.डी.एस. राज्य और जिला स्तर के सरकारी मुख्यालयों में चक्रवात की चेतावनी देने के लिए प्रभावशाली पाए गए हैं।

(8) चक्रवात आपदा की रोकथाम और इसकी तैयारी के लिए जनता में जागरूकता संबंधी गतिविधियाँ–राज्य सरकारों के साथ आई.एम.डी. ने जानकारी प्रसारित करने का एक सुव्यवस्थित आंदोलन विकसित किया है जिसके अंतर्गत सरकारी कर्मचारियों, ऐच्छिक संगठनों और समुदाय की व्यवस्था में जागरूकता उत्पन्न करने के लिए परिपत्र, संगोष्ठी, कार्यशालाएँ, लोकप्रिय वार्ता आदि प्रचार सामग्रियाँ भारतीय भाषाओं में प्रस्तुत की जाती हैं जिनमें चक्रवात

के संकटों, तैयारी के लाभों तथा आपदा के उपायों को प्रदर्शित करके जागरूकता को बढ़ाया जाता है। आम जनता को आपदा से बचने का प्रशिक्षण देना वर्तमान चक्रवात चेतावनी व्यवस्था की प्रत्येक वर्ष उच्चतम स्तर पर समीक्षा की जाती है, ताकि अंतराल क्षेत्र पहचाने जा सकें और सुधार के लिए सुझाव दिए जा सकें।

औसतन 5 से 6 उष्णकटिबंधीय चक्रवात प्रत्येक वर्ष भारत में आते हैं जिनमें से ज्यादातर बंगाल की खाड़ी में होते हैं। मानसून के बाद चक्रवात अक्सर आते हैं और आमतौर पर उनकी तीव्रता अधिक विनाशकारी होती है। यह अनुमान है कि 58% चक्रवाती तूफान बंगाल की खाड़ी में उत्पन्न होते हैं जो अक्टूबर और नवंबर में तटीय इलाकों को प्रभावित करते हैं। तटीय क्षेत्र विनियम का कड़ाई से पालन, पूर्व चेतावनी प्रसार तंत्र, चक्रवात आश्रय स्थल एवं चक्रवात प्रतिरोधी आवास का निर्माण जैसे महत्त्वपूर्ण न्यूनीकरण उपायों को अपनाकर इसके जोखिम को कम किया जा सकता है।

अध्याय 8
चक्रवात: केस अध्ययन

प्रश्न 1. चक्रवात आपदाओं से सीखे गए पाठों पर एक टिप्पणी लिखिए।
(जून-2021)

उत्तर— चक्रवात प्रवण क्षेत्र, जैसे—उड़ीसा और गुजरात राज्यों में तीव्र चक्रवात घटित होने की संभावना हमेशा बनी रहती है, जिससे जान और माल का बहुत नुकसान होता है। इस प्रकार के राज्य की योजना आयोग को तटीय क्षेत्रों में विकासशील गतिविधियों और भूमि उपयोग योजना बनाते समय चक्रवात आपदा तैयारी की ओर भी अधिक ध्यान देना चाहिए।

यह अति आवश्यक है कि इन खतरनाक चक्रवातों से निपटने के लिए (ऐसी घटनाएँ भविष्य में भी हो सकती हैं) पर्याप्त बुनियादी संरचनात्मक सुविधाएँ सृजित की जाएँ। तटीय जनसंख्या और आपदा प्रबंधन अधिकारियों को शिक्षा और प्रशिक्षण लगातार प्रक्रिया के रूप में प्रदान किया जाना चाहिए, ताकि चक्रवात के खतरों और चेतावनी के प्रति शीघ्र अनुक्रिया करके इन लाभों के बारे में लोगों को जानकारी प्राप्त हो सके।

यह बहुत आवश्यक है कि ज्ञात संरचनात्मक और गैर-संरचनात्मक दीर्घ और लघु अवधि के आपदा न्यूनीकरण उपाय (शरण स्थानों का निर्माण/पहचान, तटबंध बनाना और तटीय वनरोपण सृजित करना) पर कार्य किया जाए।

चक्रवात की शक्ति का पता लगाने के लिए हवा की गति और तूफानी सर्ज का उपकरणीय माप अनिवार्य घटक है। यह जानकारी पूर्वानुमान और चेतावनी देने के लिए बहुत जरूरी है। इन यथार्थ माप का कोई दूसरा विकल्प भी नहीं है। साधारण हवा की गति का माप करने वाले उपकरण तेज हवा की गति में काम नहीं करते हैं तथा तेज हवा की गति के रिकॉर्डरों का वर्तमान नेटवर्क और ज्वारमापी जो तूफानी सर्ज को मापते हैं, वे अपर्याप्त हैं। इस दिशा में सुधार पर तत्काल ध्यान दिया जाना चाहिए।

निस्संदेह प्रेक्षण, संचार और पूर्वानुमान पद्धति में अधिक सुधार भविष्य में देखने को मिलेगा। चक्रवात के पूर्वानुमान के लिए बेहतर तकनीकों का विकास किया जा सकता है, जो लैंडफॉल घटित होने के ठीक समय और स्थान की पूर्व सूचना की यथार्थता में वृद्धि कर सके। संपूर्ण विश्व में किए जा रहे प्रयासों के बावजूद भी ऐसी पूर्व सूचनाओं में प्रशंसनीय सुधार करने में समय का लगना संभव है।

चक्रवात चेतावनी व्यवस्था के विभिन्न घटकों के बीच बेहतर समन्वय विकसित करके और बेहतर तैयारी और अनुक्रिया के द्वारा अधिक प्रगति की जा सकती है। मौसम वैज्ञानिक,

आपदा प्रबंधन अधिकारी, संचार और जनता को भी उष्णकटिबंधी चक्रवातों के हानिकारक प्रभाव कम करने के लिए परस्पर समन्वय करने की आवश्यकता है। राष्ट्रीय और राज्य स्तरों पर आपदा प्रबंधन प्राधिकरण की स्थापना करने का कदम सही है।

चक्रवात के खतरे के मामले में किए जाने वाले कार्यों को व्यापक रूप से चार वर्गों में विभाजित किया जा सकता है, जैसे–(1) चक्रवात के मौसम के तुरंत पहले; (2) जब चक्रवात की सूचना और चेतावनी जारी की जा चुकी हो; (3) जब खतरे के स्थान से लोगों को सुरक्षित स्थान पर ले जाने की सलाह दी गई हो; और (4) जब चक्रवात ने तट पार कर लिया हो।

चक्रवात के मौसम से पहले–

- घर की जाँच करें, टाइलों को जो ढीले हो गए हों मजबूती से लगा लें तथा दरवाजे और खिड़कियों की मरम्मत करें;
- घर के पास खड़े सूखे पेड़ों अथवा मुरझाए पेड़ों को काट दें/हटा दें, दूसरी वस्तुओं, जैसे–ढीली चद्दरों की छतें, ईंटें, कूड़े के डिब्बे, साइन बोर्डों आदि को भी मजबूती से लगा लें क्योंकि यह तेज हवा से उड़ सकते हैं;
- कुछ लकड़ी के तख्ते तैयार रखें, ताकि काँच की खिड़की को यदि आवश्यक हो तो ढँका जा सके;
- लालटेन को तेल से भरकर रखें, माचिस अथवा लाइटर, फ्लैश लाइट और पर्याप्त शुष्क बैटरियाँ तैयार रखें;
- प्राथमिक सहायता बॉक्स को तैयार रखें;
- दोषित भवनों को गिरा दें;
- ट्रांजिस्टर/रेडियो के लिए कुछ फालतू बैटरियाँ रखें;
- आपातकालीन उपयोग के लिए कुछ जल्दी नष्ट न होने वाले खाद्य पदार्थ तैयार रखें; और
- अपने और अपने परिवार के सदस्यों के लिए कुछ अनिवार्य दवाएँ भी अपने पास रखें।

जब चक्रवात के लिए चौकसी बरतने को कहा जाए और चेतावनी दी जाए–

- टी.वी. और रेडियो सुनें;
- जब आपने चक्रवात के बारे में सुन लिया हो, तो उसके लिए दी जा रही चेतावनियों पर निगरानी रखें, इससे आपको चक्रवात आपातकालीन स्थिति के लिए तैयारी करने में सहायता मिलेगी;
- सूचना दूसरों को भी दें;
- अफवाहों की ओर ध्यान न दें;
- सरकारी सूचनाओं का विश्वास करें;
- अफवाहें न फैलाएँ;
- जब आपके क्षेत्र में चक्रवात के लिए सतर्क रहने को कहा जाए तो सामान्य रूप से कार्य करते रहें, परंतु रेडियो को बराबर सुनते रहें और प्राप्त सूचना के आधार पर कार्य करें;
- यह याद रखें चक्रवात की सूचना का अर्थ है कि खतरा 24 घंटे में कभी भी घट सकता है, इसलिए सावधान रहें;

- जब आपका क्षेत्र चक्रवात की चेतावनी के क्षेत्र में हो, तो निचले स्तर के भू-स्थल से अथवा तट के किनारे के निचले भू-स्थल से दूर भाग जाएँ;
- इससे पहले कि ऊँचे भू-स्थल और शरण स्थान लोगों से भर जाएँ, आप शीघ्र ही निचले भू-स्थलों को छोड़ दें;
- देरी न करें और असहायक होने के खतरे से बच जाएँ;
- यदि आपका घर ऊँचे भू-स्थल पर बना है तो घर के सुरक्षित स्थान में जाकर शरण लें, फिर भी यदि घरों को छोड़ने के लिए कहा जाए तो हिचक न दिखाएँ, तुरंत घर छोड़ दें;
- काँच की खिड़कियों को ढँक दें;
- बाहरी दरवाजों के लिए मजबूत उपयुक्त सहारा दें;
- यदि आपके पास लकड़ी के तख्ते उपलब्ध न हों तो काँच पर कागज की पट्टियाँ काट कर लगाएँ, ताकि काँच के टुकड़ों को रोका जा सके, परंतु इससे काँच को टूटने से नहीं रोका जा सकता;
- ऐसे अतिरिक्त खाद्य पदार्थ खरीद कर रखें, जिनको बिना पकाए खाया जा सके। पीने के पानी की भी अतिरिक्त मात्रा किसी ढँके हुए बर्तन में संग्रह करके रखें;
- यदि आपको घर खाली करना पड़े तो अपनी मूल्यवान वस्तुओं को ऊपर की मंजिलों पर ले जाएँ, ताकि बाढ़ से कम-से-कम नुकसान हो;
- मिट्टी के तेल की लालटेन, फ्लैश लाइट अथवा अन्य आपातकालीन लाइटों को कार्यकारी अवस्था में रखें और जहाँ से आसानी से उठाया जा सके, ऐसे स्थानों में रखें;
- बच्चों, वयस्कों और वृद्धों जिनको विशेष आहार की आवश्यकता है, उनके लिए ऐसे आहार उपलब्ध रखें;
- यदि चक्रवात का केंद्र सीधे ही आपके रिहायशी स्थान से गुजर रहा है तो हवा शांत होगी और बारिश केवल आधा घंटा होगी। इस दौरान घर से बाहर नहीं निकलें, क्योंकि इसके तुरंत बाद तेज हवाएँ विपरीत दिशा से आपके स्थान को प्रभावित कर सकती हैं; और
- शांत रहें।

जब संवेदनशील क्षेत्र खाली करने के लिए निर्देश दिए जाएँ–

- आपके क्षेत्र के लिए सुरक्षित शरण स्थल अथवा जगह खाली करने के लिए जो भी हिदायतें दी गई हों, उनका अनुपालन करें;
- आपकी जो संपत्ति छूट गई हैं, उसकी चिंता न करें;
- शरण स्थल अथवा राहत शिविर में प्रभारी अधिकारी के अनुदेशों का पालन करें; और
- जब तक कि कहा न जाए तब तक राहत शिविर अथवा अस्थायी शरण स्थल से बाहर न जाएँ।

चक्रवात के पश्चात् उपाय–

- व्यक्ति को तब तक शरण स्थान में ही रहना चाहिए, जब तक उसे वहाँ से छोड़कर घर जाने के लिए न कहा जाए;

- संक्रामक रोगों का टीका एकदम लगवाएँ;
- बिजली के खंभों से ढीले और लटकने वाले तारों से दूर रहें;
- यदि आपको गाड़ी चलानी है तो उसे सावधानी से चलाएँ; और
- आपके घर के आस-पास की जगह इकट्ठे हुए मलबे को तुरंत दूर हटाएँ।

प्रश्न 2. वर्ष 1998 में आए गुजरात चक्रवात के कारण और प्रभाव क्या थे?
(जून-2021)

उत्तर– 9 जून 1999 की सुबह गुजरात में अरब सागर में मानसूनी मौसम के प्रारंभ में अत्यधिक गंभीर चक्रवाती तूफान बना था। इस चक्रवात ने गुजरात राज्य के लगभग 12 जिलों को तीव्रता की विभिन्न मात्रा में प्रभावित किया और यह पोरबंदर के उत्तर में लगभग 25 कि.मी. की दूरी पर गुजरात के तट से गुजरा था। इसका अधिकतम प्रभाव पोरबंदर, जामनगर, राजकोट और कच्छ जिलों में हुआ था, जहाँ से सबसे अधिक नुकसान की खबर मिली थी। मनुष्यों की अधिकांश जान-हानि कंडला बंदरगाह के तूफानी सर्ज घटित क्षेत्रों में हुई थी।

गुजरात चक्रवात के कारण इस प्रकार हैं–
- अधिकांश मौतें (95 प्रतिशत से अधिक) तूफानी सर्ज (तटीय जलआप्लावन) के कारण डूब कर मरने से हुई थीं।
- सर्ज की घटना तुलनात्मक रूप से घनी आबादी वाले बंदरगाह और लवण पटल (Salt Pan) क्षेत्रों में हुई थी, जहाँ लोगों को पता नहीं था कि सर्ज क्या होता है।
- सर्ज प्रभावित क्षेत्रों से बाहर घरों और अन्य अभिसंरचनाओं को नुकसान, छत ढहने, वृक्षों के गिरने तथा तेज हवाओं के कारण बिजली और टेलीफोन के खंभों के गिरने से हुआ था।
- चक्रवात के प्रभाव के बारे में लोगों को कोई अनुभव नहीं था, क्योंकि उनके क्षेत्र में पहले घटित हुए चक्रवातों के 23 वर्षों के बाद यह चक्रवात आया था।
- चक्रवात की गंभीरता का अनुमान न होने के कारण संसूचना अंतराल और खराब मौसम में प्रभावित क्षेत्रों तक न पहुँच पाने की असमर्थता थी।
- चूँकि भारी वर्षा बहुत अधिक संकरे प्रदेश तक सीमित रही थी इसलिए लोग बहुत अधिक तीव्र चक्रवाती तूफान का अनुमान नहीं लगा पाए थे।
- राज्य प्रशासन द्वारा खतरे के बारे में गाँव वालों को सूचना देने की मानक कार्यविधि कार्यान्वित नहीं हो सकी थी।
- अपर्याप्त तैयारी। आंध्र प्रदेश के विपरीत जहाँ चक्रवात वार्षिक घटना के रूप में आता है, लोगों ने तटीय गुजरात में सर्ज से होने वाले नुकसान से निपटने के लिए बहुत कम बचाव के उपाय किए थे।
- लोगों ने सुरक्षित स्थानों पर जाने से भी मना कर दिया।

प्रभाव–
- **प्रभावित क्षेत्र–**चक्रवात की तीव्रता की परिवर्ती मात्रा से गुजरात के 12 जिले प्रभावित हुए थे। गुजरात के सौराष्ट्र और कच्छ के प्रदेश बुरी तरह प्रभावित हुए थे। पोरबंदर, जामनगर और कच्छ के जिलों में इस आबादी ने 90 प्रतिशत मानव जीवन और संपत्ति को भयंकर रूप से प्रभावित किया था।

- **चक्रवात से हुआ नुकसान**–सरकार की रिपोर्ट ने इस चक्रवात से हुई 1173 लोगों के मरने की पुष्टि की थी। इसके अतिरिक्त 1774 लोग लापता हो गए थे। 2.5 लाख घर नष्ट हो गए थे या उनको नुकसान पहुँचा था। गुजरात राज्य को इस चक्रवात से ₹190 करोड़ का नुकसान होने का अनुमान लगाया गया था। कंडला का बंदरगाह शहरी क्षेत्र के उत्तर-पूर्व में आवासीय इकाई है, जिसमें अकेले ही 900 लोगों की मौत तूफानी सर्ज में डूब जाने से हुई थी। अधिकांश जीवन-हानि तूफानी सर्ज के पानी में डूबने से हुई थी; कुछ मौतें भवनों के ढहने, पेड़ों के गिरने तथा तेज हवाओं के कारण बिजली और टेलीफोन के खंभों के गिरने से हुई थी। तूफानी सर्ज अपने साथ, बहुत बड़ी संख्या में लवण पटल के मजदूरों को बहाकर ले गया था, जिनको स्थानीय रूप से "अगारी" कहते हैं और जो लवण पटलों में काम कर रहे थे, ये अगारी बंदरगाह कर्मियों की बस्ती में रहते थे। उसमें बड़ी संख्या में प्रवासी मजदूर भी थे जो उस क्षेत्र में काम करते थे, वे भी प्रभावित हुए थे, जिनकी संख्या ज्ञात नहीं है। लगभग 3500 लोग सरकारी रिपोर्ट के अनुसार घायल हुए थे, हो सकता है वास्तविक संख्या इससे कहीं अधिक हो। घर और औद्योगिक भवन जो गंभीर रूप से प्रभावित हुए थे, वे इन तीन जिलों के कुछ पॉकेट में रहते थे, जिनको व्यापक रूप से नुकसान हुआ था।

  कंडला, अन्जर और कल्याणपुर, पोरबंदर ताल्लुक में औद्योगिक संरचनाएँ मुख्यत: तेज हवा से प्रभावित हुए थे। यह कृषि के लिए कम उपज का मौसम था, जहाँ अधिकांश फसल मानसून और मानसून के बाद के मौसम में उगाई जाती है, इसलिए फसल का विनाश बहुत अधिक मात्रा में नहीं हुआ था। चक्रवात अधिक तेज गति से संचलन कर रहा था और आकार में छोटा था, वर्षा की मात्रा अधिक नहीं थी। इतना ही नहीं, यह अवधि अत्यधिक शुष्क मौसम की थी। सूखे से ग्रस्त होने के कारण नदियों और उप-नदियों में पानी नहीं था। अत: वर्षा से किसी भी प्रकार की बाढ़ नहीं आ सकी, जैसे उड़ीसा में आई थी। गुजरात बिजली बोर्ड को भी भारी नुकसान झेलना पड़ा था।

  तेज हवाओं के कारण कई घरों में बिजली की आपूर्ति खो गई। पोरबंदर में एक माइक्रोवेव टॉवर ढह गया, जिससे दूरसंचार में व्यापक विघटन हुआ। सैकड़ों अन्य बिजली पारेषण टॉवर भी गिर गए, जिससे गुजरात बिजली बोर्ड को 10 अरब रुपये का नुकसान हुआ। तूफान से कम से कम 893 लोग घायल हुए और 11,000 से अधिक जानवर मारे गए। पूरे प्रभावित क्षेत्र में 162,000 से अधिक संरचनाएँ क्षतिग्रस्त या नष्ट हो गईं और हर्जाने की राशि ₹120 बिलियन (US $3 बिलियन) हो गई। कांडला में, क्षति का अनुमान 1,855.33 करोड़ (2019 में 9.67 बिलियन या यूएस $ 940 मिलियन के बराबर) के आस-पास था।

प्रश्न 3. हरिकेन केटरीना का क्या प्रभाव था? क्या इससे कुछ पाठ सीखे गए?

(जून-2018)

अथवा

'केटरीना' हरिकेन से सीखे गए पाठों पर टिप्पणी कीजिए। (जून-2017)

उत्तर– हरिकेन केटरीना (Hurricane Katrina) एक प्रकार का शक्तिशाली तूफान है जिसे उष्णकटिबंधीय चक्रवात भी कहा जाता है। हरिकेन सबसे शक्तिशाली एवं विनाशकारी तूफान होते हैं। केटरीना को संयुक्त राज्य अमेरिका के इतिहास में सबसे विनाशकारी प्राकृतिक आपदा के रूप में माना गया था। एक अनुमान के अनुसार लगभग 100 बिलियन डॉलर का नुकसान हुआ था। इस तूफान ने लगभग 2.30 लाख वर्ग किलोमीटर के क्षेत्र पर गंभीर तबाही मचा दी थी अर्थात् यह क्षेत्र कर्नाटक और केरल, दोनों को मिलाकर बनाए गए क्षेत्र जैसा बड़ा था। अपने उच्चतम शिखर पर यह 29 अगस्त 2005 को लगभग 280 कि.मी. प्रति घंटे की हवा की गति से जिसमें 320 कि.मी. प्रति घंटे के हवा के झोंके थे, जिन्होंने लुसियाना के दक्षिणी राज्यों–मिस्सीसिप्पी और अलाबामा को प्रभावित किया। जहाँ न्यू आर्लीन शहर अपने पड़ोसी क्षेत्र के साथ लगभग पूरी तरह से नष्ट हो गया था, हालाँकि इसकी अपनी शक्ति लुसियाना मिस्सीसिप्पी सीमा तक आते-आते बहुत कम हो गई थी, जिसे उसके केंद्र के दाब की निम्न मान्यता माप (915 हेक्टोपास्कल) के रूप में जाँचा गया था। यह संयुक्त राज्य अमेरिका के रिकॉर्ड किए गए इतिहास में घटित होने वाला यहाँ तक कि लैंडफॉल के समय घटित हुआ सबसे अधिक तीव्र तीसरा तूफान था।

केटरीना 24 अगस्त 2005 को फ्लोरिडा (Florida) राज्य के दक्षिण-पूर्व के अटलांटिक महासागर में बाहमास के ऊपर उत्पन्न हुआ था और फ्लोरिडा में मियामी (Miami) के ऊपर से गुजरा था जिससे बड़े पैमाने पर बाढ़ आई जिसने एक मिलियन लोगों को बिना बिजली के रखा था और उसकी प्रारंभिक अवस्था में ही 11 मौतें हो गई थीं। अगले 2 दिनों में मैक्सिको की खाड़ी (Mexico Bay) में पश्चिम की ओर गति करते समय उसने उत्तर की ओर खाड़ी के बीच में बढ़ना शुरू किया और तब उसी तरह गति करते हुए 29 अगस्त की दोपहर को न्यू आर्लीन (New Orleans) के उत्तर में घटित हुआ और 10 मीटर ऊँची तूफानी सर्ज ले कर आया, जो संयुक्त राज्य अमेरिका में अब तक रिकॉर्ड किया गया सबसे अधिक ऊँचा तूफानी सर्ज था। इस तूफान ने 50 लाख लोगों को बिना बिजली के रखा और बिजली को दोबारा ठीक करके चालू करने में पूरे दो महीने लगे। तूफान के बाद मृतकों को ढूँढ़ने का काम पाँच हफ्तों के लिए आधिकारिक रूप से रोक देना पड़ा और बाद में जब शुरू हुआ, तो 1185 मृतकों की सूचना प्राप्त हुई, जिसमें लुसिआना में 964 और मिस्सीसिप्पी में 221 की मृत्यु हुई।

न्यू आर्लीन शहर समुद्र तल के निचले स्तर पर स्थित है और उसका संरक्षण तटबंधों से किया गया है जिसे आम भाषा में लेविस कहा जाता है। पानी आम दिनों में भी लगातार पंप करके बाहर निकाला जाता है। बिजली बंद होने से पंपों ने काम करना बंद कर दिया था। आसमान से मूसलाधार वर्षा, समुद्र से तूफानी सर्ज और पंप के काम न करने से बहुत भयंकर स्थिति हो गई थी। वहीं पास में स्थित तेल के ड्रीलिंग स्थलों पर तेल के पाइपों में क्षति होने से तेल शहर के पानी में और समुद्र जल में मिल जाने से जल प्रदूषित हो गया।

इस क्षेत्र में जगह खाली करने के आदेश हो गए, जिन लोगों के पास दूसरी जगह जाने के लिए वाहन थे, उन्होंने अपने वाहनों में उस जगह को छोड़ना शुरू कर दिया, जिससे सड़कों पर ट्रैफिक जाम लग गया। कुछ मुख्य राजमार्गों पर 100 कि.मी. से भी अधिक लंबा जाम लग

गया। न्यू आर्लीन की 30 प्रतिशत जनता गरीब थी, जिनके पास जगह खाली करके दूसरी जगह जाने के लिए यातायात के साधन नहीं थे। इस कारण अधिकांश लोग स्टेडियम में इकट्ठे हो गए, जो सभी लोगों के लिए काफी बड़ा नहीं था। झुँड-के-झुँड लोग वहाँ इकट्ठे हो रहे थे, जिनके लिए वह स्थान पर्याप्त नहीं था, इससे गड़बड़ी हो गई और जैसे-जैसे समय बीतता गया, स्थिति खराब होती गई। इसी बीच शहर में लूटपाट शुरू हो गई और यह कानून और व्यवस्था की समस्या में परिवर्तित हो गई। उस स्थिति में जो बचे हुए लोग थे, वे लोग नौकरी छोड़कर अपने परिवारों को देखने के लिए वापस लौट रहे थे, इसलिए पुलिस के लिए नियंत्रण करना कठिन हो गया और सेना को बुलाना पड़ा। सेना ने भी इस स्थिति को खराब पाया क्योंकि अधैर्यता और असामाजिक तत्त्वों ने बंदूकों को हाथ में उठा लिया। संयुक्त राज्य अमेरिका में बहुत से निजी नागरिकों के पास बड़ी संख्या में बंदूकें-पिस्तौल हैं, क्योंकि वहाँ बंदूक/पिस्तौल लेने के लिए लाइसेंस लेने का नियम नहीं है। बहुत-सी वस्तुओं के दाम बढ़ गए, जिससे माँग बढ़ने से वस्तुओं का अभाव हो गया। पीने का पानी और पेट्रोल दोनों की कमी इतनी बढ़ गई कि दाम अविश्वसनीय रूप से बहुत अधिक बढ़ गए।

संचार व्यवस्था इतनी बुरी तरह प्रभावित हुई कि पूरी तरह से लुप्त हो गई। यहाँ तक कि पूछताछ केंद्र भी काम नहीं कर रहे थे। इंटरनेट ठप हो गया था। संचार व्यवस्था के आधारभूत ढाँचे का, जो भी बचा था, वह जरूरत से अधिक व्यस्त और जाम पड़ा हुआ था।

संयुक्त राज्य सरकार की आपातकालीन व्यवस्था (दोनों संघीय और राज्य सरकार) ने अनुक्रिया की। सेना के जवान, राष्ट्रीय गार्ड और राज्य के गार्ड बुलाए गए, लेकिन जब इन्हें बुलाया गया तो यह मालूम हुआ कि इनमें से अनेकों की ड्यूटी अन्य स्थानों, जैसे–इराक (Iraq) आदि में पहले से ही लगी हुई थी। इसलिए अन्यों की तैनाती करनी थी। इस कारण गार्डों को कार्य पर लगाने में देरी हुई। राज्य विधानों और संयुक्त राज्य कांग्रेस ने तुरंत आपातकालीन अनुक्रियास्वरूप धन प्रदान किया। गैर-सरकारी संगठन भी सेवकों, सामग्री और धन के साथ सहायता में जुट गए।

प्रारंभ में संयुक्त राज्य अमेरिका विदेशी सरकारों से दान और सहायता लेने का इच्छुक नहीं था, विशेषकर उन देशों से जहाँ के वित्तीय संसाधन बहुत सीमित थे। बाद में नीति का संशोधन किया गया, क्योंकि दिन-ब-दिन अधिक नुकसान की रिपोर्टें प्राप्त हो रही थीं। संयुक्त राज्य ने अभी हाल ही के इतिहास में पहली बार विदेशी सहायता स्वीकार की और इस तरह पूरे विश्व से संयुक्त राज्य अमेरिका में सहायता पहुँचने लगी। भारत ने भी 5 मिलियन संयुक्त राज्य के डॉलर और विमान भर के कंबल और दवाइयाँ भी अमेरिका भेजीं। केटरीना तूफान आने से न्यू आर्लीन का शहर इतनी बुरी तरह नष्ट हो गया था कि इसके पहले की स्थिति में फिर आ पाने में संदेह था।

भारत में हमारे लिए, केटरीना से सीखे गए पाठ–केटरीना जैसे तूफान की गंभीर त्रासदी से निपटने के लिए आपदा प्रबंधन से संबंधित सरकार तथा संयुक्त राज्य अमेरिका के लोगों की अनुक्रिया से कुछ महत्त्वपूर्ण मुद्दे सामने आए हैं; इन उपयोगी पाठों से बहुत कुछ सीखा जा सकता है। भारत में विशेषकर इस समय जब राष्ट्रीय आपदा प्रबंधन प्राधिकरण के रूप में राज्य और जिला स्तरों पर समान प्राधिकरण नए आयाम लेकर गठित हो रहे हैं जिसके लिए निम्न महत्त्वपूर्ण बातों पर ध्यान देने की आवश्यकता है–

- समाज में आर्थिक रूप से कमजोर व चक्रवात के प्रति संवेदनशील वर्ग के लोग अधिक रहते हैं। ऐसे बड़े शहरों के लिए जनसांख्यिकी विश्लेषण किया जाना चाहिए और उन क्षेत्रों की पहचान कर लेनी चाहिए। उनके लिए बचाव, भोजन खिलाने और सुरक्षित स्थान पर ले जाने के लिए योजनाएँ तैयार रखी जानी चाहिए, क्योंकि इन वर्गों को पूरी सहायता और सहारे की आवश्यकता होगी जबकि धनवान लोगों को केवल सहायता की जरूरत होगी।
- सैनिक तथा अर्द्ध-सैनिक बलों से सहायता प्राप्त करने में किसी प्रकार की देरी नहीं होनी चाहिए। ऐसा इसलिए क्योंकि गंभीर स्थिति में पुलिस (जो स्थानीय है) बचाव कार्य में पूरी मदद नहीं कर पाएगी, क्योंकि वे निश्चित रूप से अपने परिवार के बारे में भी चिंतित रहेंगे। इसके विपरीत सेना के जवान अपने शिविरों को छोड़कर एकदम मदद के लिए आएँगे क्योंकि उनके परिवार अपने गृह-स्टेशनों में सामान्यतः निवास करते हैं। इसलिए वे अपना पूरा ध्यान बचाव कार्य में लगाकर लंबे समय तक अपने कर्त्तव्यों का पालन कर सकते हैं।
- विकल्पी आदेश/नियंत्रण केंद्र की चक्रवात के प्रति संवेदनशील प्रत्येक बड़े नगर के लिए पहचान कर लेनी चाहिए, ताकि यदि प्रभावित नगर में केंद्र की सेवा आपदा से प्रभावित हो जाए, तो आदेश का क्रम टूटे नहीं। न्यू आर्लीन में जब स्थानीय पूछताछ सेवा बंद हो गई थी, तब यह कार्य भारत में कॉल सेंटर को दिया गया था, जिसने तुरंत और लगातार कार्य करने के लिए संयुक्त राज्य अमेरिका से प्रशंसा प्राप्त की। हमें भी इस तरह की आकस्मिक सेवा की पहचान करनी चाहिए ताकि प्रभावित लोगों और उनके प्रश्नों/आवश्यकताओं को सुन सकें और उनके पास जरूरी सूचनाएँ पहुँचा सकें। इससे चिंता, गड़बड़ी और आतंक से बचने में सहायता मिलेगी।
- बहुत अधिक संख्या में हुई मृत्यु के कारण मृतकों के शवों को ढूँढ़ना, पहचानना और उनका अंतिम संस्कार करना भी आपदा प्रबंधन का हिस्सा है। इस मुद्दे पर आपदा की तैयारी अथवा आपदा प्रबंधन में बहुत कम चर्चा की गई है, परंतु किसी भी प्रकार की बड़ी आपदा के घटित होने पर इस समस्या का सामना करना पड़ता है। संयुक्त राज्य अमेरिका में निजी कंपनियाँ हैं, जो यह कार्य विश्वस्त रूप से करती हैं। केटरीना आपदा के मामले में केनयॉन इंटरनेशनल इमरजेंसी सर्विसेज को किराए पर लिया गया था, और उन्होंने यह कार्य बड़ी कुशलतापूर्वक किया और प्राप्त की गई रिपोर्ट से यह पता चला कि इसने अपना कार्य बहुत योग्यता से पूरा किया। वहीं इसके विपरीत भारत में ऐसे कार्यों को गैर-सरकारी संगठनों और पुलिस की सहायता से बहुत बाद की अवस्था में पूरा किया जाता है। गैर-सरकारी संगठनों और पुलिस को कुछ अंतर्राष्ट्रीय आपातकालीन सेवाएँ देने वाली कंपनियाँ, जो लाशों को ढूँढ़कर उनको पहचानती है और उनका अंतिम संस्कार करती है, जिनसे भारत में भी ऐसी कंपनियों को प्रशिक्षण दिलाने पर विचार-विमर्श किया जा सकता है और ऐसी समस्या से कुछ हद तक राहत पाई जा सकती है।

प्रश्न 4. 'उड़ीसा में अक्तूबर 1999 में आया महाचक्रवाती तूफान आपदा प्रबंधन अभिकरणों की आँखें खोलने वाला तूफान था।' टिप्पणी कीजिए। (दिस.-2018)

उत्तर–उड़ीसा राज्य की एक लंबी तटरेखा है, जो 529 कि.मी. लंबी है और यह दक्षिण में इच्छापुरम के दलदल से लेकर उत्तरपूर्व में नदी सुबरनरेखा के पूर्व तक जाती है। सात जिले गंजम, खुर्दा, पुरी, जगत-सिंहपुर, केंद्रपारा, भदरक, और बालासोर दक्षिण से उत्तरपूर्व तक संपूर्ण तट रेखा के किनारे स्थित हैं। चिलका झील दक्षिण में तटीय रेखा का एक भाग बनाती है। बड़ी नदी जैसे सुबरनरेखा, महानदी, बैतारनी और ब्राह्मणी अपनी बहुत सारी छोटी-छोटी नदियों के साथ, राज्य में बहती है; इन नदियों ने तट की आकृति को और अधिक टेढ़ा-मेड़ा बना दिया है। उत्तरी उड़ीसा के तट के पास का समुद्र बहुत ही उथला है, जो बड़े-बड़े तूफानी सर्ज को उत्पन्न करने के लिए एक आदर्श स्थान है।

राज्य की कुल जनसंख्या 35.5 मिलियन (देश की जनसंख्या का 3.6 प्रतिशत, जिसमें से 65.5 प्रतिशत जनसंख्या गरीबी रेखा के नीचे रहती है) है। देश के औसत जनसंख्या की तुलना में उड़ीसा अधिक ग्रामीण राज्य है, क्योंकि इसकी 86.5 प्रतिशत जनसंख्या गाँव में रहती है। तटीय उड़ीसा घनी बस्ती वाला क्षेत्र है, जहाँ प्रति वर्ग कि.मी. पर 409 से अधिक व्यक्तियों का जनसंख्या घनत्व है। उड़ीसा प्राथमिक रूप से कृषि प्रधान राज्य है। आज भी यहाँ यही स्थिति है, जबकि इसके पास उद्योगों के लिए कच्ची सामग्री के व्यापक प्राकृतिक संसाधन हैं। निरक्षरता बहुत अधिक मात्रा में है। तटीय उड़ीसा के लोगों का मुख्य व्यवसाय कृषि और मछली पकड़ना है। अधिकांश ग्रामीण घर घास की छत के बने होते हैं, जो तेज हवाओं के प्रति अति संवेदनशील होते हैं। अधिकांशतः ये घर मिट्टी की दीवार के बने होते हैं, जो बारिश और बाढ़ से नष्ट हो जाते हैं।

उड़ीसा आपदा प्रवण क्षेत्र है, जो बार-बार सूखा, बाढ़ और चक्रवात से प्रभावित होता रहता है। ऐतिहासिक रिकॉर्ड बताते हैं कि राज्य में लगभग 70 से 75 तक चक्रवात आए हैं, जिनमें से 20 से 23 चक्रवात जो 1891 से 2000 के बीच आए थे बहुत ही तीव्र थे। तटीय क्षेत्र अधिक वार्षिक वर्षा वाले क्षेत्र में स्थित है, जहाँ 150 से.मी. से अधिक वर्षा होती है। अधिकतम तूफानी सर्ज दक्षिण-पश्चिम से उत्तर-पूर्व की ओर बढ़ता है। विश्लेषण यह बताते हैं 55 प्रतिशत से अधिक चक्रवात जो बंगाल की खाड़ी में बनते हैं, वे उड़ीसा और पश्चिम बंगाल राज्यों के तट को प्रभावित करते हैं। राज्य, मई और जून के दौरान और सितम्बर से नवम्बर के अंत तक मुख्यतः तीव्र चक्रवातों की चपेट में आता है, और अक्तूबर में इसकी आवृत्ति और अधिक बढ़ जाती है। उड़ीसा में लगभग 150 वर्षों के इतिहास में घटित कुछ अति तीव्र चक्रवातों, जिनके कारण मानव जीवन की क्षति बहुत अधिक मात्रा में हुई थी, उनको सूचीबद्ध किया गया है।

उड़ीसा से दूर सियाम की खाड़ी और उसके पड़ोसी क्षेत्र में अक्तूबर 29, 1999 को लगभग 550 कि.मी. पोर्ट ब्लेयर के पूर्व में चक्रवात का कम दबाव का क्षेत्र बना हुआ था। वहाँ से यह पश्चिम की ओर मलेशिया प्रायद्वीप तक गया उसके बाद, यह उत्तरी अंडमान समुद्र में 25 अक्तूबर की सुबह कम दबाव वाले क्षेत्र के रूप में उभरा। उसी शाम को उसी क्षेत्र में इसका उवमंदन हो गया। पश्चिमी-उत्तरी-पश्चिमी दिशा में गति करते ही यह चक्रवात तूफान में उस समय बदल गया था जब यह पोर्ट ब्लेयर के उत्तर-पूर्वी क्षेत्र में लगभग 350 कि.मी.

दूरी पर स्थित था। 27 तारीख की सुबह यह बहुत अधिक तीव्र हो गया और गंभीर चक्रवाती तूफान में बदल गया। इस समय यह पारादीप के दक्षिण-पूर्व (16° उत्तर 29° पूर्व) में 750 कि.मी. के लगभग स्थित था। पश्चिमी-उत्तर-पश्चिमी दिशा में बढ़ते हुए 27 तारीख की शाम तक यह महाचक्रवाती तूफान में बदल गया था और उस समय यह 570 कि.मी. की दूरी के लगभग पारादीप के दक्षिण पूर्व में स्थित था। इसने महाचक्रवाती तूफान की सबसे अधिक तीव्रता 28 अक्तूबर की मध्यरात्रि में 19.3 उत्तर और 87.0 पूर्व के पास प्राप्त की जब यह पारादीप के दक्षिण-पूर्व में लगभग 100 कि.मी. दूर स्थित था। यह चक्रवात पारादीप के दक्षिण-पूर्व में स्थित शेराबादी के पास इरसामा और बालीकुडा के बीच उड़ीसा के तट पर 29 अक्तूबर को 9.30 और 12.00 बजे, भारतीय समय के अनुसार, आ गया। तट पर आते ही यह थोड़ा कमजोर पड़ गया और महाचक्रवाती तूफान की तीव्रता कम हो गई, परंतु यह 30 तारीख की सुबह तक, 24 घंटों तक, भूमि पर काफी तीव्र रहा। उसके बाद यह फिर कमजोर पड़ गया, और भुवनेश्वर के पास स्थित हो गया। फिर यह या तो स्थायी हो गया या फिर बहुत मंद गति से उसी क्षेत्र में ठहरा रहा, फिर अंत में यह 31 तारीख की दोपहर तक चांदबाली के पास कमजोर हो गया। यह दक्षिण-पूर्वी दिशा में जाता हुआ समुद्र में फिर आ गया परंतु आंशिक रूप से कमजोर हो गया और उत्तरी उड़ीसा के तट पर स्थित हो गया और 31 की शाम तक कम दबाव के क्षेत्र में रहा। उसके बाद यह दक्षिणी/दक्षिणी-पश्चिमी दिशा में गति करते हुए 5 नवम्बर को अधिक महत्त्वपूर्ण नहीं रहा, और यह आंध्र प्रदेश तट से दूर चला गया।

प्रभावित क्षेत्र—महाचक्रवात से उड़ीसा के 12 जिले और पश्चिम बंगाल के दो जिले (मिदनापुर और दक्षिण 24-परगना) प्रभावित हुए थे। उड़ीसा के 8 तटीय जिले-जगतसिंहपुर केंद्रपारा, कट्टक, खुर्दा, भदरक, पुरी, जाजपुर और बालासोर गंभीरता से प्रभावित हुए थे। जगतसिंहपुर जिला, जहाँ से चक्रवात का केंद्र गुजरा था उसने चक्रवात का अधिकतम प्रभाव झेला और बुरी तरह प्रभावित हुआ था। दूसरे चार जिले मयूरभंज, कियोनझर, घेनकनाल और नयागढ़ थे जहाँ आंशिक प्रभाव पड़ा था। खुर्दा, पुरी, केंद्रपारा और कट्टक जो कृषि दृष्टि से अधिक समृद्ध और संपन्न जिले थे वहाँ पर तेज हवाओं, तूफानी सर्ज और अधिक वर्षा से भारी तबाही हुई थी, जबकि जाजपुर, भदरक, कियोनझर और बालासोर जिले भारी वर्षा के कारण आई बाढ़ से गंभीर रूप से प्रभावित हुए थे। पुरी और खुर्दा पिछले चक्रवात से प्रभावित हुए थे जो उड़ीसा के तट पर 11 दिन पहले घटित हुआ था।

जीवन की क्षति और संपत्ति को नुकसान—सरकारी आँकड़ों के अनुसार 9893 लोगों की मृत्यु हो गई थी। गैर-सरकारी आँकड़े इससे कहीं अधिक मृत्यु की ओर संकेत करते हैं। इनमें से अधिकांश मौतें जगतसिंहपुर में हुई थीं। इस चक्रवात से 15.6 मिलियन लोग प्रभावित हुए थे। उड़ीसा सरकार ने इससे हुए नुकसान का अनुमान 6228 करोड़ रुपए लगाया था, जिसमें केंद्रीय सरकार की संपत्ति जैसे रेलवे दूरसंचार आदि का नुकसान शामिल नहीं है। कुछ अन्य अनुभवों के अनुसार (इकोनॉमिक टाइम्स, 1.4.2001) इस चक्रवात से कुल वित्तीय नुकसान 10 हजार करोड़ रुपयों से अधिक हुआ था, जबकि यह भारत में घटित होने वाली एक अकेली चक्रवात से संबंधित आपदा की अनोखी घटना थी।

कोलकाता और भुवनेश्वर में स्थित आई.एम.डी. के चक्रवात चेतावनी केंद्रों से (26 अक्तूबर 1999 से शुरू करते हुए) काफी समय पहले से चेतावनी जारी की जा रही थी।

कृषि मंत्रालय में संकट प्रबंधन समूह ने 26 अक्तूबर से ही प्रतिदिन बैठकें करना शुरू कर दिया था और संवेदनशील राज्यों से (उड़ीसा, पश्चिम बंगाल और आंध्र प्रदेश) वरिष्ठ अधिकारियों को भावी चक्रवात के संकट का सामना करने के लिए सावधानी और तैयारी के उपाय अपनाने की सलाह दी थी। सचिवालय सचिव की अध्यक्षता में राष्ट्रीय संकट प्रबंधन समिति (NCMC) की बैठक नई दिल्ली में 27 व 28 अक्तूबर को हुई, ताकि राज्य और केंद्र सरकार के स्तर पर की जाने वाली तैयारी के विभिन्न उपायों की समीक्षा की जा सके।

तैयारी के एक उपाय के रूप में रेल-सेवाएँ रद्द कर दी गई थीं। रक्षा सेवा के तीन विंगों को चेतावनी दी गई थी। स्वास्थ्य-मंत्रालय ने डॉक्टरों के एक दल को प्रतिनियुक्त कर दिया था। बंदरगाह प्राधिकारियों, पावर, दूरसंचार, संचार और ऊर्जा क्षेत्रों को भी चेतावनी दी गई थी। उड़ीसा की सरकार स्थानीय मौसम विज्ञान कार्यालय के बराबर संपर्क में थी। 28 अक्तूबर को राज्य सचिवालय ने तैयारी की अवस्था की समीक्षा की थी।

जैसे ही चक्रवात घटित हुआ, रक्षा कार्मिकों की सहायता से (सेना, वायु सेना, नौ सेना) बचाव और राहत कार्य शुरू किया गया। आंध्र प्रदेश की सरकार और 'केयर' (CARE) इंडिया ने प्रारंभिक राहत कार्य शुरू कर दिया। घटना के बाद तुरंत केंद्रीय सरकार ने भी राहत और बचाव कार्यों के प्रति अनुक्रिया दिखाई। राज्य और केंद्र में उच्च स्तर की समन्वय बैठकें आयोजित की गई, ताकि बचाव और पुनर्वास के कार्य किए जा सकें। स्थिति की गंभीरता को देखते हुए प्रधानमंत्री और अन्य वरिष्ठ सचिवालय मंत्रियों ने राज्य का 1 नवम्बर से और 5 नवम्बर के बीच (1999) दौरा किया। एक केंद्रीय दल ने 3 नवम्बर को नुकसान के परिमाण और आवश्यक सहायता की मात्रा का आकलन किया।

महाचक्रवात के आपदायी प्रभाव को ध्यान में रखते हुए केंद्रीय सरकार ने इस घटना को विपत्ति की "असाधारण भयंकर स्थिति" घोषित कर दिया। प्रधानमंत्री ने अपना दौरा समाप्त करते ही राष्ट्रीय विपत्ति राहत निधि से तुरंत अतिरिक्त निधियाँ प्रदान कीं। मुख्यमंत्री के तत्काल अनुरोध के अनुपालन में अनेक स्वयं सेवक और राहत सामग्री राज्य में पहुँचाए गए। प्रधानमंत्री के निर्देश पर रक्षा मंत्री की अध्यक्षता में एक कार्यदल का गठन किया गया और उन्हें संदर्भ के अनुसार, चक्रवात से प्रभावित क्षेत्रों के लिए पुनर्वास की व्यापक कार्य योजना तैयार करने और विभिन्न एजेंसियों द्वारा किए जा रहे राहत कार्यों का समन्वय करने का काम सौंपा गया। केंद्र और राज्य सरकारों द्वारा किए गए प्रयासों के अतिरिक्त उड़ीसा के अतिरिक्त अन्य राज्यों और अंतर्राष्ट्रीय संगठनों ने राहत और पुनर्वास कार्यों के लिए वित्तीय और अन्य सामग्री की सहायता उपलब्ध कराने में हाथ बढ़ाया। अंतर्राष्ट्रीय और राष्ट्रीय गैर-सरकारी संगठनों तथा ऐच्छिक संगठनों ने बड़े पैमाने पर राहत और पुनर्वास कार्य में योगदान दिया। नवम्बर 1999 के अंत में प्रमुख पावर, रेल, दूरसंचार और सड़क-संचार व्यवस्था पुनः कार्य करने लगी थी।

ओड़िशा राज्य आपदा प्रबंधन प्राधिकरण (ओ.एस.डी.एम.ए.)–ओड़िशा राज्य आपदा न्यूनीकरण प्राधिकरण राज्य सरकार का अपना स्वायत्त निकाय है जिसकी स्थापना सन् 1999 में व्यवस्थित और नियोजित दृष्टिकोण को ध्यान में रखते हुए की गई, जो राज्य में आपदा प्रबंधन का कार्य संपन्न कर सकती है। इसका उद्देश्य राज्य के लोगों को आपदाओं के प्रति स्थिति स्थापित करने में सहयोग करना है। ओड़िशा राज्य आपदा न्यूनीकरण प्राधिकरण राज्य स्तर पर प्रथम आपदा प्रबंधन प्राधिकरण है जिसकी भारत में स्थापना की गई है। राज्य के मुख्य सचिव को ओड़िशा राज्य आपदा न्यूनीकरण प्राधिकरण का अध्यक्ष बनाया गया है।

सन् 2001 में इस प्राधिकरण का नाम बदल कर ओड़िशा राज्य आपदा प्रबंधन प्राधिकरण कर दिया गया है। ओड़िशा राज्य आपदा प्रबंधन प्राधिकरण का मुख्य कार्य आपदा बचाव उपायों की तैयारी करना, प्रबंधन और सामाजिक मुद्दे हैं जोकि क्षमता निर्माण, जागरूकता को बढ़ाने तथा सार्वजनिक शिक्षा को उन्नत करने के साथ ही अंतर संगठनात्मक संयोजन करने में अपना ध्यान केंद्रित करता है। सामान्य समय में इस संस्थान की 90 प्रतिशत गतिविधियाँ तैयारी करने में और 10 प्रतिशत कार्य या गतिविधियाँ निर्माण कार्यों में लगाती हैं। इस तरह से यह संस्थान हर समय अपने कार्यकलापों में व्यस्त रहते हैं, परंतु यदि कोई आपदा आ जाती है तो फिर यह 90 प्रतिशत कार्य निर्माण कार्यों में लगा देते हैं। इसके अतिरिक्त समुदाय की क्षमता निर्माण करने और आपदा के प्रबंधकों को प्रशिक्षण देने, समुदाय व्यवस्था में सुधार करने और संरचनात्मक ढाँचे को उन्नत करने हेतु पूरे राज्य में गतिविधियों को संपन्न किया जाता है। ओड़िशा राज्य आपदा प्रबंधन प्राधिकरण, अपनी गतिविधियाँ आपदा न्यूनीकरण के विभिन्न संयोजनों में व्यतीत कर देता है।

◻◻◻

अध्याय 9
भूकंप

प्रश्न 1. भूकंप से संबद्ध संकट और प्रभाव क्या हैं? (जून, 2017)

उत्तर— भूकंप प्राकृतिक आपदा के सर्वाधिकार विनाशकारी रूपों में से एक है। जिसके कारण व्यापक तबाही हो सकती है। भूकंप पृथ्वी के भू-पटल पर विभिन्न प्रकार के प्रभाव डालते हैं। भूकंप से संबद्ध विभिन्न संकटों को निम्नलिखित रूप में समूहबद्ध किया जा सकता है–

(1) **प्राथमिक संकट**–ये वे प्रभाव होते हैं जो भूकंप की प्राकृतिक घटना के साथ-साथ उत्पन्न होते हैं–

(क) भूमि कंपन
(ख) भ्रंश फटना
(ग) विवर्तनिक विरूपण
(घ) विषैली गैसों का निकलना

(2) **द्वितीयक संकट**–ये वे प्रभाव हैं जो भूकंप घटित होने के बाद अथवा अंत में उत्पन्न होते हैं–

(क) मृदा द्रवीकरण
(ख) भूमि और पंक का स्खलन होना
(ग) अंत:समुद्री अवधाव
(घ) हिम अवधाव (हिमस्खलन)
(ङ) सुनामी
(च) भूस्खलन
(छ) नाभिकीय परीक्षण

भूकंप से संबद्ध इन संकटों के बहुत से प्रभाव देखे गए हैं। भूकंप के प्रभावों को भी इसी तरीके से संकट के प्रकार के आधार पर निम्नलिखित रूप में समूहबद्ध किया जा सकता है–

(1) **प्राथमिक प्रभाव**–

(क) भवन और पुलों का ढहना
(ख) पानी और गैस पाइप लाइनों और अन्य उपयोगिताओं का फटना
(ग) भूमिगत जल संसाधनों में परिवर्तन

- (घ) नदियों की प्रवाह दिशाओं में परिवर्तन
- (ङ) नए द्वीपों के सृजन और/अथवा पुराने का लुप्त होना
- (च) झटके और भूमि का फटना

(2) द्वितीयक प्रभाव—
- (क) भवनों और आधारभूत संरचनाओं के ढहने से लोगों की मृत्यु और नुकसान
- (ख) आग और विस्फोट
- (ग) रोग और महामारी
- (घ) बाँध गिरने से बाढ़
- (ङ) सुनामी के कारण उत्पन्न बाढ़

जहाँ भूकंप आने की अधिक संभावनाएँ हों, उन क्षेत्रों के लिए भूकंप आने के संकट का आकलन करना चाहिए। आपदा न्यूनीकरण योजना का निर्धारण करने के लिए आपदा जोखिम मूल्यांकन अनिवार्य और प्रारंभिक उपाय है। भूकंपी खतरों के आकलन के मूल्यांकन के लिए और भूकंप आपदा न्यूनीकरण योजना बनाने से पूर्व निम्न कार्य (उपाय) अवश्य ही किए जाने चाहिए—

- (क) भूकंपी जोखिम आकलन—प्रदेश में भूकंप के खतरे का आकलन
- (ख) संवेदनशीलता का विश्लेषण—वह स्थान जहाँ पर भूकंप का संभव प्रभाव दिखे, उस स्थान की विशेषताएँ और सरकारी व गैर-सरकारी दोनों की उपलब्ध सुविधाओं का ध्यान रखा जाना चाहिए।
- (ग) भूकंप के संकट का सामना करने के लिए समुदाय और पड़ोसी क्षेत्र की सामर्थ्य और कमजोरी का विश्लेषण भी करना चाहिए।

भूकंप मूलभूत आवश्यकताओं की कमी, जीवन की हानि, सामान्य संपत्ति की क्षति, सड़क और पुल का नुकसान और इमारतों का ध्वस्त होना या इमारतों के आधार का कमजोर हो जाना, इन सबका कारण हो सकता है, जो भविष्य में फिर से भूकंप का कारण बनता है। मानव पर पड़ने वाला सबसे महत्त्वपूर्ण प्रभाव है—जीवन की क्षति।

प्रश्न 2. भूकंपों से सीखे गए पाठों की व्याख्या कीजिए। (जून-2019)

उत्तर— भूकंप एक क्षणिक एवं प्रलयकारी घटना है। इसमें कंपन कभी इतना तीव्र एवं विनाशकारी होता है कि धरातल पर क्षणभर में अनेक परिवर्तन घटित हो जाते हैं। नगर, गाँव और कस्बे धराशायी होकर खण्डहरों में परिवर्तित हो जाते हैं। प्रारंभ में जब मानव संस्कृति अविकसित थी तो भूकंप का तात्पर्य सामान्य प्रकोप से लिया जाता था। लेकिन वैज्ञानिक प्रगति के साथ इस धारणा में परिवर्तन हुआ है और भूकंप की उत्पत्ति और इसके विभिन्न लक्षणों का वैज्ञानिक विश्लेषण किया जाने लगा है।

आपदा प्रबंधन मुख्यत: राज्य सरकार का प्रमुख दायित्व है। प्रत्येक राज्य ने आपदा की स्थितियों में प्रभावित समुदायों के पुनर्वास और राहत के लिए नियम और विनियम निर्धारित किए हैं और वे उनके अनुसार कार्य करने के लिए संकल्पबद्ध हैं।

राज्य सरकार द्वारा किए गए राहत उपायों का मुख्य प्रयोजन आपदा प्रवण क्षेत्रों में प्रभावित समुदाय को तुरंत राहत उपलब्ध करवाना है। भूकंप की घटना में राहत उपाय आर्थिक सहायता के संदर्भ में दिए जाते हैं।

विपत्ति के समय, राज्यों द्वारा उपलब्ध की गई सहयोग राशि एक राज्य से दूसरे राज्य में भिन्न-भिन्न होती है। मई 22, 1997 को जबलपुर में घटित भूकंप से निपटने के लिए राज्य सरकार द्वारा निम्न राहत उपाय किए गए–

- वन विभाग ने भूकंप पीड़ितों को बाँस और लकड़ी के लट्ठे, प्रभावित गाँवों में अस्थायी शरण स्थान बनाने के लिए, निःशुल्क दिए गए थे।
- मृत व्यक्तियों के रिश्तेदारों को राज्य सरकार द्वारा ₹1 लाख की वित्तीय सहायता दी गई थी।
- 35,256 प्रभावित लोगों के लिए 23 राहत शिविर (12 ग्रामीण और 11 शहरी क्षेत्र में) उपलब्ध किए थे। इन सभी शिविरों में निःशुल्क भोजन दिया गया था।
- चोट की गंभीरता के आधार पर, घायल व्यक्तियों को राज्य सरकार ने ₹2,000 से लेकर ₹10,000 तक की राशि की सहायता दी थी।
- जिन लोगों के घर पूरी तरह टूट गए थे, उनको घरों के पुनर्निर्माण के लिए ₹18,000 का अनुदान और बाँस व लकड़ी के लट्ठे जैसी अन्य सामग्री उपलब्ध कराई गई थी।
- ₹3,000 उन मकान मालिकों को दिए गए थे, जिनके घरों की आंशिक रूप से क्षति हुई थी।

अधिक नुकसानदायी भूकंप (जैसे–लातूर-1993 और भुज-2001) के मामलों में नए कस्बे बनाना और लोगों को पुनर्वास और पुनर्निर्माण के लिए दीर्घावधि की सहायता उपलब्ध कराना आवश्यक है। केंद्रीय सरकार और विश्व बैंक जैसी एजेंसियाँ इन परियोजनाओं के लिए सहायता देती हैं।

भूकंप का पूर्वानुमान लगाना सीस्मोलॉजी का विषय है। भूकंप के पूर्व कथन और पूर्वानुमान के बारे में वैज्ञानिकों ने अभी पूर्ण रूप से सफलता नहीं पाई है। 1970 के दशक में वैज्ञानिक आशावादी थे कि भूकंप के पूर्वानुमान की वे कोई प्रयोगात्मक विधि निकाल लेंगे। लेकिन 1990 के दशक तक वैज्ञानिकों को लगातार सफलता नहीं मिली। यद्यपि इन्होंने कुछ बड़े भूकंपों के पूर्वानुमान के संदर्भ में कुछ दावे पेश किए लेकिन वे विवादित और कसौटी पर खरे नहीं उतरे और अभी तक भूकंप को लेकर कोई सटीक भविष्यवाणी नहीं की गई। पृथ्वी शुरू से ही कई प्राकृतिक विपदाओं को झेलती आ रही है, पृथ्वी के वातावरण में अनेक तरह के बदलाव भी देखने को मिले हैं अतः भूकंप का पूर्वानुमान कुछ पूर्व संकेतों के आधार पर किया जा सकता है। इस माध्यमों से पहचाना जा सकता है–

भूकंप के कारण पूरे क्षेत्र के ऊपर बादल दिखाई पड़ने लगते हैं। असामान्य प्रकाश लाल, नीचे, ग्रीन और गुलाबी रंग में दिखाई पड़ता है। भूकंप आने के 5 घंटों पूर्व समुद्र का पानी घटने लगता है या भूकंप आने के 1 से 5 घंटे पूर्व समुद्र में लहरें उत्पन्न होने लगती हैं और समुद्र की तली के गर्म होने से समुद्र का पानी गर्म होने लगता है।

भू-वैज्ञानिक परिवर्तन, जैसे– घनत्व अथवा चट्टानों की विद्युत-रोधिता में बदलाव अथवा उनमें भ्रंश रेखा देखी जा सकती है। भूमि में से रेडॉन गैस निकल सकती है। ये सभी क्रियाएँ कभी, किसी समय, देखी गई हैं परंतु इनका आने वाले भूकंप के साथ कोई संबंध स्थापित नहीं

हो सका है, जो एक वियुक्त भूकंप घटना के एक बार के अवलोकन के कारण अनुमान करने योग्य नहीं है। भूकंप की समस्या से निपटने के लिए सबसे उत्तम तरीका यह है कि भूकंप रोधी संरचनाओं और भवनों का निर्माण किया जाए और भूकंप न्यूनीकरण योजना बनाई जाए, ताकि भूकंप प्रबंधन की प्रत्येक अवस्था के लिए सावधानी बरती जा सके। भूकंप से पहले और बाद में 'क्या करें' और 'क्या न करें' बातों का ध्यान रखा जाए, तो भूकंप की आपदा के परिणामों का निवारण करना सहज रूप से होना संभव है।

भूकंप से पूर्व—

- भूकंप रोधी निर्माण के लिए स्थानीय, भवन निर्माण संहिताओं का पालन करें;
- कमजोर संरचनाओं अथवा इंजीनियरी रहित और खराब इंजीनियरी वाली संरचनाओं में भूकंप पूर्व प्रभावी अनुरूपांतर करवाने के लिए सलाह दें;
- भूकंप आपदा प्रबंधन तैयारी के अभ्यासों और प्रशिक्षण सत्रों में भाग लें तथा अन्य लोगों को प्रोत्साहित करें;
- प्राथमिक चिकित्सा सीखें;
- अग्रिम रूप से अपने क्षेत्रों के लिए चिकित्सा सुविधा केंद्र, आग बुझाने का केंद्र, पुलिस थाना और संगठित राहत केंद्रों की पहचान कर लें और उनके साथ संपर्क बनाकर रखें;
- प्रत्येक परिवार के लिए आपदा न्यूनीकरण योजना बनाएँ; और
- प्रत्येक समुदाय को अपने क्षेत्र में हर घर के व्यक्तियों, पालतू जानवरों और ढोरों का रिकॉर्ड रखना चाहिए तथा कमजोर और वृद्ध लोगों की सूची बनानी चाहिए।

भूकंप के दौरान—

- शांत रहें और दूसरों को आश्वासन दें;
- गैस और बिजली के मुख्य प्वाइंटों को बंद कर दें;
- यदि घर के अंदर हैं तो बाहर भय से न भागें, एलिवेटर और लिफ्ट का उपयोग न करें;
- यदि भवन में अंदर हैं, तो मजबूत दरवाजे अथवा कोने में खड़े रहें या मजबूत पलंग अथवा मेज के नीचे रेंग कर चले जाएँ;
- गिरने वाली वस्तुएँ, जैसे—प्लास्टर, ईंटें, किताब रखने के शेल्फ और अलमारी का ध्यान रखें;
- काँच की खिड़कियों, शीशे और चिमनी से दूर रहें;
- यदि बाहर हैं तो ऊँचे भवनों, दीवारों, बिजली के खंभों और अन्य जिन वस्तुओं के गिरने की संभावना हो, उनके पास न जाएँ। यदि संभव हो तो भवनों से दूर खुले स्थान में चले जाएँ; और
- यदि गाड़ी चला रहे हों तो पुल, फ्लाई-ओवर, खंभों, भवनों और पेड़ों से दूर रुकें।

भूकंप के बाद—

- 'उत्तरघात', बाद में आने वाले झटकों (After Shocks) के लिए तैयार रहें, जो यद्यपि सामान्यतः कम परिमाण के होते हैं, परंतु पहले भूकंप के प्रभाव से

अर्द्ध-नष्ट हुई अधिसंरचनाओं के, बाकी बचे हुए मलबे के, उत्तरघात के कारण, गिरने से क्षति पहुँचती हैं;
- आग लगने की घटना जाँच करें;
- घर में हुए नुकसान की जाँच करें–यदि आवश्यक हो तो घर खाली कर दें;
- घायलों की जाँच करें–उनको प्राथमिक उपचार दें, गंभीर रूप से घायलों को न हिलाएँ जब तक कि वे और अधिक चोट लगने के प्रत्यक्ष खतरे में न घिरे हों और जो मलबे में आंशिक रूप से दबे हुए हैं, उनको सावधानीपूर्वक बाहर निकालें;
- सेवा की सभी लाइनों और उपकरणों की जाँच करें; जलाने के लिए माचिस और लाइटर का इस्तेमाल न करें जब तक यह पता न लगे कि गैस कहीं से लीक तो नहीं हो रही है;
- बिजली के नीचे गिरे तार आदि को कभी न छुएँ;
- क्षेत्र में चक्कर लगाएँ और मलबे के नीचे दबे हुए लोगों की आवाजें सुनने की कोशिश करें;
- सभी क्षेत्रों में जाते समय अपने जूते पहनें, विशेषकर मलबे और टूटे हुए काँच के ढेर के पास;
- सरकारी प्राधिकारियों के साथ सहयोग करें–सरकारी अधिकारी, पुलिस और अग्नि शमन सेवा के कर्मचारियों की सहायता और सहयोग के प्रति अनुक्रिया करें;
- क्षतिग्रस्त क्षेत्रों में जाकर भीड़ न लगाएँ जब तक कि मदद के लिए अनुरोध न किया जाए और आपातकालीन कार्य करने के लिए सड़कों को साफ और रुकावट रहित रखें;
- उन लोगों की खोज करें जो नहीं मिल पाए हैं।

शांत रहें, रेडियो/टी.वी. को चालू करें तथा इस पर आने वाली हिदायतों का पालन करें।
- पानी, गैस तथा बिजली के स्विचों को बंद कर दें।
- सिगरेट न पिएँ तथा माचिस की तीली को न जलाएँ अथवा किसी सिगरेट लाइटर का उपयोग न करें।
- स्विच को ऑन न करें क्योंकि गैस लीकेज अथवा शार्ट-सर्किट हो सकता है। टॉर्च का उपयोग करें।
- यदि कहीं आग लगी हो तो इसे बुझाने का प्रयास करें। यदि आप इसे बुझा न सकें तो फायर ब्रिगेड को बुलाएँ।
- ऐसे स्थानों से बचें जहाँ पर बिजली की तारें टूटी पड़ी हों तथा उनके संपर्क में आने वाली किसी धातु की वस्तु को न छुएँ।

'गुल्लीबाबा' नाम क्यों?

'गुल्लीबाबा' दो महत्त्वपूर्ण शब्दों के मेल से बना है – 'गुल्ली' तथा 'बाबा'। 'गुल्ली' शब्द प्राचीन भारतीय खेल गुल्ली-डंडा से आया है। यह खेल 'एकाग्रता' तथा 'फिटनेस' का एक अच्छा प्रतीक है। 'बाबा' शब्द 'आदर' और 'सम्मान' को बताता है।

'एकाग्रता', 'फिटनेस' और 'दूसरों के प्रति सम्मान' जीवन में सफलता की ऊँचाइयों को छूने के लिए आवश्यक हैं। अतः शिक्षा के क्षेत्र में अच्छी उपलब्धि प्राप्त कराने तथा सबको आदर और सम्मान देने के लिए ही 'गुल्लीबाबा' नाम रखा गया है।

और अधिक जानकारी के लिए देखें:

GullyBaba.com/why-name-gullybaba.html

भूकंपः केस अध्ययन

प्रश्न 1. वर्ष 1993 के लातुर भूकंप केस का परीक्षण कीजिए। **(जून-2021)**

उत्तर– 30 सितंबर 1993 की सुबह 3:56 मिनट पर महाराष्ट्र के लातूर में विनाशकारी भूकंप आया था। 6.4 की (रिक्टर पैमाने) तीव्रता वाले भूकंप ने पूरे लातूर में तबाही मचा दी थी।

इस भूकंप का केंद्र किलारी नामक स्थान में जमीन से 15 किलोमीटर नीचे था। भूकंप का सर्वाधिक असर लातूर के औसा ब्लॉक और उस्मानाबाद जिले में हुआ था। ऐसा माना जाता है कि जहाँ भूकंप का केंद्र था, उस जगह कभी एक बड़ा-सा क्रेटर (ज्वालामुखी मुहाना) हुआ करता था। जिस वक्त यह भूकंप आया अधिकतर लोग गहरी नींद में सो रहे थे जिस कारण जान-माल का ज्यादा नुकसान हुआ।

यह भूकंप दूर-दराज क्षेत्रों में जैसे आंध्र प्रदेश और कर्नाटक तक भी महसूस किया गया।

प्रदेश का भूकंपी इतिहास–लातूर प्रदेश का अपना भूकंपी इतिहास है, यद्यपि भौगोलिक रूप से इस क्षेत्र का स्थायी महाद्वीपीय क्षेत्र में स्थिर रहने का इतिहास है। परंतु किल्लरी गाँव, जो 1993 के भूकंप का अधिकेंद्र था, इस गाँव में 1962, 1967 और 1983 में छोटे भूकंप के झटके महसूस किए गए थे। 1992 में यहाँ भूकंपी गतिविधि में थोड़ी वृद्धि हुई थी जब यहाँ अगस्त और अक्तूबर के बीच 125 झटके महसूस किए गए थे, जिसमें अक्तूबर 18, 1992 को 4.5 परिमाण का एक भूकंप भी शामिल था। हल्के झटके के इस भूकंप ने भी घरों को नुकसान पहुँचाया था। नुकसान का मुख्य कारण स्थानीय रूप से वहाँ के घर पत्थरों और मिट्टी के प्लास्टर से बने हुए थे।

1993 के लातूर भूकंप से हुई क्षति–भूकंप के बाद अधिकेंद्र के चारों ओर 20×20 कि.मी. के स्थानीय क्षेत्र में भारी नुकसान की रिपोर्ट मिली थी। यह भूकंप बहुत बड़ी संख्या में ग्रामीण क्षेत्रों के अधिकांश पत्थर से बने घर नष्ट हो जाने के कारण जाना जाता है। लातूर और उसमानाबाद में 52 गाँव मटियामेट हो गए थे। कुछ मिलाकर 29,000 घर नष्ट हो गए थे, जबकि 170,000 घरों में विभिन्न अनुपात में नुकसान हुआ था। इन पत्थर के घरों के ढह जाने से 8000 लोगों की मृत्यु हो गई थी और 16000 लोग घायल हो गए थे।

विशेषकर लातूर और उसमानाबाद के प्रभावित जिलों में आधारभूत संरचनाओं को भी भारी नुकसान पहुँचा था। स्कूल, सरकारी विभाग और ग्राम पंचायत सभी के भवन बुरी तरह से

प्रभावित हुए थे। इस भूकंप में आधारभूत संरचनाओं को हुए नुकसान का अनुमान कम-से-कम ₹22 करोड़ किया गया था।

बचाव और राहत—भूकंप राहत कार्यों के प्रति लोगों ने तुरंत और प्रबल अनुक्रिया दिखाई। महाराष्ट्र सरकार के अधिकारी जिसमें मुख्यमंत्री भी शामिल थे, प्रभावित क्षेत्रों में गए। उन्होंने समुदाय के दुःख को बाँटा तथा नुकसान का आकलन भी किया। प्रशासनिक मशीनरी के सुचारु रूप से कार्य करने को सुविधाजनक बनाने और राहत में रुकावट को रोकने के लिए मुख्यमंत्री ने पास के जिले में ही अपना शिविर स्थापित कर लिया। खोज और बचाव कार्य तथा मलबा हटाने के लिए सेना के जवानों की सहायता ली गई। सेना के जवानों ने नागरिक प्रशासन की आपातकालीन सेवाओं को, जैसे–संचार, बिजली और परिवहन व्यवस्था फिर से शुरू करने में भी सहायता दी। भूकंप की तबाही के दृश्य को देखने आने वाले लोगों की भीड़ के कारण राहत और बचाव कार्यों में बाधा हुई। गाँवों में अधिकांश लोगों के मरने के कारण भी उनके मृत शरीर का निपटान करने में कठिनाई का सामना करना पड़ा। प्रारंभिक अवस्था में मृत शरीरों को जलाने के लिए पर्याप्त मात्रा में लकड़ी उपलब्ध नहीं हुई। क्षतिग्रस्त घरों से निकली हुई लकड़ी का उपयोग लाशों को जलाने के लिए पर्याप्त मात्रा में किया गया था। खुले स्थानों में दाह संस्कार एक साथ किया गया जिसके कारण प्रभावित क्षेत्र में प्रभावित लोगों की स्थिति और भी कठिन हो गई।

प्रभावित गाँवों में लोगों के पास सिर पर छत तक नहीं रही थी। नष्ट गाँवों के पास ही अस्थायी निवास बनाए गए थे। इसी तरह से खाद्य और पेयजल की पर्याप्त पूर्ति के लिए व्यवस्था की गई थी। सेना के जवानों ने आपातकालीन अवस्था में नागरिक सुरक्षा अधिकारियों की प्रभावशाली रूप से सहायता की।

सेना ने मलबे से लगभग 9000 लोगों को बाहर निकाला। इस स्थिति में घायलों का उपचार करने के लिए चिकित्सा दलों को रोग और महामारी रोकने के लिए निवारक उपाय करने हेतु भी बुलाया गया। अस्थायी राहत शरणस्थल, लकड़ी और बाँस के खंभों पर जस्तीकृत लोहे की छत लगाकर बनाए गए। इस अस्थायी निवास स्थान में लातूर और उसमानाबाद के गंभीर रूप से प्रभावित लगभग 30,000 परिवारों को शरण दी गई थी।

भूकंप के बाद ऐच्छिक समूहों ने वास्तव में प्रशंसनीय अनुक्रिया की। जिन समूहों ने तुरंत सहायता दी, वे स्थानीय धार्मिक निकाय और परोपकारी ट्रस्ट थे। इन लोगों ने तुरंत जनता को भोजन खिलाने और उनको आवश्यकता की वस्तुएँ, जैसे–कपड़े और बर्तन आदि देने के कार्यक्रम में भाग लिया। इन संगठनों में अखिल महाराष्ट्र जैन संघ, गुरुद्वारा मंडल, सेवा भावी संस्था, गुरुद्वारा सिद्ध पीठ मुख्य थे। इनके अलावा स्थानीय और अंतर्राष्ट्रीय गैर-सरकारी संगठनों द्वारा भी स्थल पर चिकित्सा दल भेजे गए और वस्तुओं की आपूर्ति की गई।

अन्य श्रेणी के संगठन जिन्होंने सहायता में व्यापक भूमिका निभाई, वे देश के विभिन्न भागों में विकासशील गतिविधियों में शामिल थे। इन संगठनों ने सरकार को दीर्घावधि के पुनर्वास और पुनर्निर्माण कार्यक्रमों में सहायता पहुँचाई। ऐसी परोपकारी और धार्मिक एजेंसियों को कुछ निजी निगमित संस्थान, सार्वजनिक क्षेत्र के संगठनों और अनुसंधान व विकास एजेंसियों ने वित्तीय, आधारभूत संरचना तथा अनुसंधान सहायता प्रदान की।

प्रभावित क्षेत्रों का पुनर्वास—महाराष्ट्र पुनर्निर्माण एक सबसे अधिक व्यापक आपदा न्यूनीकरण की देश की पहली परियोजना थी। यह भूकंप इसलिए भी लोकप्रिय हुआ, क्योंकि

महाराष्ट्र सरकार ने बड़े पैमाने पर भूकंप प्रभावित क्षेत्रों में पुनर्वास कार्य करने के लिए बहुत प्रयास किए थे। प्रभावित क्षेत्र 13 जिलों तक फैला हुआ था, जिसमें विभिन्न स्तरों में क्षतिग्रस्त 2 लाख से भी अधिक घर थे। सावधानीपूर्वक मूल्यांकन करने के बाद महाराष्ट्र सरकार ने नए स्थलों पर 52 गाँवों का पुनर्वास किया। इन स्थलों पर, गाँवों में तीन विभिन्न श्रेणियों के 27,000 घर बनाए गए थे। ये घर लोगों को आर्थिक स्थिति के आधार पर आबंटित किए गए। इस पुनर्वास कार्यक्रम में गैर-सरकारी संगठनों और निजी क्षेत्र का योगदान महत्त्वपूर्ण था। नए रूप से निर्मित गाँवों में जीवन बिताने की सब आवश्यक सुविधाएँ थीं। ये निर्मित घर भूकंपी भवन निर्माण संहिता की अपेक्षाओं के आधार पर ही बनाए गए थे। इसी तरह से बहुत से घरों का पुरानी जगह पर पुनर्निर्माण भी किया गया। इसी प्रकार बहुत बड़ी संख्या में घरों में पर्याप्त और आवश्यक भूकंप रोधन सामर्थ्य प्रदान करने के लिए उनकी मरम्मत की गई। कुल मिलाकर 200,000 घरों (दो लाख) को 2400 गाँवों में पुन: निर्माण निर्माणोपरांत आपदा प्रतिरोधी परिवर्तन, मरम्मत और दृढ़ीकरण करके तैयार किया गया।

  महाराष्ट्र सरकार ने विश्व बैंक, केंद्रीय सरकार, अन्य दानशील संस्था और द्विपक्षीय एजेंसियों से प्राप्त वित्तीय सहायता से महाराष्ट्र आपातकालीन भूकंप पुनर्वास परियोजना (MEERP) की स्थापना की। MEERP ने निम्नलिखित घटकों पर कार्य किया। यह घटक घर-निर्माण, आधारभूत संरचना निर्माण, समुदाय पुनर्वास, आर्थिक और सामाजिक पुनर्वास, तकनीकी (प्रशिक्षण और उपकरण आदि) सहायता और अन्य। इन घटकों पर व्यय का नमूना सारणी में नीचे दिया गया है—

तालिका 10.1 : MEERP के अंतर्गत व्यय का नमूना

घटक	**कुल लागत का प्रतिशत**	**टिप्पणी**
घर-निर्माण	49%	गाँव पुनर्वटन, घरों में मरम्मत, पुनर्निर्माण और आपदा प्रतिरोधी परिवर्तन।
आधारभूत संरचनाओं का निर्माण	22%	सुविधाएँ जैसे सड़कों, गाँवों, स्कूलों, नागरिक सुविधाओं, सिंचाई संरचनाओं, स्मारक आदि की मरम्मत/पुनर्निर्माण।
सामाजिक पुनर्वास	3%	भूकंप से प्रभावित महिलाओं और बच्चों की आवश्यकताओं की ओर ध्यान देने के लिए गतिविधियाँ चलाना और सुविधाओं की व्यवस्था करना जैसे विधवाओं, अनाथों, वृद्ध और विकलांग लोग जो भूकंप से बुरी तरह प्रभावित हुए हों उनका पुनर्वास।
आर्थिक पुनर्वास	2%	प्रभावित समुदाय की जीविका उपार्जन की व्यवस्था करने के लिए कार्य। इन उपायों में जीविका उपार्जन के साधन तुरंत जुटाना, कारीगरों की कुशलता को बढ़ाना और उनका सशक्तिकरण करना ताकि उनके द्वारा तैयार की गई वस्तुओं को बाजार मिल सके।
समुदाय पुनर्वास	3%	स्थानीय स्तर पर अनिवार्य सेवाएँ फिर से उपलब्ध कराने के लिए कार्य और सामग्री की लागत है।
तकनीकी सहायता	5%	नमूना बनाना, परियोजना घटकों की निगरानी और पर्यवेक्षण, अन्य परामर्शी सेवाओं और उपकरण मुहया करना, जिसमें महाराष्ट्र राज्य के लिए आपदा प्रबंधन कार्यक्रम का विकास और भारत सरकार के लिए भूकंपी मॉनीटरिंग और अनुसंधान कार्यक्रम शामिल है।
अन्य	16%	विविध लागत
योग	**100**	

MEERP के प्रत्येक घटक का ब्यौरा निम्न प्रकार से है–

- **घरों का निर्माण और मरम्मत**–पुनर्वास कार्यक्रम के अंतर्गत 49 गाँवों को नए स्थलों पर, जिसमें 23,000 घरों में अनिवार्य आधारभूत संरचनाओं और सुविधाओं की व्यवस्था की गई, पुनर्वासित किया गया। 1,80,000 घरों में भूकंप प्रतिरोधन की क्षमता वाले आपदा प्रतिरोधी परिवर्तन किए गए, 29,600 घरों का पुनर्निर्माण किया गया।
- **आर्थिक पुनर्वास**–इसमें अनुदान के आधार पर कारोबार क्षति, कृषि संबंधी नुकसान, जैसे–छोटे उपकरण, बैलगाड़ियों और कुँओं की मरम्मत और पुनर्निर्माण तथा ढोर, भेड़-बकरियों की पुनर्स्थापना शामिल है।

- **अधिसंरचना**–इस योजना में अन्य आधारभूत संरचनाएँ, जैसे–स्कूल, स्वास्थ्य केंद्र, समाज सेवा सुविधाएँ, सड़क, सार्वजनिक भवनों और पुल आदि का पुनर्निर्माण, मरम्मत और उनको मजबूत बनाने के लिए कार्य किए गए।
- **सामुदायिक पुनर्वास**–इसके अंतर्गत प्रभावित समुदाय के लिए अनिवार्य सेवाएँ पुनः स्थापित करने में प्रयुक्त सामग्री और कार्यों की लागत की पूर्ति का प्रावधान था।
- **सामाजिक पुनर्वास**–इस शीर्ष के अंतर्गत भूकंप से प्रभावित वृद्ध, कमजोर महिलाओं और बच्चों की आवश्यकताएँ पूरी करने के लिए विशेष सुविधाएँ और गतिविधियों के लिए प्रावधान किया गया था। इसके साथ ही सभी प्रभावित जिलों में विभिन्न सुविधाओं के सुधार के लिए भी राशि इसमें नियत थी। विभिन्न सामाजिक सुविधाओं को फिर से शुरू करने, जैसे– वृद्धगृह, बालिका-सदन, विकलांग-आवास और महिलाओं के लिए समुदाय केंद्र।
- **तकनीकी सहायता, प्रशिक्षण और उपकरण**–इसमें आपदा प्रशिक्षण के अतिरिक्त परियोजना घटकों की रूपरेखा, पर्यवेक्षण और मॉनीटरिंग के लिए प्रावधान था। इसमें महाराष्ट्र राज्य के लिए आपदा प्रबंधन कार्यक्रम के विकास के लिए और भारत सरकार के लिए भूकंपी मॉनीटरिंग और अनुसंधान कार्यक्रम का प्रावधान था।

MEERP के अंतर्गत महाराष्ट्र सरकार राज्य में आपदा न्यूनीकरण के लिए क्रियाविधियाँ संस्थापित कर सकी थी। इस योजना के तहत कुछ उपयोगी सफलताओं की सूची निम्न प्रकार से है–

- पुणे में यशवन्तराव चवान एकेडमी ऑफ डेवलपमेंट एंड एडमिनिस्ट्रेशन (YASHADA) और मंत्रालय में आपातकालीन प्रचालन केंद्र की स्थापना।
- सभी जिला मुख्यालयों में जिला नियंत्रण कक्षों की स्थापना।
- संपूर्ण राज्य के लिए संचार नेटवर्क की स्थापना जिसमें बेतार और सैटेलाइट नेटवर्क शामिल हैं।
- खंड स्तर पर और उससे व्यापक सूचना प्राप्त करने के लिए भौगोलिक सूचना पद्धति पर आधारित आपदा प्रबंधन सूचना पद्धति (DMIS) की स्थापना की।
- 2 प्राथमिक स्वास्थ्य केंद्र और 11 उप-स्वास्थ्य केंद्र भी रेड क्रॉस ने स्थापित किए।
- रेड क्रॉस संस्था ने भूकंप प्रभावित इलाके में 2724 बैंड के तीन ग्रामीण पताल बनवाए।

अन्य सहायता–मुंबई स्थित जेएनए वायरलेस एसोसिएशन ने एक विशेष मिशन खड़ा किया था। भूकंप के राहत कार्य के लिए ऑटोमोबाइल कंपनी महिंद्रा एंड महिंद्रा ने वाहनों की सुविधा दी थी जिसका उद्देश्य बचाव कार्य के लिए जारी सामानों को पहुँचाना था। ये मुंबई ओमर्गा तक पहुँचे थे।

भूकंप के बाद स्थिति सामान्य करने के लिए किसानों के लिए 46.55 लाख दिया गया था। वहीं, 299 लोगों को मवेशी दिए गए थे, क्योंकि उनकी रोजी-रोटी का साधन पूरी तरह खत्म हो चुका था।

राष्ट्रीय आपदा प्रबंधन प्राधिकरण भी लातूर भूकंप के बाद ही देश में स्थापित किया गया था।

इस विनाशकारी भूकंप की सूचना सबसे पहले एमेच्योर रेडियो के स्टेशन हैदराबाद और मुंबई से दी गई थी। इसी रेडियो की टीम ही सबसे पहले प्रभावित इलाके के पास ओमर्गा पहुँची थी जहाँ से सभी भूकंप प्रभावित इलाके के लोग सड़क पर आए थे।

प्रश्न 2. वर्ष 2001 के भुज भूकंप केस का परीक्षण कीजिए।

उत्तर– भारत जिस वक्त 52वाँ गणतंत्र दिवस मना रहा था, गुजरात का भुज क्षेत्र भूकंप से हिल उठा। भुज भूकंप के केंद्र से सिर्फ 12 कि.मी. दूर बसा शहर है। इस भूकंप का रिक्टर स्केल पर परिमाण 6.9 था और इसकी फोकसी गहराई पृथ्वी के नीचे 25 कि.मी. गहरी थी। यह सीमारेखा वाला भूकंप था, जो 'मध्य' और 'तीव्र' प्रभाव के बीच की श्रेणी का था। इस भूकंप का अधिकेंद्र भुज शहर के पास स्थित था। यह क्षेत्र कच्छ के पश्चिमी क्षेत्र में स्थित है। इस भूकंप के झटके नेपाल तक महसूस किए गए।

(1) प्रदेश का भूकंपी इतिहास—यह भूकंप से प्रभावित क्षेत्र, देश के पाँचवें भूकंपी जोन में आता है जो भारत के भूकंपी जोन मानचित्र का अत्यधिक जोखिम वाला क्षेत्र है। इस क्षेत्र में पहले भी बहुत से भूकंप घटित हुए थे। सारणी में इस क्षेत्र के कुछ मुख्य भूकंपों की सूची दी गई है—

तालिका 10.2: गुजरात के कच्छ प्रदेश में महत्त्वपूर्ण भूकंप

वर्ष	परिमाण	अक्षांश	रेखांश
1819	8.0	24.00	70.00
1845	6.0	24.00	69.00
1847	6.5	21.40	75.00
1864	6.0	24.00	70.00
1903	6.0	24.00	70.00
1938	6.3	21.60	75.00
1956	7.0	23.30	70.20

(2) भुज भूकंप के कारण क्षति—सन् 2001 का भुज भूकंप प्रबल मात्रा में जान और माल के बड़ा नुकसान का कारण बना था। प्रारंभिक अवस्था में 20,000 लोगों की मृत्यु की रिपोर्ट प्राप्त हुई थी। 1 लाख 67 हजार लोग विभिन्न प्रकार की चोटों से घायल हुए थे। अनुमान के अनुसार पाँच लाख से अधिक घर क्षतिग्रस्त हो गए थे और तीन लाख से अधिक घर नष्ट हो गए थे। लगभग 9600 प्राथमिक स्कूल, 2040 सैकंडरी स्कूल और 140 तकनीकी शिक्षा और उच्च शिक्षा के संस्थान भूकंप से क्षतिग्रस्त हो गए थे। ग्रामीण जलापूर्ति व्यवस्था में भी भारी क्षति की रिपोर्ट प्राप्त हुई थी। औद्योगिक क्षेत्र में भी इसी प्रकार की क्षति और विनाश देखा गया था, जहाँ बड़ी संख्या में लघु, मध्यम और वृहत् पैमाने के उद्योगों के भवन नष्ट हो गए थे। कुटीर उद्योग और दस्तकारी से संबद्ध अधिसंरचना भी प्रभावित हुए थे। इसके अतिरिक्त, सुविधाएँ, जैसे—सड़क, दूरसंचार और विद्युत गतिहीन हो गए थे। गुजरात के बहुत सारे शहरों में क्षति हुई थी। राज्य का सबसे बड़ा शहर अहमदाबाद, हालाँकि भुज से 300 कि.मी. की दूरी

पर था, उसमें भी बहुत नुकसान हुआ था। गुजरात देश के औद्योगिक नगरों की संख्या में द्वितीय स्थान पर है; पर उस पर भारी मात्रा में प्रतिकूल सामाजिक-आर्थिक प्रभाव पड़ा था। गुजरात राज्य के कुल नुकसान की लागत का प्राथमिक अनुमान, ₹15000 करोड़ आँकी गई थी। वास्तव में नुकसान बहुत होता, परंतु भुज में जनसंख्या कम थी। हालाँकि भूकंप का उद्गम केंद्र गहरा था और यह दिन के समय घटित हुआ था, जब लोग जगे हुए थे और छुट्टी होने की वजह से खुले मैदान में थे। इसके बावजूद भी यह देश का सबसे भयंकर भूकंप था, जो गुजरात में घटित हुआ था, जिसमें जान-माल का बहुत नुकसान हुआ था। भूकंप से गुजरात राज्य में एक बड़े इलाके और हजारों लोगों को लील कर लिया।

(3) **बचाव और राहत**–यहाँ बचाव और राहत कार्यों के अंतर्गत आरंभिक प्रयास; दूरसंचार, बिजली जलापूर्ति तथा कानून और व्यवस्था जैसी अनिवार्य सेवाओं को, प्रभावित क्षेत्र में, फिर से शुरू करने से संबंधित थे। विभिन्न विभागों के अनेक कार्मिकों को राहत और बचाव कार्य में लगाया गया था। सेना के इंजीनियरों की 36 इकाइयाँ, अर्द्ध-सैनिक दलों की 34 कंपनियाँ, 3000 से अधिक पुलिस के जवान, 2600 होमगार्ड, 480 इंजीनियर, 120 वरिष्ठ प्रशासनिक अधिकारी, 11000 से अधिक प्रशासन के और अन्य कर्मचारी इन राहत कार्यों में लगे हुए थे। देश के सभी भागों में चिकित्सा दल यहाँ पहुँच गए थे। इतने बड़े राहत कार्य का समन्वय करने के लिए, राज्य मुख्यालय और अन्य स्थानों में अनेक नियंत्रण कक्षों की स्थापना की गई थी/फिर से सक्रिय बनाया गया था। राहत सामग्री भेजने के अतिरिक्त, खोज और बचाव कार्यों के अंतर्गत उपकरण भेजने की राष्ट्रीय और अंतर्राष्ट्रीय समुदाय द्वारा दी गई सहायता सराहनीय है।

गुजरात राज्य एक सुस्थापित औद्योगिक क्षेत्र है, इसलिए आपदा पश्चात् प्रबंधन में निजी औद्योगिक घरानों ने भी राज्य सरकार को सभी संभव सहायता प्रदान की थी। कुछ निजी कंपनियों ने प्रभावित गाँवों को अपना लिया था और वहाँ पर पुनर्निर्माण और पुनर्वास के कार्य कराए थे। गुजरात में बहुत ही प्रभावी गैर-सरकारी संगठनों का नेटवर्क है। इस नेटवर्क में महत्त्वपूर्ण गैर-सरकारी संगठन, जैसे–स्व-रोजगार महिला संघ (SEWA), जो राज्य के सभी भागों में कार्यरत है। इसके अतिरिक्त, अन्य गैर-सरकारी संगठन भी हैं। गैर-सरकारी संगठनों के नेटवर्क द्वारा प्रभावित लोगों में पुन: विश्वास जगाने और उनकी माँगों को पूरा करने में पूर्ण रूप से सहयोग दिया।

(4) **पुनर्निर्माण और पुनर्वास**–प्रभावित क्षेत्रों के पुनर्निर्माण और पुनर्वास के लिए गुजरात सरकार ने जो नीति अपनाई थी, उनमें से निम्न पर ध्यान केंद्रित किया गया था–

   (क)   घर बनाने के संबंध में स्पष्ट पुनर्निर्माण नीति।
   (ख)   जीविका-उपार्जन के विकल्पों का पुनर्निर्माण और अर्थव्यवस्था को पुन: जीवित करना।
   (ग)   सार्वजनिक सेवाओं का पुनर्निर्माण।
   (घ)   सामुदायिक सहभागिता और गैर-सरकारी संगठनों एवं निजी क्षेत्र की विशेष भूमिका।
   (ङ)   अपनाई गई नीति के मुख्य लक्षणों की प्राप्ति के लिए संस्थागत व्यवस्थाएँ।

फरवरी 2001 में भूकंप के बाद के पुनर्निर्माण और पुनर्वास कार्यों की देख-रेख करने के लिए एक उच्च निकाय गुजरात राज्य आपदा प्रबंधन प्राधिकरण (GSDMA) का गठन मुख्यमंत्री

की अध्यक्षता और मुख्य सचिव के अंतर्गत केंद्रीय कार्यान्वयन समूह के सदस्यों के साथ किया गया जिनका महत्त्वपूर्ण कार्य था–विभागों की गतिविधियों को समन्वित करना।

प्रभावित समुदाय का सामाजिक और आर्थिक पुनर्वास करना और उनकी बस्तियों को फिर से बसाना ही GSDMA का मुख्य उद्देश्य है। इसमें नए घर बनाना, अधिसंरचनाओं का निर्माण, आर्थिक और सामाजिक पुनर्वास के साथ अन्य संबंधित कार्यक्रम भी शामिल है। GSDMA को लंबी अवधि के लिए आपदा की तैयारी की नीति को ध्यान में रखते हुए, आपदाओं में होने वाली क्षति को कम करने के लिए, कार्यक्रम तैयार करने का भी दायित्व सौंपा गया था।

प्राकृतिक आपदाओं में हुई क्षति के कारणों का अध्ययन करने के लिए और आपदा न्यूनीकरण निवारक उपायों का सुझाव देने के लिए भी GSDMA अपेक्षित है.

अध्याय 11
भूस्खलन

प्रश्न 1. भूस्खलन के कारणों का वर्णन कीजिए।

(जून-2018), (जून-2019), (जून-2021)

उत्तर– भूस्खलन भी एक प्राकृतिक घटना है। भूस्खलन चट्टान, मलबे या पृथ्वी की एक ढलान गतिविधि है। वे उन सामग्रियों की विफलता के परिणामस्वरूप होते हैं, जो पहाड़ी ढलान को बनाते हैं और गुरुत्वाकर्षण बल द्वारा संचालित होते हैं। भूस्खलन को भूस्खलन, ढलान या ढलान विफलता के रूप में भी जाना जाता है। क्रोजिन और ग्लेड (Crozun and Glade, 2005) ने बताया है कि 'सामान्य शब्दों में, भूस्खलन खतरे के स्पेक्ट्रम के एक छोटे लेकिन महत्त्वपूर्ण घटक को उत्पन्न करता है और जोखिम को बढ़ाता है जिसका मानव जाति को सामना करना पड़ता है। भूस्खलन दुनिया भर में मामूली विघटन से लेकर सामाजिक और आर्थिक तबाही तक जीवन और आजीविका के लिए खतरा है। भूस्खलन के कुछ सबसे सामान्य प्रकार हैं पृथ्वी की स्लाइड, चट्टान गिरना और मलबे का बहाव। भूस्खलन सामग्री की गति अचानक ढहने से अलग हो सकती है, और धीरे-धीरे स्लाइड (Gradual Slides) से लेकर लगभग अवांछनीय अत्यंत तीव्र गति तक हो सकती है। चेतावनी की कमी के कारण अचानक और तेजी से होने वाली घटनाएँ सबसे खतरनाक होती हैं और जिस गति से सामग्री ढलान के साथ-साथ इसके परिणामस्वरूप प्रभाव के बल पर जा सकती है। अत्यंत धीमी गति से भूस्खलन से केवल एक वर्ष में मिलीमीटर या सेंटीमीटर ही जाया जा सकता है और कई वर्षों में सक्रिय हो सकता है। हालाँकि इस प्रकार का भूस्खलन लोगों के लिए खतरा नहीं है, हालाँकि, वे संपत्ति को काफी नुकसान पहुँचा सकते हैं। सिक्किम, भूटान तथा नेपाल जैसे पहाड़ी क्षेत्रों में भूस्खलन के कारण प्रायः मार्ग अवरूद्ध हो जाते हैं।

भूस्खलन प्राकृतिक एवं मानवीय कारणों से हो सकता है। मलबे के प्रवाह में वे एक शिलाखंड (Single Boulder) से एक चट्टान गिरने या दस से लाखों क्यूबिक मीटर की सामग्री को पार करते हैं। वे अपनी सीमा में भी भिन्न हो सकते हैं, कुछ बहुत ही स्थानीय रूप से होते हैं और एक बहुत छोटे क्षेत्र या पहाड़ी ढलान को प्रभावित करते हैं जबकि अन्य बहुत अधिक क्षेत्रीय क्षेत्रों को प्रभावित करते हैं। भूस्खलन सामग्री द्वारा यात्रा की गई दूरी भी कुछ सेंटीमीटर से लेकर कई किलोमीटर तक यात्रा की सामग्री, पानी की मात्रा और ढलान के ढाल के आधार पर काफी भिन्न हो सकती है। ढलान सामग्री जो पानी से संतृप्त हो जाती है, मलबे

के प्रवाह या मिट्टी के प्रवाह में विकसित हो सकती है। चट्टान और कीचड़ के परिणामस्वरूप घिसने वाले पेड़, घर और कारें उठा सकते हैं, इस प्रकार पुल और सहायक नदियाँ इसके मार्ग में बाढ़ का कारण बन सकती है। भूस्खलन तब होता है जब ढलान एक स्थिर से अस्थिर स्थिति में बदल जाती है। ढलान की स्थिरता में बदलाव कई कारकों के कारण हो सकता है।

भूस्खलन के प्राकृतिक कारणों में शामिल हैं—

- ढलान को अस्थिर करने वाले भूजल (Pure Water) दबाव में वृद्धि।
- ऊर्ध्वाधर वनस्पति संरचना, मिट्टी के पोषक तत्त्वों, और मिट्टी की संरचना की हानि या अनुपस्थिति (जैसे एक जंगल की आग के बाद - जंगलों में 3-4 दिनों तक आग लगना)।
- नदियों या समुद्र की लहरों द्वारा ढलान के आगे का सिरा।
- बर्फ के पिघलने, ग्लेशियरों के पिघलने या भारी बारिश से संतृप्ति के माध्यम से ढलान का कमजोर होना।
- भूकंप के स्थिर रूप से स्थिर ढलान में भार जोड़ना
- भूकंप के कारण होने वाली द्रवीकरण ढलान को अस्थिर कर देता है
- ज्वालामुखी विस्फोट

भूस्खलन मानव गतिविधियों से बढ़ जाता है, जैसे कि—

- वनों की कटाई, दोषपूर्ण खेती और गैर-कल्पित निर्माण, जो पहले से ही कमजोर ढलानों को अस्थिर करते हैं।
- मशीनरी या ट्रैफिक या ब्लास्टिंग से कंपन
- पृथ्वी का कार्य जो ढलान के आकार को बदल देता है, या जो मौजूदा ढलान पर नया भार डालता है
- निर्माण, कृषि या वानिकी गतिविधियाँ (लॉगिंग) जो मिट्टी में रस जाने (Infiltrating) वाले पानी की मात्रा को बदल देती हैं।

प्रश्न 2. भूस्खलन के प्रभावों का वर्णन कीजिए।

अथवा

भूस्खलन से होने वाले प्रभावों का उल्लेख कीजिए।

उत्तर— भूस्खलनों के प्रतिकूल प्रभावों को ध्यान में रखते हुए इस बात पर ध्यान दिया जाना चाहिए कि भूस्खलन दूरस्थ पर्वतीय क्षेत्रों में होते हैं जहाँ कठिन भू-भाग तथा प्रतिकूल भौतिक और जलवायु स्थितियाँ होती हैं। अधिक ढालू ढलानों, कमजोर मिट्टी अथवा पर्वतों की घाटियों से निकलने वाले झरनों के मुंहानों पर निर्मित बस्तियाँ संवेदनशील होती हैं।

अधिकांश मामलों में नुकसान भवनों को हो सकता है, हालाँकि उनकी नींव मजबूत होती है। इसके अतिरिक्त, आधारभूत संरचना के तत्त्व, जैसे—भंगुर पाइप अथवा नीचे जमीन खोद कर बनाई गई जनता की सुविधाएँ भी इस संवेदनशीलता को बढ़ा देती हैं। उपर्युक्त स्थितियों को ध्यान में रखते हुए, भूस्खलनों के प्रतिकूल प्रभावों को दो भागों में विभाजित किया जा सकता है, जैसे कि प्रत्यक्ष प्रभाव और अप्रत्यक्ष प्रभाव।

भूस्खलन से भौतिक क्षति के साथ-साथ जन-धन की हानि भी होती है। प्रत्यक्ष प्रभावों में भूस्खलन के मार्ग में आने वाली अथवा उसके ऊपर जो भी हो, उसका पूरा विनाश शामिल होता है। भूस्खलन से निकला मलबा संचार की लाइनों को नुकसान पहुँचाता है और सड़क मार्ग को अवरुद्ध कर देता है तथा पानी की नालियों में अवरुद्धता प्रतिकूल प्रभावों के साथ आकस्मिक बाढ़ उत्पन्न कर देती है। भूस्खलन की आपदा में मृत्यु व्यापक रूप से नहीं होती, सिवाय इसके जब भूस्खलन के साथ भूकंप अथवा ज्वालामुखी की आपदा भी घटित हो जाए। लोगों की मृत्यु तब अधिक होती है जब संवेदनशील क्षेत्रों में, जनसंख्या दबाव के कारण, बस्तियाँ बनाई जाती हैं। इस संदर्भ में लोगों की मृत्यु, भवनों के ढहने अथवा भूस्खलन के मलबे में दबने से होती है। सारणी भूस्खलन की गति-दर से संबंधित सड़क के मार्ग के नुकसान की तीव्रता को प्रदर्शित करती है। भूस्खलन प्रभावित क्षेत्रों में विकास कार्य अवरुद्ध हो जाता है। प्राकृतिक पर्यावरण तथा राष्ट्रीय अर्थव्यवस्था पर गहरा प्रभाव पड़ता है।

भूस्खलन की गति की दर के आधार पर भूस्खलन सड़क मार्ग को प्रभावित करते हैं और यह इन आँकड़ों (सारणी) से स्पष्ट हो गया है। अत्यधिक तीव्र भूस्खलन के मामले में, क्षति का स्तर बहुत अधिक होता है और यह सड़क मार्ग और आस-पास के क्षेत्रों को पूरी तरह नष्ट कर देता है जिससे लोगों और वाहनों के लिए अपना बचाव करके एकदम निकलना संभव नहीं हो पाता जबकि भूस्खलन की बहुत कम गति दर में यदि मरम्मत जल्दी करने वाली नहीं है तो रख-रखाव से सड़क मार्ग चालू किया जा सकता है। भूस्खलन द्वारा सड़क पर हुए नुकसान का प्रभाव लोगों की सामाजिक-आर्थिक गतिविधियों पर पड़ता है जिसके परिणामस्वरूप गाँव के अलगाव घरों का पुनर्स्थापन, व्यक्तियों को सुरक्षित स्थान पर पहुँचाने के कार्य, आवश्यक वस्तुओं के अधिक मूल्य जैसी स्थितियाँ उत्पन्न हो जाती हैं। सुविकसित सड़कों के नेटवर्क में पर्याप्त विकास कार्य अथवा घुमावदार रास्तों में कुछ अनुकूलनीयता करने से इन प्रभावों में कमी लाई जा सकती है।

प्रत्यक्ष प्रभावों के चलते भूस्खलनों का अप्रत्यक्ष प्रभाव लोगों के जीवन चक्र में, घरों को क्षति, संपत्ति का विनाश और ऐसे ही दैनिक जीवन में विकास गति रुक जाने जैसी बाधाएँ उत्पन्न करता है। इसके अलावा इससे कृषि, पोल्ट्री, लघु-उद्योग अथवा वन उत्पाद में क्षति होती है; उच्च खतरे के क्षेत्रों में वास्तविक संपत्ति मूल्य में कमी; झरनों और सिंचाई सुविधाओं में परिवर्तन और बाढ़ आने की स्थितियाँ पैदा हो जाती हैं। भूस्खलन सड़कों और अन्य आधारभूत संरचनाओं को नुकसान पहुँचाता है। इससे ऊपरी ढलानों और पुल टूटने के कारण सड़क पर मलबा गिरने से सड़क मार्ग अवरुद्ध हो जाता है अथवा सड़क की आधारभूत संरचना के नष्ट हो जाने से सड़क अवरुद्ध हो जाती है जिससे यातायात रुक जाता है। इस प्रकार भूस्खलन अप्रत्यक्ष रूप से लोगों की दैनिक गतिविधियों पर नकारात्मक प्रभाव उत्पन्न करता है।

तालिका 11.1: भू-स्खलन गति दर के संबंध में सड़क मार्गों की क्षति

क्षति का वर्गीकरण	क्षति का स्तर	भू-स्खलन की गति दर	सड़क मार्ग के विशिष्ट प्रभाव
(1)	अतिसूक्ष्म	अत्यधिक मंद	• दैनिक, आवधिक रख-रखाव। • उपकरणों के बिना गति का संसूचन नहीं हो सकता।
(2)	नगण्य	बहुत मंद	• रख-रखाव सड़क को खुला रखता है। जल निकास संरचनाएँ सामान्यत: क्षतिग्रस्त नहीं होती। • मरम्मत कार्य सामान्यत: तत्काल नहीं होता।
(3)	हल्का	मंद	• सड़क को संभवत: बहुत कम समय तक बंद रखा जाता है। • गति के दौरान मरम्मत कार्य सुरक्षित रूप से किया जा सकता है।
(4)	मध्यम	मध्यम	• समग्र सड़क मार्ग स्थिरता प्रभावित हो सकती है, यदि सुधार कार्य तुरंत शुरू नहीं किया जाता। • कार्यकर्त्ताओं की सुरक्षा की निगरानी आवश्यक है।
(5)	गंभीर	तीव्र	• सड़क मार्ग बंद हो जाते हैं और क्षेत्र को तुरंत खाली करा दिया जाता है। • सुधार कार्य करना असुरक्षित होता है जब गति जारी रहती है।
(6)	बहुत गंभीर	अधिक तीव्र	• सड़क मार्ग नष्ट हो जाते हैं। • पैदल यात्री और मोटरों के लिए साफ निकल जाना मुश्किल हो जाता है। • सुधार कार्य विस्तृत, कठिन और अधिक अवधि तक चलने वाला होता है।
(7)	विपत्तिपूर्ण	अत्यधिक तीव्र	• संपूर्ण सड़क मार्ग और आस-पास के क्षेत्रों का विनाश। • मोटरों, पैदल यात्री और घरों में रहने वालों का बचकर निकलना असंभव। • मरम्मत नहीं की जा सकती।

प्रश्न 3. भारत में भू-स्खलन आपदा प्रबंधन का परीक्षण कीजिए।

(फरवरी-2021)

उत्तर— भू-स्खलन एक प्राकृतिक आपदा है, जिसमें अपार जन-धन की हानि होती है। यह एक ऐसी क्रिया है, जिसकी बड़ी मात्रा में भूमि के ऊपरी परत ढाल की ओर सरकने लगती

है। ढालू भागों में जब वहाँ के पेड़ों को काट लिया जाता है, तो मिट्टी का संगठन कमजोर हो जाता है। कारण यह है कि वृक्षों की जड़ें मिट्टी को मजबूती से जकड़े रहती है। मिट्टी की पकड़ खत्म होने तथा वर्षा ऋतु में जल के मिल जाने पर मिट्टी बड़ी मात्रा में ढाल की ओर खिसकने लगती है। धरातल की ऊपरी पतली परत के ढाल की ओर इस प्रकार खिसकने की क्रिया को भू-स्खलन कहते हैं। हमारे देश में हिमालय पर्वतीय क्षेत्र में शिवालिक पहाड़ियों तथा पश्चिमी घाटों में भू-स्खलन अधिक देखने को मिलता है। जबकि चट्टानों का भू-वैज्ञानिक इतिहास और उस स्थान पर वर्षा के मौसम के इतिहास का प्रभाव किसी भी क्षेत्र में भूस्खलन की घटनाओं पर पड़ता है। इसलिए देश के विभिन्न भागों में भूस्खलन घटित होने की घटनाओं में विभिन्नता देखने को मिलती है जैसा कि निम्न सारणी में उल्लेख किया गया है–

तालिका 11.2: भारत में भू-स्खलन की घटनाएँ

प्रदेश	**भू-स्खलन की घटनाएँ अथवा प्रदेशों की भू-स्खलन के प्रति संवेदनशीलता**
हिमालय	अधिक और बहुत अधिक
उत्तर-पूर्वी पहाड़	अधिक
पश्चिमी घाट और नीलगिरि	मध्यम से अधिक
केरल, पूर्वीघाट और विंध्याचल	कम

आपदा-पूर्व, आपदा न्यूनीकरण की तैयारी से भूस्खलन के कारण उत्पन्न होने वाले खतरे को रोकने अथवा न्यूनतम करने में सहायता मिलती है। इससे यह भी सुनिश्चित होता है कि भूस्खलन आपदा के प्रतिकूल प्रभावों से समुदाय के लोग शीघ्र ही सामान्य हो सकें। आपदा न्यूनीकरण का प्रभावी कार्यक्रम सभी संबद्ध संगठनों–सरकारी, गैर-सरकारी संगठन और समुदाय की सहभागिता पर आधारित होता है। व्यापक आपातकालीन प्रबंधन घटकों में तैयारी, अनुक्रिया, पुनरुत्थान और आपदा न्यूनीकरण की गतिविधियाँ शामिल होती हैं। आपदा से निपटने के लिए तैयारी से संबंधित कार्य जिसमें समुदाय को शिक्षित और जागरूक करना, जोखिम क्षेत्रीकरण मानचित्र तैयार करना, अत्यधिक संवेदनशील बस्तियों को पुनः स्थापित करना, कमजोर संरचनाओं को मजबूत करना, संभव रुकावटों को हटाना, पर्याप्त जल निकास सृजित करना, मॉनीटरिंग करना और चेतावनी देना, समुदाय की सहभागिता और सहयोग तथा सतर्कता शामिल होते हैं।

भूस्खलनों से होने वाली आपदाओं से निपटने का उत्तरदायित्व राज्य सरकार और जिला अधिकारियों का होता है। केंद्रीय सरकार, राज्य सरकार की स्थिति के अनुसार वित्तीय अथवा अन्य सहायता देती है। पहले, भूस्खलनों के संबंध में विशेषतः आपदा प्रबंधन कार्यविधियों के बारे में जानकारी स्पष्ट नहीं थी। इससे संबंधित अधिकांश कार्य घटना के बाद प्रभावित समुदायों के लिए सिर्फ क्षतिपूर्ति के रूप में पुनर्वास और लघु अवधि के लिए राहत देने का प्रावधान था।

पहले की अपेक्षा अब भूस्खलन आपदा प्रबंधन पर बहुत ध्यान दिया जा रहा है। भूस्खलन खतरा न्यूनीकरण के लिए राष्ट्रीय कोर समूह की पहली बैठक 5 अक्तूबर 2004 को गृह मंत्रालय के सचिव (बॉर्डर रोज मैनेजमेंट) की अध्यक्षता में हुई थी। भूस्खलन के खतरों को

रोकने और न्यूनीकरण के लिए, इस समूह ने भूस्खलन जोखिम क्षेत्रीकरण के लिए एक समान पद्धतियों को अंतिम रूप देने के लिए कार्य किया, जैसे—मध्य पैमाने पर भूस्खलन जोखिम क्षेत्रीकरण के लिए पद्धतियाँ विकसित करना; भूस्खलन की घटना होने पर उपाय सुझाने के लिए त्वरित अनुक्रिया की तैयारी करना; भूस्खलन खतरा न्यूनीकरण योजना विकसित करना; पुन: घटित होने वाले भूस्खलनों की मॉनीटरिंग करना; जागरूकता लाना; प्रारंभिक चेतावनी देने की व्यवस्था विकसित करना और व्यवस्था स्थापित करना।

भारत सरकार ने कोयला और खान संचार सं. 11(5)04-M.I. दिनांक 29.1.2004 के तहत भूस्खलन आपदा प्रबंधन के संबंध में भारतीय भू-वैज्ञानिक सर्वेक्षण (Geological Survey of India-GSI) को उचित समन्वय करने के लिए, एक केंद्र एजेंसी के रूप में नियत किया था। यह निर्णय लिया गया कि कोई भी भूस्खलन जोखिम क्षेत्रीकरण निर्दिष्ट पैरामीटरों के अनुकूल ही किया जाए और इसको सुनिश्चित करने के लिए यह कार्य GSI के अनुमोदन द्वारा अंतिम रूप दिया जाएगा।

GSI द्वारा लिया गया प्रमाण गृह मंत्रालय की सहमति मिलने पर जागरूकता पैदा करने वाली योजना का विकास करेगा और मीडिया आंदोलनों, बैठकों और कार्यशालाओं के द्वारा सभी स्तरों पर आपदा प्रवण क्षेत्रों में जागरूकता उत्पन्न करने के लिए जागरूकता संबंधी कार्यक्रमों का आयोजन करेगा।

भारतीय मानक ब्यूरो (Bureau of Indian Standard-BIS) द्वारा बड़े पैमाने पर भूस्खलन जोखिम क्षेत्रीकरण की रीति संहिताएँ निर्धारित की गई हैं। भारतीय भू-वैज्ञानिक सर्वेक्षण ने इन रीति संहिताओं के प्रावधानों को लागू किया है और इनमें तदनुसार समीक्षा करने के लिए कुछ सुझाव भी दिए हैं। ब्यूरो, मध्यम पैमाने पर, भूस्खलन जोखिम क्षेत्रीकरण के प्रावधानों को निर्धारित करेगा।

GSI राज्य सरकारों के साथ मिलकर बड़े क्षेत्रों का शीघ्र मूल्यांकन करने, अधिक कठिन ढलानों को पहचानने और क्षेत्रों को प्राथमिकता के आधार पर नियत करने के लिए कार्य करेगा। नेशनल रिमोट सेंसिंग एजेंसी द्वारा GSI को दूर संवेदी आँकड़े उपलब्ध करवाए जाएँगे और भारतीय सर्वेक्षण विभाग अपेक्षित पैमानों पर भूस्खलाकृतिक नक्शे उपलब्ध करवाने का उत्तरदायित्व निभाएगा।

भूस्खलन आपदा न्यूनीकरण योजना बनाने के लिए GSI अन्य तकनीकी समितियों और संबद्ध संस्थाओं के साथ मिलकर भारत के विभिन्न क्षेत्रों के लिए भूस्खलन खतरा न्यूनीकरण के लिए मार्गदर्शी सिद्धांतों का एक विशिष्ट सेट निर्धारित करेगा। सभी केंद्रीय और राज्य सरकारों के मंत्रालयों (विभागों/एजेंसियों) को इनका अनुपालन करना होगा। ये अनुमोदित संस्तुतियाँ सरकार के स्थायी आदेश के रूप में जारी की जाएँगी जिनका अनुपालन सभी केंद्रीय और राज्य सरकारों की एजेंसियों के लिए पालन करना आवश्यक होगा।

भूस्खलनों की पुनरावर्ती की मॉनीटरिंग करने के लिए, जो नदियों का रास्ता अवरुद्ध करती हैं और संचार मार्गों के लिए खतरा बनती हैं, भूस्खलन आपदा न्यूनीकरण योजना के लिए 10 स्थलों पर 1:500 से 1:200 के पैमाने पर GSI द्वारा मानचित्रण का कार्य आरंभ किया जाएगा।

GSI मुख्यालय का एक मुख्य कार्य भूस्खलनों की घटना घटित होने पर, तीव्र अनुक्रिया के लिए, तुरंत किए जाने वाले उपायों का सुझाव देने हेतु और क्षेत्र कार्यालयों में नियंत्रण कक्ष

स्थापित करना है। ये अपने संचार संपर्क को भी उन्नत करेंगे और अपने नियंत्रण कक्षों को गृह मंत्रालय और राज्य सरकारों के नियंत्रण कक्षों के साथ जोड़ेंगे। भूस्खलन की सभी घटनाओं की रिपोर्ट राज्य और केंद्रीय सरकार की एजेंसियों, जैसे–बोर्डर रोड ऑर्गेनाइजेशन (BRO) और सी. पी.डब्ल्यू.डी. (CPWD) द्वारा GSI को दी जाएगी। रिपोर्ट प्राप्त होते ही GSI भूस्खलन की घटनाओं पर रिपोर्ट करने के लिए कार्यविधियों को केंद्र और राज्य सरकार की एजेंसियों को बताएगा। भूस्खलन घटना की एक सूची भी GSI द्वारा राज्य सरकारों एवं अन्य एजेंसियों के परामर्श से विकसित की जाएगी। तीव्र ढ़ालों पर लंबाई में दीवारें खड़ी करना ताकि ऊपर से खिसक कर आने वाला मलबा बीच में रूक जाए और भवनों को नुकसान न हो। जहाँ पर भू-स्खलन की घटनाएँ ज्यादा होती हैं उनकी तीव्रता एवं बारंबारता को प्रदर्शित करने वाले मानचित्रों को बनाकर जन सामान्य में प्रचार किया जाना चाहिए। इन सबके अतिरिक्त वृक्षारोपण एवं घास उगाने से जड़ें मिट्टी को पकड़ लेती हैं और भूस्खलन कम होता है।

❑❑❑

भूस्खलन: केस अध्ययन

प्रश्न 1. शिवालिक पहाड़ियों में भूस्खलनों पर एक टिप्पणी लिखिए।
(दिस.-2018), (जून-2020), (फरवरी-2021)

उत्तर– शिवालिक रेंज पहाड़ियाँ भारत के पश्चिम उत्तर दिशा में 1600 किलोमीटर से अधिक दूरी में स्थित हैं। यह पहाड़ियाँ सिक्किम, नेपाल के पश्चिम उत्तर दिशा में स्थित हैं। यह पर्वत श्रेणी अनेक नदियों द्वारा विभाजित हैं। इसमें घग्गर नदी सबसे बड़ी है। घग्गर नदी के पश्चिम में शिवालिक पर्वत श्रेणियाँ दीवार की तरह स्थित हैं। सिरसा, व्यास जैसी नदियाँ इस पर्वत श्रेणी को विभाजित करती हैं। यह पर्वत शृंखला कांगलोमरेट और बलुआ पत्थर की बनी हुई है। इसके पत्थर कच्चे हैं। वर्षा होने पर दलदल बन जाता है। शिवालिक पर्वत श्रेणियों में कई जीवाश्म भी पाए गए हैं।

इन क्षेत्रों में वर्षा कम होती है और इसलिए वर्ष के अधिकांश समय ढलान असंतृप्त अवस्था में रहते हैं। सामान्यत: ऐसी स्थितियाँ भूस्खलन और ढलान के ढहने में सहायक सिद्ध नहीं होती हैं। फिर भी ढलान अस्थिरता की बहुत-सी समस्याएँ इन पहाड़ियों में देखी गई हैं। यह देखा गया है कि कुछ पहाड़ी के ढलान, तूफान के कुछ घंटों के बाद ढह जाते हैं। इन विफल ढलानों पर, उच्च वोल्टता की संप्रेषण लाइनें होती हैं। ऐसी विफलता से संभवत: संप्रेषण टॉवरों की नींवों की स्थिरता खतरे में पड़ जाती है। इसलिए इस समस्या पर ध्यान केंद्रित करने की जरूरत है। इन पहाड़ी क्षेत्रों और संप्रेषण टॉवरों के स्थान की भौगोलिक स्थिति को एक विशिष्ट रूपरेखा में दिखाया गया है। इस क्षेत्र में लगभग 15 स्थानों पर ढलान स्थिरता की समस्याओं का सामना करना पड़ा, जहाँ पंजाब राज्य विद्युत बोर्ड (PSEB) के उच्च वोल्टता संप्रेषण टॉवर स्थित है। संप्रेषण लाइनों के कुछ संप्रेषण टॉवर जो रोपड़ के थर्मल संयत्र को गोविंदगढ़ से जोड़ते हैं। यह देखा गया है कि वर्षा के बाद कुछ ढलानों में एकदम ढहने की घटनाएँ घटित हुई थीं।

चित्र 12.1: शिवालिक पहाड़ियों में संप्रेक्षण टावरों के विशिष्ट स्थान

ढलान की स्थिरता को साधारणत: यह मानकर परिकल्पित किया जाता है कि ढलान संतृप्त अवस्था में है, जो सामान्यत: अत्यधिक बुरी स्थिति प्रदर्शित करता है जबकि इस वर्तमान क्षेत्र में, ढलान सामान्यत: असंतृप्त अवस्था में ही रहते हैं। इसलिए पहाड़ियों के ढलानों की स्थिरता का आकलन, परंपरागत ढलान स्थिरता विश्लेषण के साथ वैटिंग फ्रंट के वेधन के लिए अपेक्षित समय को ध्यान में रखकर किया जाता है। इस नए उपागम से सुरक्षा कारक का वास्तविक मूल्यांकन, असफल क्रियाविधि की पहचान और भविष्य में ढलान की स्थिरता की भविष्यवाणी की जा सकती है। इन पहाड़ी ढलानों पर जहाँ संप्रेषण टॉवर स्थित है, इनके स्थिरीकरण के लिए उचित उपाय व तकनीकी का प्रयोग किया गया।

(1) क्षेत्र का स्थल विवरण, जलवायु और भू-विज्ञान–यह क्षेत्र निम्न पहाड़ के नीचे मैदानी भाग से बना है, जिसकी ऊँचाई गहरे पार्श्व वाली ढलानों के घाटी के तल से 50 से 100 मीटर ऊपर होती है, जो 45° से उसके पास के उर्ध्व तक भिन्नता वाली होती है। यह पहाड़ी अलग से और अन्य पहाड़ियों के झरनों से काफी दूर स्थित है, इसलिए यहाँ तक पहुँचना कठिन है। इस क्षेत्र में औसत वर्षा 1000 मि.मी. तक होती है जो अधिकांशत: जुलाई, अगस्त और सितंबर के महीनों में होती है। भूजल का तल घाटियों में स्थित होता है। अधिकांश स्थानों में चट्टान का रूपण बलुआ पत्थर की तहों से बना होता है। कुछ स्थानों पर, यह रूपण घूसर बलुआ पत्थर और लाल मिट्टी की परतों से बना होता है। साधारणत: बलुआ पत्थर के तल की मोटाई अधिक होती है जो 5 से 10 मीटर तक के बीच होती है, जिसके बाद 1 से 2 मीटर मोटी शैल की पतली तह होती है। घाटी के तल के पास साधारणत: मिट्टी होती है। बहुत से स्थानों में, इन पदार्थों ने अपने चट्टानी लक्षण खो दिए हैं और इनका मिट्टी जैसे स्थलों के रूप में अपक्षयन हो गया है। उद्भासित बलुआ पत्थर की तहें बारीक रेत-सी टूट जाती हैं और यहाँ तक कि हाथ से मसली भी जा सकती हैं। मिट्टी की सामग्री बहुत सख्त रूप से जुड़ी होती है और उसमें कम संभावना होती है। कई स्थानों पर, मिश्रित अथवा परिवर्तनीय तहें होती हैं, जहाँ बलुआ पत्थर और मिट्टी की तहें अंतर्मिश्रित होती हैं। वहाँ अपक्षयन के कारण पूर्वनिर्मित तहों की सक्षमता में गंभीर क्षति हो जाती है।

(2) पदार्थ के गुणधर्म–पदार्थ के गुणधर्म के प्रेक्षण हेतु बालू पत्थर के खंडों को काटकर अनेक अक्षुब्ध नमूने विभिन्न गहराइयों से इकट्ठे किए गए थे। जल निष्कासित स्थितियों में, अपरूपण सामर्थ्य पैरामीटर का अपरूपण, परीक्षण द्वारा, मूल्यांकन किया गया था। प्राप्त किए अधिकांश नमूने आपेक्षिक रूप से उच्च असंतृप्त अवस्था में थे, उनमें नमी का

अवशोषण होने दिया गया, ताकि वे अपरूपित होने से पूर्व संतृप्त हो जाएँ। सीधे अपरूपण परीक्षण के अंत में, संतृप्तता की मात्रा 95-99 प्रतिशत तक पाई गई थी। परिणाम बताते हैं कि अपरूपण सामर्थ्य, जो प्रभावी संसंजन और घर्षण लक्षणों द्वारा प्रदर्शित होती है, व्यापक रूप से भिन्न-भिन्न पाई गई जो चट्टान नमूने के अपक्षयन की मात्रा पर निर्भर करती है। सामर्थ्य पैरामीटर के आधार पर बालू पत्थर को तीन नमूनों में विभाजित किया जाता है, जैसे कि जमे हुए बालू पत्थर, जमी हुई और रेतीली मिट्टी। भूमि का जल स्तर घाटियों में अथवा पहाड़ी के आधार पर पाया गया था, इसलिए सतह के पास पदार्थ की आर्द्रता की मात्रा बहुत कम पाई गई थी।

ढलान का संतृप्त अवस्था में होना स्थिति को खराब करता है जो ढलान के ढहने और भूस्खलन की घटना के लिए सहायक होती है। अध्ययन के अंतर्गत इस मामले में, असंतृप्तता की मात्रा आरंभिक रूप से उपस्थित रहती है और प्रारंभ में छेद का दाब नगण्य होता है। फिर भी, जैसे ही वर्षा का जल ढलान में नीचे को स्रवित होता है, उससे संतृप्तता का क्षेत्र बन जाता है और आर्द्रक स्थिति बढ़ती जाती है। यदि अंत:स्रवण द्वारा पर्याप्त पानी की मात्रा उपलब्ध होती है तो ढलान क्षेत्र में संतृप्तता का एक क्षेत्र अथवा पॉकेट बन जाता है। इस तरह अधिकतम संभव छेद के दाब संपूर्ण ढहने वाली सतह अथवा उसके किसी भाग पर मौजूद हो सकते हैं।

(3) ढलान विफलता की क्रियाविधि–ढलान की विफलता (ढहने) की क्रियाविधि से संबंधित निम्नलिखित अवलोकन किए जा सकते हैं– (क) वर्षा के तूफान की लंबी अवधि के पहले मौजूद स्थानीय जलवायु की स्थितियाँ। चूँकि संतृप्तता के गहरे क्षेत्रों का विकास नहीं हो सकता इसलिए गंभीरस्थ विफलता की प्रभावना नहीं होती। (ख) कई बार ऐसा हो सकता है कि पारगम्यता और अंत:स्रवण की अनुकूल स्थितियों के अंतर्गत बाहरी 3 मीटर के ढलान की तरह संतृप्त हो सकती है। यह भी परीक्षणों से मालूम हुआ है कि इन तहों में अधिक मात्रा में अवक्षयन उद्भासन के द्वारा होता है। चूँकि इनमें कम संसंजन होता है जिसके परिणामस्वरूप उथली विफलताओं की अधिकतम मोटाई 2-3 मीटर की होती है और जिसकी वर्षा के तूफान के बाद एकदम अथवा उसके दौरान ढहने की संभावना होती है। (ग) इस क्षेत्र में व्यावहारिक अनुभव इस बात की पुष्टि करते हैं कि ढलान के पाश्र्वों में अनेक उथली विफलताएँ होती हैं। (घ) चूँकि टॉवरों की नींव मोटे रूप में ढलान के किनारे से 10-20 मीटर दूर स्थित होती है इसलिए उनकी नींवों के क्षतिग्रस्त होने की संभावना बहुत कम होती है। (ङ) उथले ढलान की विफलताएँ, एक ही स्थान पर बार-बार होने से साइज में बढ़ सकती हैं। उपचारी उपायों द्वारा यह सुनिश्चित किया जाना चाहिए कि इन उथली विफलताओं में ऐसी वृद्धि का विस्तार नहीं होगा।

(4) उपचारी उपाय–विश्लेषण के अनुसार ढलानों की विफलता संतृप्त क्षेत्रों के विकास जल के अंत:स्रवण के परिणामस्वरूप होती है। इसके अतिरिक्त, यह देखा गया है कि कुछ स्थानों पर ढलान से नीचे पानी बहने के कारण कटाव क्रिया से अपरदन अवनालिका बन जाती हैं। इस तरह ढलान की स्थिरता और उसके बाद संप्रेषण टॉवरों की नींवों की स्थिरता को निम्नलिखित कारकों से खतरों का सामना करना पड़ सकता है–(क) उथली स्लाइडों की अवनत वृद्धि, जो ढलान के पार्श्व की ओर होती हैं; और (ख) पानी के प्रवाह द्वारा हुए अपरदन के कारण बने गड्ढों के गहरे होने और उनकी वृद्धि रोकने में कमी। कुछ मामलों में

उथली विफलता अपरदन गड्ढे में उस समय रूपांतरित हो सकती है, जब भू-भाग की स्थितियाँ पानी को स्लाइड-आउट क्षेत्र में नीचे प्रवाहित होने दें।

ढलानों की विफलता को नियंत्रण स्वरूप, ढलान में पानी के अंतःस्रवण को कम करने के लिए तल के पर्याप्त जल निकास पर जोर दिया गया था जिस पर टॉवर स्थित थे। पानी को उपयुक्त प्राकृतिक निकास से बाहर निकालने के लिए तल का उचित श्रेणीकरण और तल पर घास की वृद्धि को बढ़ावा देने के द्वारा ढलान में पानी के अंतःस्रवण को कम करने और उस पर नियंत्रण करने जैसे उपचारी उपाय प्रदान किए गए। रोक बाँधों के साथ अपरदन कटाव और अवनालिका संबंधी समस्याओं का समाधान भी किया गया।

भारत सरकार ने ऐसे क्षेत्रों की पहचान की है जहाँ बार-बार भूस्खलन होते हैं, उसका नक्शा खींचा गया है जिसे लैंडस्लाइड हजार्ड जोनेशन (Landslide Hazard Zonation) का नाम दिया गया है। एनडीएमए ने भी भूस्खलन और बर्फ की चट्टानों के खिसकने की घटनाओं के प्रबंधन से जुड़े विस्तृत दिशा-निर्देश बनाए हैं ताकि इन आपदाओं की विनाशक क्षमता को नियंत्रित किया जा सके। भूस्खलन के जोखिम को कम करने वाले उपायों को संस्थागत रूप देने की कोशिश हो रही है जिससे इन प्राकृतिक आपदाओं से होने वाली क्षति को कम किया जा सके।

इन दिशा-निर्देशों में सभी कार्यों को समयबद्ध तरीके से पूरा करने के लिए कई नियामक और गैर-नियामक रूपरेखाएँ तय की गई हैं। इसमें कुछ उपायों को तो रोजाना तौर पर आजमाने की बात कही गई है। मसलन, तूफानी बारिश के पानी को ढलानों से दूर रखा जाए, नालियों की नियमित तौर पर सफाई करके उसमें से प्लास्टिक, वृक्षों के पत्ते और दूसरे कचरे निकाले जाएँ। नागरिकों के लिए भी कुछ जरूरी सलाह जारी किए गए हैं, जैसे–गड्ढों को खुला न रखें और छतों पर पानी जमा करने से बचें। इनके अलावा ज्यादा से ज्यादा वृक्षारोपण जिसकी जड़ें मिट्टी की पकड़ को मजबूत बनाती हैं, चट्टानों के गिरने के सर्वाधिक संभावित क्षेत्रों की पहचान और चट्टानों में आने वाली दरारों की निगरानी जैसे उपाय भी बड़े कारगर साबित होते हैं।

प्रश्न 2. मणिपुर-नागालैंड में NH-39 पर भूस्खलन की घटनाएँ होने के भौगोलिक कारणों की विवेचना कीजिए।

अथवा

भूस्खलन की घटनाओं का स्थल विवरण, प्रभाव व उपायों का उल्लेख कीजिए। ये किस प्रकार के क्षेत्रों में अधिक होते रहते हैं?

अथवा

भूस्खलन की घटनाओं और पहाड़ी ढलानों में ढलान स्थिरता को प्रभावित करने वाले कारकों का वर्णन कीजिए।

उत्तर– मणिपुर-नागालैंड में NH-39 पर भूस्खलन–असम-नागालैंड और मणिपुर को सड़क मार्ग से जोड़ने वाला 436 कि.मी. का राष्ट्रीय राजमार्ग संख्या 39 (NH-39) एक ही राजमार्ग है जहाँ से माल भरे ट्रक सड़क से जा सकते हैं। मणिपुर और नागालैंड राज्य एक-दूसरे से जुड़े हुए हैं इसलिए राष्ट्रीय राजमार्ग 39 ही वहाँ दोनों राज्यों के लिए जीवन चलाने का माध्यम है। NH-39 राष्ट्रीय राजमार्ग को म्यांमार की लाइफलाइन भी कहा जाता है। खोंगनैम

(मणिपुर) से विशेमा (नागालैंड) के राजमार्ग–39 के भाग में जमीन धँसने और भूस्खलन की अनेक घटनाएँ घटित होती रहती हैं। इससे माओ क्षेत्र में भूस्खलन और माओ तथा खोंगनैम के बीच की सड़क के बड़े भाग के बड़ी मात्रा में धँसने के कारण अनिवार्य वस्तुओं का मुक्त प्रवाह अवरोधित हो जाता है। इसी कारण Border Road Organisation–BRO द्वारा राजमार्ग–39 के इस भाग को धँसने वाला क्षेत्र घोषित कर दिया है।

राजमार्ग–39 का निर्माण दूसरे विश्वयुद्ध के दौरान, अंग्रेजों द्वारा किया गया था। अस्थायी लघु अवधि के लिए तथा उनकी तत्काल आवश्यकता को ध्यान में रखकर, किसी उचित सर्वेक्षण और लंबी अवधि के प्रभावों के अध्ययन के बिना बनवाया गया था। दोनों प्रदेशों की अनिवार्य आवश्यकताओं का माल लाने के लिए कोई भी विकल्पी मार्ग नहीं है, जिससे इस क्षेत्र के लोगों को भूस्खलन के दौरान अनेक समस्याओं से जूझना पड़ता है।

राजमार्ग–39 अनेक उत्तर-पूर्वी राज्यों के लिए एक महत्त्वपूर्ण भाग है। भूस्खलन इस राजमार्ग को प्रत्येक वर्ष यातायात के लिए अवरोधित कर देते हैं। इस क्षेत्र में वर्षा भारी मात्रा में होती है, क्षेत्र की औसत वार्षिक वर्षा 2000 मि.मी. तक होती है और संचयित वार्षिक वर्षा 3000 मि.मी. तक होती है। वर्षा का मौसम मई से सितंबर तक रहता है। यहाँ एक दिन में 600 मि.मी. की असाधारण वर्षा होती है और इसी से बड़े पैमाने पर भूस्खलन की घटनाएँ ट्रिगर होती हैं।

स्थल विवरण और क्षेत्र का भू-विज्ञान–यह क्षेत्र कई विवर्तनिक खंडों से निर्मित है, जिसमें से प्रत्येक खंड के विशेष विवर्तनिक स्तरिक क्रम के लक्षण होते हैं जो निम्न सारणी में दिए गए हैं। यह क्षेत्र विवर्तनिक रूप से सक्रिय है जैसा कि इस तथ्य से मालूम होता है कि यहाँ चार प्रमुख दबाव क्षेत्र हैं, जैसे–नागा दबाव, सैनिक-चौंगलिएम्स दबाव, फिफिमा दबाव और हैफलॉग-डिसंग दबाव जो क्षेत्र में केवल 33 कि.मी. स्थित है। इस दबाव के प्रभाव की दूरी सामान्यतः कई किलोमीटर होती है। ये दबाव एक-दूसरे के बहुत ही निकट स्थित हैं और ये सब एक साथ मिलकर क्षेत्र पर भारी संयुक्त प्रभाव डाल सकते हैं। ये सभी चारों दबाव राजमार्ग के आर-पार हैं।

सामान्यतः नागा क्षेत्र तृतीयक से छोटी भूमि का क्षेत्र है जो भू-आकृतिकीय लक्षणों पर भू-वैज्ञानिक संरचनाओं और शैल विज्ञानी सेट अप द्वारा नियंत्रित होता है। डिसांग रूप के शैल और बलुआ पत्थर प्रत्यावर्तन क्षेत्र में ढलान के भंजन द्वारा प्रदर्शित होते हैं। चोटियों के शिखर पर जल निकास सामान्यतः तियर्क नमूने के होते हैं जो साधारणतः मोटे स्तरीय बलुआ पत्थर के होते हैं।

तालिका 12.1 : शैल इकाइयों का विवर्तनिक-स्तरिक क्रम

विवर्तनिक खंड	स्तरिक क्रम
असम शेल्फ फेसिस	एलुवियम, नेमसंग और गिरूजन रूपण
....	**नागा दबाव**..
बागती विवर्तनिक खंड	भुबन, बोकाबिल टीपेम, टिपगिरूजन, डिहिंग, रूपण एवं अवर्गीकृत क्वाटरनेरी
....	**सैनिस-चौंगीलीएम्स दबाव**....................
चंगकी विवर्तनिक खंड	लैसंग, जेनम, रेंजी रूपण
....	**फिफिमा दबाव**..
फिफिमा विवर्तनिक खंड	जेनम रूपण
....	**हैफलॉग-डिसंग दबाव**...............................
आंतरिक तह की पट्टी	डिसंग और लैंसाग रूपण

जलवायु और वर्षा–इस क्षेत्र की अधिकतम जलवायु मानसूनी है। क्षेत्र की जलवायु उप-पर्वतीय (Sub-montane) से ठंडे तापमान के रूप बदलती रहती है, जो शीत ऋतु में 8° सेल्सियस और गर्मी में 40° सेल्सियस के तापमान तक होती है। औसत वार्षिक वर्षा 2000 मि. मी. तक होती है जो मुख्यत: मई से सितंबर तक होती है और अक्तूबर में बहुत कम वर्षा होती है। वर्ष के शेष भाग में वर्षा असामान्य नहीं है। शीत ऋतु के दौरान तुषार और कोहरे के बादल आम घटना हैं।

पदार्थ के गुणधर्म–क्षेत्र में ढलान और मलवा पदार्थ सामान्यत: विभिन्न साइज के ग्रे शेल के टुकड़ों के बने होते हैं जो मिट्टी के साथ मिश्रित होती है। शैल के लगभग सभी स्लाइड स्थलों में देखे गए हैं, जहाँ ऊपर के मलवा पदार्थ सरक कर नीचे आ जाते हैं। शैल रूपण सामान्यत: ग्रे शैल से बना होता है। भूस्खलन का स्थान जो राजमार्ग पर 217 कि.मी. पर है, वहाँ की मिट्टी के इंजीनियरी गुणधर्म सारणी में दिए गए हैं।

तालिका 12.2: NH-39 पर (217 कि.मी. पर) भू-स्खलन स्थल की मिट्टी के इंजीनियरी गुणधर्म

क्र.सं.	गुणधर्म	मान
(1)	द्रव सीमा (प्रतिशत में)	41
(2)	सुघट्यता सूचकांक (प्रतिशत में)	21
(3)	संसंजन (KN/m^2)	8
(4)	अंतर-घर्षण का कोण (ϕ) डिग्री	31
(5)	मिट्टी का वर्गीकरण (IS के अनुसार)	Cl

भूस्खलन–

- हालाँकि राजमार्ग-39 अनेक स्थानों पर अस्थिर क्षेत्रों में से गुजरता है, परंतु 214 कि.मी. तक सड़क के धँसने से और भूस्खलन के कारण कोई प्रमुख खतरा उत्पन्न नहीं होता है।

- 11 जुलाई, 2004 को सुबह 6 बजे सड़क की बनावट में 270 मीटर तक दरारें देखी गई थीं जिससे सड़क धँस गई थी। धीरे-धीरे सड़क की दरारें चौड़ी होती गईं और 10 मीटर लंबी सड़क 1.5 मीटर तक नीचे धँस गई थी।
- पर्वतीय और घाटी क्षेत्र का निरीक्षण करने पर गंभीर दरारें मिलीं जो 214.24 और 214.51 कि.मी. के बीच विकसित हुई थीं और संचार लाइनें टूट गई थीं। सड़क की लंबाई में 11 से 27 जुलाई 2004 तक बराबर धँसान होता रहा। इसी बीच लगभग 310 मि.मी. के लगभग वर्षा भी हुई।

धँसना भूस्खलन का प्रभाव—धँसने/भूस्खलन के प्रभाव से 80 घर, जिसमें कुछ स्थायी भवन भी थे, उनकी गंभीर क्षति हुई थी और 130 परिवार बेघर हो गए थे। 300 गाड़ियाँ जो अनिवार्य आवश्यकता की वस्तुएँ ढो रही थीं, वे रास्ते में ही लगभग 10 दिनों तक फँस गई थीं। यद्यपि सड़क को यातायात के लायक बना दिया गया था, फिर भी वर्षा के दौरान क्षेत्र के धँसने से विशेषकर वस्तुओं से भरे भारी वाहनों को बहुत-सी कठिनाइयों का सामना करना पड़ा था।

तत्काल उपाय—जहाँ से सड़क टूट गई थी, वहाँ से भी सड़क क्षतिग्रस्त पहले ही अधिक मात्रा में हो चुकी थी, इसलिए यातायात की गति बुरी तरह से प्रभावित हुई थी। एक ही रास्ते से आने-जाने वाले यातायात के साधनों के लिए सड़क के धँसे हुए क्षेत्र को मिट्टी से भर कर ठीक किया गया था जिससे भारी वाहनों को वहाँ से निकलने में परेशानी न हो।

सीखे गए पाठ—

- सड़क गंभीर रूप से क्षतिग्रस्त हुई थी, यदि उसे तुरंत ठीक न किया जाता तो वह अगली आने वाली वर्षा में बिल्कुल नष्ट हो जाती। यह न केवल दो राज्यों की राजधानियों, कोहिमा और इम्फाल, के बीच सड़क के यातायात को प्रभावित करता बल्कि संपूर्ण क्षेत्र को बुरी तरह से प्रभावित करता। इसलिए भूस्खलन को रोकने के लिए जरूरी है कि दीर्घ अवधि के उपायों को अपनाया जाए।
- ऊँची पहाड़ी और निचली पहाड़ियों के ढलानों पर झरनों के लिए और सतह पर जल निकास नालों के लिए उचित स्थान की पहचान करने की आवश्यकता है और ऐसे उपाय अपनाए जाने चाहिए जो जल निकास शीघ्र संभव कर सके ताकि वर्षा का पानी इकट्ठा न हो पाए।
- झरनों और वर्षा का अधिकांश पानी ढलान संहति द्वारा शीघ्र ही अवशोषित कर लिया जाता है, जो उप-सतह जल की गति को संभव करता है और अवमृदा में जल-स्थैतिक दाब को बढ़ा देता है। ऐसा जल-झरनों के रूप में अथवा उप-सतह जल प्रणाली के रूप में किसी अन्य स्थान पर आगे ढलान से नीचे की ओर निकल जाता है और ढलान के नीचे बहुत-सी ढलान के पदार्थों को बहा देता है। इस घटना को पाइपिंग (Piping) कहते हैं। इसलिए अवमृदा नदी की गति को उपयुक्त रूप से उप-सतह जल निकास अथवा खोद कर बनाई गई नालियाँ उपलब्ध करके नियंत्रित किया जाना चाहिए।
- ढलान संहति में अत्यधिक नमी ढलान, 'पदार्थों की अपरूपण' सामर्थ्य को कम कर देती है। इसलिए ढलान में, 'पानी के अंतःस्रवण' को कम करने के प्रयास

और अन्य संरचनाओं के भार को ढलान पर कम करने तथा वस्तुओं को ढोने वाले, 'वाहनों के अतिभारण' को रोकने के लिए प्रयास करने की आवश्यकता है।

- क्षेत्र में विकसित दरारों और विदरों को अवमृदा में पानी के अंतःस्रवण को न्यूनतम करने के लिए सील बंद कर दिया जाना चाहिए।
- स्खलन क्षेत्रों और अन्य समान स्थलों में स्तरीय चट्टानों की गहराई को निश्चित करने के लिए भू-भौतिकी उपकरणों का उपयोग किया जाना चाहिए। इस प्रकार के सर्वेक्षण से अवमृदा में पाई जाने वाली नमी और जल प्रणाली के बारे में जानकारी प्राप्त करने में सहायता मिलेगी। इससे भविष्य में किए जाने वाले निर्माणों के लिए और उपचारी उपायों को विकसित करने के लिए अधिक वास्तविक आधार प्राप्त होगा।

व्यावहारिक रूप में 'क्या करें' और 'क्या न करें' के रूप निर्देश निम्न प्रकार से उल्लेखित किए गए हैं–

'क्या करें'–

- पहाड़ों में से जाती हुई सड़कों पर यात्रा करते समय सावधानी बरतें और देखें कि ढलानों पर अथवा सड़कों पर दरारों जैसे लक्षण तो नहीं है तथा नालियाँ बंद तो नहीं हैं या कोई रिसाव तो नहीं हो रहा है।
- पानी का अंतःस्रवण रोकने के लिए दरारों और विदरों को सील बंद कर दें।
- जल निकास प्रणाली को सदैव अवरोध से मुक्त रखें।
- पहाड़ी सड़कों पर उचित यातायात गति के लिए और अतिभारित वाहनों से उत्पन्न कंपनों को कम करने के लिए मंद ग्रेडिएंट रखें।
- गंभीर तथा संवेदनशील स्थानों में सदैव विकल्पी मार्ग का ध्यान रखें, जो भूस्खलन जोखिम क्षेत्रीकरण अध्ययन पर आधारित होना चाहिए।

'क्या न करें'–

- स्खलन-प्रभावित ढलान पर खेती न करें/न ही ढोर चराएँ।
- स्खलन-प्रभावित क्षेत्रों में नालियों के प्रवाह-मार्ग न बनाएँ।
- उतार ढलानों के शिखर पर सरके हुए पदार्थों को एकत्रित न करें।
- स्खलन के टो से पदार्थों को न काटें अथवा न हटाएँ।

अध्याय
13

अवधाव

प्रश्न 1. अवधाव संकट न्यूनीकरण और प्रबंधन से आप क्या समझते हैं?

(जून–2018)

उत्तर– अवधाव नीचे की ओर बढ़ने पर नीचे की और बढ़ता है जो शक्ति और गति प्राप्त करता है। यह एक छोटी स्लाइड को पूर्ण विकसित आपदा में बदल सकता है। अवधाव एक आवर्ती घटना है। अवधाव के संकट को सक्रिय और निषक्रिय पद्धतियों के द्वारा कम किया जा सकता है। अवधावों पर प्रभावी नियंत्रण केवल सक्रिय पद्धतियों के द्वारा ही संभव है, जिनमें अनिवार्य रूप से संरचना, वनरोपण और कृत्रिम रूप से नियंत्रित रिलीज/ट्रिगर शामिल है। ये पद्धतियाँ बहुत महँगी होने के बावजूद भी इस भू–भाग लक्षणों के कारण अनुपालन के लिए बहुत कठिन हैं। कुछ स्थानों पर इन पद्धतियों का अनुपालन लॉजिस्टिक समस्याओं के कारण नहीं किया जा सकता। अवधाव को नियंत्रित करने के लिए किसी भी मामले में सक्रिय पद्धति को इस्तेमाल करने से पहले लागत के मुकाबले, संरक्षण के लिए प्राप्त सुविधाओं को ध्यान में रखकर अपनाने की आवश्यकता होती है।

जबकि संरचनात्मक नियंत्रण अथवा वनरोपण, ढलानों पर स्थित हिम की फिसलने और सरकने की गति को अवरोधित करते हैं और मंदक और अपवर्ती संरचनाएँ जैसा कि नाम से दृष्टिगोचर होता है, प्रवाही अवधाव को मंद कर देती हैं और उसके प्रवाह की दिशा को बदल देती हैं। कृत्रिम रूप से ट्रिगर करने की क्रिया को अवधाव के बड़े और विस्मयकारी अनुपात तक पहुँचने से पहले कम करने में सफलता मिलती है। यह बाद की पद्धति आपेक्षिक रूप से सस्ती है। आपदा प्रबंधन के अंतर्गत निष्क्रिय और सक्रिय पद्धतियों का विवरण निम्नलिखित है–

(1) निष्क्रिय पद्धतियाँ–निष्क्रिय पद्धतियों में अवधाव जोखिम के बारे में 'जागरूकता जगाना', अवधाव के खतरे के बारे में 'समय पर पूर्वानुमान' और 'सुरक्षा तथा बचाव' पद्धतियों के लिए प्रशिक्षण देना शामिल है।

(क) **जागरूकता**–लोगों में सामान्यत: अवधाव की घटना और उसके लिए 'सुरक्षा और बचाव' के उपाय करने की जानकारी बहुत कम होती है। 1980 के प्रारंभ में हिमाचल प्रदेश में किए गए अध्ययन से यह मालूम हुआ है कि लोग ठंड के मौसम में घरों में रहना अधिक पसंद करते हैं और बाहर जब निकलते हैं तो बहुत सावधानी बरतते हैं। फिर भी ठंड के मौसम के पर्यटन और ठंड में

बर्फीले क्षेत्रों में व्यापार, सैर-सपाटे, क्रीड़ा और सुरक्षा के लिए यह अवधारणा पुरानी हो गई है। अतः सभी संबद्ध स्थानीय लोगों और अन्य संबद्ध संगठनों को अवधाव आपदा के विभिन्न पहलुओं के प्रति जागरूक होना चाहिए। जागरूकता बढ़ाने के प्रयासों में विभिन्न स्तरों पर फिल्म दिखाना, कक्षाएँ लगाना, पोस्टर बनाना और उनका प्रदर्शन करने जैसी प्रशिक्षण सहायक सामग्री के साथ जागरूकता कार्यशालाएँ आयोजित करना शामिल है। जागरूकता कार्यक्रम निम्नलिखित क्रियाकलापों के आधार पर आयोजित किए जा सकते हैं।

(i) **ठंड के मौसम से पूर्व अवधाव जागरूकता कार्यक्रम**—जिला और ग्रामीण स्तर पर उपयोगकर्त्ताओं को शिक्षित करने के लिए 2 या 3 दिन के जागरूकता कार्यक्रम ठंड का मौसम शुरू होने से पहले आयोजित किए जाने चाहिए। इन कार्यक्रमों में अवधाव के प्रकार, अवधाव स्थल, उनका पिछला इतिहास, अवधाव घटनाएँ और पिछली घटी दुर्घटनाओं के बारे में तथा आपदा घटित होने की स्थिति में ध्यान में रखी जाने वाली सावधानियों के बारे में स्पष्ट वर्णन होना चाहिए। ऐसे कार्यक्रमों (पाठ्यक्रम) के दौरान अवधाव संवेदी क्षेत्रों में बचाव तकनीकों, आपातकालीन घटनाओं के बारे में भी प्रशिक्षण दिया जाना चाहिए। सामान्य क्षेत्रों में अवधाव सेवा संबंधी संगठनों के बारे में जानकारी देनी चाहिए, जिसमें अवधाव पूर्वानुमान जारी करने के बुलेटिनों और उनकी व्याख्या के बारे में सूचना की जानकारी शामिल होनी चाहिए। साथ ही संचार माध्यमों के द्वारा, विशेषकर दूरदर्शन और आकाशवाणी के द्वारा विषय से संबंधित विशेषज्ञों द्वारा चर्चा एवं वार्ताएँ आयोजित की जानी चाहिए। ऐसी वार्ताएँ बहुसंचार माध्यमों से पिछली आपदाओं के प्रदर्शन दिखाते हुए नियमित रूप से आयोजित की जानी चाहिए। उपयोगकर्त्ताओं के बीच जागरूकता विकसित करने के लिए जो खर्च किया जाता है, वह स्वयं उसके योग्य होता है क्योंकि ठंड से पहले आयोजित इस तरह के व्यापक कार्यक्रम बड़ी संख्या में जीवन रक्षा के लिए लाभदायक सिद्ध हो सकते हैं।

(ii) **ठंड के मौसम के बीच मूल्यांकन रिपोर्ट**—यह एक सामान्य गलत धारणा व्याप्त है कि अवधाव की अधिकांश घटनाएँ ठंडे मौसम के प्रारंभ में ही घटती हैं। जब तक पर्याप्त हिम आच्छद नहीं बन जाता, तब तक अवधाव घटने की संभावना कम होती है। हिम विक्षेपण की कुछ पहली घटनाओं के दौरान, उपयोगकर्त्ता सामान्यतः अंतिम क्षणों में सुरक्षित स्थानों की तरफ दौड़ते हैं और अंत तक अपने पूरे न किए गए कार्यों को करते रहते हैं। इन सभी घटनाओं को नोट किया जाना चाहिए और अवधाव अनुसंधान और पूर्वानुमान करने के लिए उत्तरदायी संगठन, जैसे-SASE, जो एक केंद्रीय संगठन भी है, के द्वारा एक विश्लेषण रिपोर्ट तैयार की जानी चाहिए। ठंड के मौसम के बीच की अवधि के दौरान, इन रिपोर्टों को संक्षिप्त रूप में समाचार पत्रों में जारी किया जाना चाहिए और टी.वी. के द्वारा विशेषज्ञों की

सम्मतियों के साथ दिखाया जाना चाहिए। ठंड के मौसम के शेष समय के लिए हिम विक्षेपण की संभव मात्रा और तापमान की प्रवृत्ति के बारे में किए गए अवलोकन के बारे में लोगों को बताया जाना चाहिए। इससे विभिन्न संगठनों और जनता पिछली घटनाओं से पाठ सीख कर ठंड के मौसम में स्वयं के बचाव संबंधी उपाय कर सकती है।

(iii) **ठंड के मौसम के पश्चात् मूल्यांकन रिपोर्ट**—ठंड का मौसम समाप्त होने पर अनुसंधान संगठनों को आलोचनात्मक मूल्यांकन करना चाहिए जिसमें अवधावों और संपूर्ण ठंड के मौसम की गतिविधियों पर चर्चा करनी चाहिए। ठंड के मौसम से पूर्व जो कुछ भी लोगों को पढ़ाया गया था उस पर प्रतिपुष्टि (Feedback) और वास्तव में क्या हुआ, इस बारे में अनुवर्ती कार्यवाही की जानी चाहिए। इस प्रशिक्षण कार्यक्रम की कारगरता हेतु सभी पहलुओं पर दोबारा विचार-विमर्श होना चाहिए।

(iv) **अवधाव पूर्वानुमान**—ठंड के मौसम के बाद मौसम की प्रवृत्ति भिन्न हो जाती है और दुर्घटनाओं के प्रकारों की प्रकृति भी भिन्न-भिन्न होती है, इसलिए यह अनिवार्य है कि अनुसंधान संगठन अनुभव किए गए हिम विक्षेपण में जारी की गई चेतावनियों और पिछले मौसम में घटी दुर्घटनाओं के अवलोकनों का विस्तृत ब्यौरा प्रकाशित करें।

(v) **अवधाव एटलस और जोखिम मानचित्रों का प्रकाशन**—अनुसंधान संगठनों को विस्तृत अवधाव नक्शों को प्रकाशित करना चाहिए, जिसमें अवधाव स्थल, ऐसे अवधावों से उत्पन्न हिम का संचयन ऐसे अवधावों और अवधावों के इतिहास को भी नक्शों में अंकित किया जाना चाहिए। ऐसे नक्शों को प्रत्येक वर्ष अद्यतन (Update) किया जाना चाहिए और इन नक्शों को किसी विशेष क्षेत्र के लिए अवधाव एटलस में संलग्न करना चाहिए। ये एटलस विभिन्न संगठनों, जिला प्राधिकारियों और स्थानीय पंचायतों को उपलब्ध किए जाने चाहिए।

(vi) **बहु-संचार माध्यम और उपयोगकर्त्ता मार्गदर्शिका**—संचार माध्यमों के द्वारा अवधाव घटना, उनका वर्गीकरण, आम प्रकार की दुर्घटनाएँ, सुरक्षा और बचाव तथा अन्य उपायों की प्रस्तुति अनुसंधान संगठनों और विभिन्न उपयोगकर्त्ता संगठनों को वितरित की जानी चाहिए। जेब में रखी जा सकने वाली छोटे आकार की पुस्तिका, जिसमें अवधाव गतिविधियों के महत्त्वपूर्ण पहलुओं को दर्शाते हुए चित्र शामिल होने चाहिए और साथ ही किए जाने वाले उपचारी उपायों का उल्लेख भी होना चाहिए। ये पुस्तिकाएँ उपयोगकर्त्ता के इस्तेमाल के लिए पर्याप्त संख्या में प्रकाशित और वितरित की जानी चाहिए, इसके अतिरिक्त पोस्टर भी तैयार किए जाने चाहिए जिसमें 'क्या करें' और 'क्या न करें' के साथ अन्य सुरक्षा पहलुओं को भी प्रस्तुत किया जाना चाहिए। ऐसे पोस्टर पर्याप्त संख्या में प्रकाशित किए जाने चाहिए और सामान्य क्षेत्रों सहित महत्त्वपूर्ण स्थानों पर भी प्रदर्शित किए जाने चाहिए।

जागरूकता कार्यक्रम और सहायक सामग्रियों को प्रत्येक वर्ष, सेवा भाव से वास्तविक दृष्टि से अनुपालन करके तो स्थानीय जनसंख्या को बचाने में बड़ी संख्या में निश्चित रूप से मदद देगी। इसके अतिरिक्त, स्थानीय निवासियों, ट्रैफिक पुलिस और पर्यटकों के मन में विश्वास का संवेग भी विकसित करेगा, ताकि वे इन अवधाव संवेदी क्षेत्रों में बिना डर के घूम सकें। इससे आर्थिक स्थिति में भी वृद्धि होगी और पहाड़ी क्षेत्रों में स्थानीय लोगों का भरोसा भी बढ़ेगा।

(ख) **अवधाव का पूर्वानुमान**–अवधावों के पूर्वानुमान द्वारा सबसे उत्तम और कम लागत के तरीके से आपदा न्यूनीकरण किया जा सकता है। फिर भी जो पद्धति उपयोग की जाती है उसमें विषय के प्रति अनुरूपता नहीं होती और इतना ही नहीं, वह पूर्ववर्ती स्थितियों की भी माँग करती है। इसका भी नियंत्रित और लगातार मॉनीटरिंग और अद्यतन होना चाहिए।

अवधाव की घटना ढलान से हिम के भयंकर विभंजन और गुरुत्व के कारण निचले क्षेत्र में नीचे की ओर गिरने का परिणाम है। हिम वर्षण, स्थिर हिम, हिम स्तरीकी के प्रकार, वायुमंडलीय तापमान और हवा की स्थितियाँ आदि मुख्य कारक हैं जो हिम आच्छद के स्वास्थ्य को खराब करते हैं। ये कारक हिम आच्छद को मजबूत भी बना सकते हैं जो ढलानों पर आसानी से जमा रह सकते हैं और ये ही कारक हिम आच्छद को कमजोर भी बना सकते हैं जो हल्के रूप में भी अवधाव को ट्रिगर कर सकता है। अवधाव के पूर्वानुमान में हिम आच्छद की वर्तमान स्थिरता का आकलन और उसकी लगातार मॉनीटरिंग बदलती हुई मौसम की स्थितियों में की जाती है।

अवधाव के पूर्वानुमान के लिए सबसे आदर्श पद्धति यह है कि अवधाव बनने के क्षेत्र पर चढ़ कर हिम आच्छद की स्थिरता नापी जाए और साथ ही उपकरणों के द्वारा भौतिक रूप से उसमें पाई जाने वाली विभिन्न तहों की स्थिरता भी नापी जाए। इसके लिए हिम में एक गड्ढा बनाना होगा और इसकी विभिन्न तहों की सामर्थ्य के गुणधर्मों का पता लगाना होगा और प्रत्येक तह के अतिभार की जानकारी प्राप्त करना होगा, जिससे उनके प्रतिबल बढ़ जाते हैं। इस तरह, यदि किसी भी स्थल पर, तह के प्रतिबल तह की सामर्थ्य से अधिक हो जाते हैं तो अवधाव की घटना की संभावना बहुत अधिक बढ़ जाती है। हालाँकि, जो बात कही है उसे करना बहुत कठिन है क्योंकि वह ढलान जहाँ अवधाव बनते हैं वहाँ पहुँचना और वहाँ जाकर नाप लेना बहुत जोखिमी कार्य है। इसलिए कार्यकारी पद्धति यह है कि हिम आच्छद जो ढलानों पर स्थित हैं, उनकी बहिर्वेशित (Extrapolate) स्थितियों को प्रतिनिधि प्रेक्षणशालाओं में विभिन्न मापनों के द्वारा मापा जाए। इन मापनों में प्रत्येक तह की मोटाई और घनत्व, तह में मौजूद रबों के साइज और आकार, प्रत्येक तह के तापमान तह के ऊपर पड़ने वाले अतिभार और नमी के अंश का मापन शामिल है। किसी निश्चित क्षेत्र में अवधाव की घटना को संभव बनाने वाले प्रमुख कारक, हिम अवक्षेपण की

मात्रा, प्रकार और उसकी तीव्रता हैं। हिम और वायुमंडलीय तापमान, हवा की स्थितियाँ और सूर्य की किरणों की तीव्रता हैं। इन सभी बातों का प्रतिनिधि प्रयोगशालाओं में मापन करने के बाद बहिर्वेशन द्वारा ढलानों पर हिम की स्थितियों का अनुमान करने के लिए मॉडल विकसित किया जाता है। इतना करने के बाद, आच्छद के स्वास्थ्य का आकलन बदलती हुई मौसमी अवस्थाओं के साथ किया जाता है। यहाँ तक कि यह मापन लेने का कार्य भी, प्रतिनिधि प्रेक्षणशालाओं में किया जाता है, जो आसान नहीं है। वास्तविक आकलन के लिए अनेक प्रेक्षणों की आवश्यकता होती है, उनको स्थापित करना भी बहुत कठिन है। इस समस्या से निपटने के लिए "हिम आच्छद साईमूलेशन मॉडल" का विकास हिम आच्छद की स्थिति का आकलन करने के लिए किया जाता है। इसके द्वारा बाहरी लक्षण, जैसे–ताजा हिम, तापमान, हिम में हवा और पानी के अंश आदि का लगातार मापन किया जाता है। इस प्रकार के मॉडल अवधाव के पूर्वानुमान और उससे संबंधित विभिन्न पैरामीटरों का अनुमान करने में कारगर साबित होते हैं।

अवधाव के पूर्वानुमान के लिए गणितीय मॉडल का विकास किया गया है जिसमें हिम के बाहरी और आंतरिक पैरामीटर और मौसमी कारकों को ध्यान में रखा जाता है, जो अवधाव गतिविधि की संभावना का उचित आकलन कराने में सहायक होते हैं। कुछ मॉडल, जो आमतौर पर प्रयुक्त किए जाते हैं, जैसे–"विभेदी विश्लेषण मॉडल, निकटतम नेबर मॉडल, विशेषज्ञ पद्धति और प्रक्रम अभिन्मुख उपागम हैं। ये सभी मॉडल, पूर्वानुमान करने वाले को प्रभावशाली साधन उपलब्ध कराते हैं और किसी भी क्षेत्र के लिए विभिन्न उपयोगकर्त्ताओं के लिए अंतिम पूर्वानुमान जारी करना पूर्वानुमानकर्त्ता के कौशल पर निर्भर करता है। इस तरह हिम आच्छद मॉडल प्रयुक्त करने की आधुनिक तकनीक जो अन्य विभिन्न मॉडलों के साथ प्रयुक्त की जाती है, इस प्रक्रिया में अधिक यथार्थ परिणाम निश्चित रूप से प्राप्त होते हैं। फिर भी, वास्तविक सच्चाई यह है कि पूर्वानुमान करने वाले का कौशल और अनुभव, इन मॉडलों के परिणामों की व्याख्या करने के संबंध में बहुत महत्त्वपूर्ण होता है। इसके बावजूद, पूर्वानुमान करने वाले, जो मॉडल आज उपलब्ध हैं और जो तीव्र संगणनात्मक तकनीकों की सहायता से उपयोग किए जाते हैं, वे इस क्षेत्र में महत्त्वपूर्ण साधन उपलब्ध कराते हैं।

किसी विशेष क्षेत्र के लिए, अवधाव खतरे की मात्रा का आकलन करने के बाद, अवधाव के खतरे को चार श्रेणियों में वर्गीकृत किया जाता है, जैसे–निम्न खतरा, मध्यम खतरा, उच्च खतरा और संपूर्ण खतरा। सारणी में प्रत्येक खतरे का उल्लेख करते हुए संक्षिप्त विवरण दिया गया है।

(ग) **सुरक्षा और बचाव पद्धतियाँ**–अवधाव प्रवण क्षेत्रों से गुजरने के लिए यात्रियों को कपड़ों, उपस्कर, सुरक्षित मार्ग, उचित मौसम, भौतिक आरोग्यता (Fitness) के संदर्भ में तैयारी रखना आवश्यक है। अवधाव के रास्ते में जाते समय लोगों को 'क्या करें' और 'क्या न करें' जैसी बातों की जानकारी होनी चाहिए तथा अवधाव की घटना में फँस जाने पर क्या कार्यवाही की जाएगी, इसकी पहले से ही रिहर्सल कर लेनी चाहिए। पूरी तैयारी के साथ भी, अवधाव वर्ष-दर-वर्ष

घटित होने पर कई मानव जीवनों को हर लेते हैं। इससे पर्याप्त बचाव कार्यों की माँग बढ़ जाती है। अवधाव से पीड़ित व्यक्तियों के मामले में यह और भी अधिक महत्त्वपूर्ण हो जाता है, क्योंकि पहले 30 मिनटों के बाद लोगों के बचने की केवल 50 प्रतिशत आशा की जा सकती है। इसलिए तुरंत बचाव करने की जिम्मेदारी बचे हुए जीवितों पर ही होती है। वे लोग बर्फ में दबे पीड़ितों को निकालने के प्रयास के साथ-साथ बचाव संगठनों को भी सूचना देते हैं, जिसके लिए पर्याप्त संप्रेषण व्यवस्था का होना बहुत जरूरी है। अवधाव के कारण बर्फ में दबे लोगों को निकालने के लिए प्रशिक्षित अवधाव कुत्तों और उपकरणों द्वारा संगठित बचाव कार्य करना और उन्हें सुचारु रूप से कार्यान्वित किया जाना चाहिए।

(2) सक्रिय पद्धतियाँ—सक्रिय पद्धतियों के अंतर्गत मुख्य रूप से संरचनाओं, अवधाव बनाने के प्रारंभिक क्षेत्र में वनरोपण और 'अवधाव की नियंत्रित मुक्ति' शामिल है।

तालिका 13.1: अवधाव खतरे का पैमाना

खतरे की श्रेणी	निहितार्थ	सुझाव/सावधानियाँ
निम्न	• सामान्यतः वांछनीय स्थिति। • अवधाव सामान्यतः उच्च अतिरिक्त भारण के साथ कुछ अत्यधिक ढालू ढलानों पर ट्रिगर होता है। • केवल हिम के टुकड़े होते हैं और ये छोटे आकार में घाटी में पहुँचते हैं।	• घाटी में गति सुरक्षित। • ढलानों पर सावधानी से गति करना।
मध्यम	• आंशिक रूप से अवांछनीय स्थिति। • अवधाव प्रवण ढलानों से निम्न अतिरिक्त भारण के साथ ट्रिगर होने की संभावना रहती है, जो घाटी में मध्यम आकार में पहुँच सकते हैं।	• अधिक ढालू ढलानों पर न जाएँ। • रास्ते का चुनाव सावधानी से करें। • घाटी में सावधानी से गति करें। • ढलानों पर अत्यधिक सावधानी से गति करें।
उच्च	• अवांछनीय स्थितियाँ। • सभी अवधाव प्रवण ढलानों से ट्रिगर हो सकता है, यहाँ तक कि घाटी में भी बड़े आकार में पहुँच सकते हैं।	• सभी गतियों को रोक दें। • वायुवाहित अवधाव संभव हो सकते हैं।
संपूर्ण	• बहुत अवांछनीय स्थितियाँ। • सभी संभव अवधाव ढलानों से अनेक बड़े अवधाव संभव हो सकते हैं, यहाँ तक कि बीच के ढालू भू-भागों में भी।	• सभी गतियों को रोक दें। • वायुवाहित अवधाव संभव हो सकते हैं।

(क) संरचनात्मक नियंत्रण–अवधावों का संरचनात्मक नियंत्रण एक सकारात्मक पद्धति है और यह अवधाव के खतरे के प्रति उच्च श्रेणी का संरक्षण प्रदान करती है। संरचनात्मक नियंत्रण अवधाव बनने के क्षेत्र (प्रारंभिक क्षेत्र) में अवरोधक और बहाव (Drift) नियंत्रण संरचनाएँ बनाने; अवधाव के बीच के मार्ग में पथांतर संरचनाएँ, जैसे–पथांतर दीवार, फान (Wedge) और गलियारे बनाना और अधिधाव क्षेत्र में जलग्रहण बाँध और टीले (Mound) बनाने से किया जा सकता है। अवधाव बनने के क्षेत्र में अवधारी अवरोधक (Retaining Barriers) बनाने से हिम संहति को सरकने और फिसलने से रोका जा सकता है और इस तरह पृष्ठ-दबाव क्षेत्र सृजित हो जाता है जो हिम स्लैब के विभंजन को रोक सकता है। बहाव नियंत्रण संरचनाएँ आपदा हिम के संचयन के नमूने को बदलने में सहायता करती हैं जिससे कॉर्निस (Cornice) का सृजन और अत्यधिक हिम संचयन रुक जाता है। पथांतर संरचनाएँ सामान्यत: हिम प्रवाह को मार्ग देती हैं, जहाँ वस्तुओं का संरक्षण करना होता है। मंदक संरचनाएँ, सामान्यत: जहाँ वस्तुओं को संरक्षण प्रदान करना होता है, करती हैं और जहाँ संरक्षण प्रदान नहीं किया जा सकता, वहाँ पर अधिधाव क्षेत्र में बहाव को कम कर देती हैं। भारतीय पर्वतों के लिए विभिन्न प्रकार की संरचनाओं की जानकारी उनकी अनुमानित लागत के साथ, जहाँ कहीं भी उपलब्ध हैं, सारणी में दी गई है–

तालिका 13.2

अवधाव नियंत्रण क्षेत्र	**संरचनाओं के प्रकार**	**लागत (रुपए)**	**स्थल, जहाँ पर संरचनाएँ बनाई गई**
बनने का क्षेत्र (Formation Zone)	अवधारी अवरोधक जैसे हिम-पुल, हिम नेट, हिम रेक इत्यादि	1करोड़/हैक्टेयर	D 10 स्थल ज्वाहर सुरंग पर NH-1 A
मध्य क्षेत्र (Middle Zone)	पथानांतरी संरचनाएँ - गलियारे - पथांतर बाँध - वैज (wedge)	10 लाख/मीटर 1 लाख/मीटर 25 लाख/वैज	D II स्थल NH-1 A
अधिधाव क्षेत्र (Run-out Zone)	जल-संग्रह बाँध टीले	1 लाख/मीटर 1 लाख/टीला	बद्रीनाथ उत्तरांचल

(ख) वनरोपण–वन, 'अवधाव' को कई तरीकों से रोकते हैं। आरंभ के क्षेत्र में ऊँचे पेड़ों के घने जंगल अवधाव की वृद्धि रोकते हैं। इस प्रक्रिया में पेड़ों के मोटे तने शक्तिशाली स्लैब अवधावों को आधार उपलब्ध कराते हैं, पेड़ों की छतरी पर हिम को अवधारित करते और फिर धीरे-धीरे उसे मुक्त करते हुए हिम बहाव को समाप्त कर देते हैं। वन की छतरी, 'हिम की सतह' के ऊर्जा विनिमेय

की विभिन्नता को मंद करती है, जो हिम तापमान को एक समान वितरण कर हिम आच्छद को स्थिर बनाता है। भारत में अधिकतम वृक्षसीमा (Timberline) 3500 मीटर तक है। पीर पंजाल रेंज में अवधाव स्थलों के लगभग 50 प्रतिशत भाग में प्रारंभिक क्षेत्र है। इसी तरह से हिमालय रेंज में लगभग 31 प्रतिशत अवधाव स्थलों का प्रारंभिक क्षेत्र 3000 मीटर से नीचे के अक्षांश का है और कारकोरम में स्थित अवधाव स्थलों का प्रारंभिक क्षेत्र 4500 मीटर से अधिक अक्षांश पर है। इसके अतिरिक्त, वृक्षसीमा केवल जल स्थलों के निकट कुछ पॉकेट तक ही सीमित हैं। जहाँ अवधाव बनने के क्षेत्र का स्थल 3000 मीटर के अक्षांश से नीचे है, वहाँ पर वनरोपण का कार्य किया जा सकता है। इससे अवधाव खतरे को कम करने में सहायता प्राप्त होगी। वनरोपण कार्य में केवल एक ही कमी है कि पौधे हिम के फिसलने और सरकने के बल को सहने की क्षमता नहीं रखते हैं और ठंड के पहले मौसम में ही मर जाते हैं। यदि नियंत्रित उपायों के साथ वनरोपण का कार्य किया जाए तो यह पद्धति बहुत प्रभावी है, परंतु यह बहुत महँगी पड़ती है। संरचना खड़ी करने के लिए लकड़ी का पर्याप्त मात्रा में उपलब्ध होना आवश्यक है।

(ग) **नियंत्रित मुक्ति/कृत्रिम ट्रिगरिंग**—इस पद्धति में अवधाव के प्राकृतिक रूप से ट्रिगर होने से पूर्व नियंत्रित स्की (बर्फ पर खेल) क्रिया द्वारा अथवा विस्फोटकों द्वारा अवधाव को पहले से खाली करके मुक्त करने का प्रयास किया जाता है। यह पद्धति ढलानों पर हिम आच्छद को आपदायी अनुपात में बनने की क्रिया से रोकती है। इस पद्धति का अवधाव के पूर्वानुमान के साथ अनुपालन किया जाता है क्योंकि जब तक पर्वत के ढलानों पर बर्फ का पैक अस्थिर नहीं हो जाता, तब तक कितनी भी फायरिंग करने (विस्फोट दागने से) से भी अवधाव नीचे नहीं आएगा। यह हाथ से विस्फोटक गिराने अथवा किसी अन्य यांत्रिक युक्ति से गिराने अथवा बंदूक से विस्फोटक गिराने आदि की पहले से बनाई गई योजना बनाने के आधार पर किया जा सकता है। हालाँकि, यह तकनीक सरल होने के साथ आर्थिक रूप से कम खर्चीली है, ऐसी प्रणाली को सफलतापूर्वक पूरा करने के लिए बहुत अधिक योजना, समन्वय और प्रशिक्षण की आवश्यकता होती है।

अवधाव को कम करने के लिए स्ट्रक्चरल कंट्रोल जैसे कि स्नो ब्रिज, स्नो रेक और स्नो नेट का प्रयोग किया जा सकता है। जहाँ पर अवधाव की घटनाएँ अधिक होती हैं। उन क्षेत्रों में कंक्रीट की मजबूत दीवार का निर्माण करा कर मोटे लोहे के तारों का जाल बिछा कर अवधाव के होने वाले दुष्प्रभावों को घटाया जा सकता है।

प्रश्न 2. अवधाव के प्रकारों की चर्चा कीजिए। (जून-2019)

उत्तर— अवधाव बर्फ से ढके पहाड़ों की घटनाएँ हैं जो सर्दियों के महीनों में हिमालय के बर्फ से ढके क्षेत्रों में घटित होती रहती है, जिससे प्रतिवर्ष जान-माल को भारी नुकसान होता

है। अवधाव जंगलों के विनाश के साथ सड़क और संचार में बाधा उत्पन्न करते हैं। आमतौर पर अवधाव दो प्रकार के होते हैं। एक तो बर्फ अवधाव और दूसरा हिम अवधाव। बर्फ अवधाव सामान्यतः उन ढलानों पर स्थित होते हैं जो ग्लेशियर से ढँके होते हैं। यह बर्फ की संहति जो ग्लेशियर के समेकित भाग के रूप में उस पर जमा हो जाती है, उसमें कमजोरी आ जाने के कारण होता है। बर्फ संहति में यह कमजोरी समय-समय पर वायुमंडल में होने वाले विभिन्न परिवर्तनों के कारण होती है। चूँकि यह बर्फ होती है, जिसमें घर्षण का गुणांक बहुत कम होता है इसलिए ये अवधाव चपटे ढलानों पर भी लंबी दूरी तक प्रवाहित हो सकते हैं। ऐसे अवधावों की भारतीय पर्वतों में अधिक घटनाएँ नहीं घटती हैं, भारत में अधिकांश ग्लेशियर सुदूर क्षेत्रों में हैं और इसलिए इनकी कम रिपोर्ट मिलती है। फिर भी इस प्रकार के अवधावों को सियाचेन ग्लेशियर पर देखा गया है। वैज्ञानिक रूप से बर्फ/ग्लेशियर के अवधावों की क्रियाविधि हिम अवधावों की तरह ही होती है।

हिम अवधाव जिसका प्राथमिक पदार्थ हिम तो होता है, यह बर्फ, हवा, पानी और अशुद्धताओं से बना होता है। हिम अवधाव, हिम और हिम तथा हिम और भूतल के बीच उच्च घर्षण के कारण कम वेग (10 से 30 मी./सैकंड) से गति करते हैं और $12°$ से भी कम के ढलानों पर सामान्यतः रुक जाते हैं। हिम अवधाव शुष्क और आर्द्र दोनों प्रकार के होते हैं। शुष्क हिम अवधाव में ताजे अथवा शुष्क हिम शामिल होते हैं जो बर्फ की सतह पर फिसलते हैं। यह बर्फ स्थिर और एक जगह जम जाती है और जमा हो जाती है। आर्द्र हिम अवधाव तब होते हैं जब भारी हिमपात के बाद तुरंत वर्षा अथवा गर्म मौसम आ जाता है। इस मामले में हिम अवधाव पिघली हुई हिम के होते हैं जो पानी के साथ मिश्रित होती है और ये अपने साथ रास्ते की हर सामग्री को बहा ले जाते हैं। आर्द्र हिम अवधाव बसंत के मौसम में होते हैं, जब ठंड के मौसम की जमा बर्फ पिघलने लगती है।

हिम अवधाव का वर्गीकरण—हिमस्खलन (avalanche) किसी ढलान वाली सतह पर तेजी से हिम के बड़ी मात्रा में होने वाले बहाव को कहते हैं। यह आमतौर पर किसी ऊँचे क्षेत्र में उपस्थित हिमपुंज में अचानक अस्थिरता पैदा होने से आरंभ होते हैं। शुरू होने के बाद ढलान पर नीचे जाता हुआ हिम गति पकड़ने लगता है और इसमें बर्फ की और भी मात्रा शामिल होने लगती है।

हिम अवधाव/हिम के प्रकार, भू-भाग और प्रचलित मौसम की स्थितियों पर निर्भर करते हैं। हिम अवधावों को ढीले हिम अवधाव और स्लैब अवधाव तथा वायुवाहित/पाउडर अवधाव के रूप में वर्गीकृत किया जा सकता है।

(1) हिम अवधाव—ढीले हिम अवधाव के बनने के लिए दो सबसे अधिक महत्त्वपूर्ण आधारकारक हैं— (क) संसंजन में कमजोर होता है; और (ख) वह ढालू ढलान पर स्थित होता है। जब ऊपर बताई गई ये दोनों स्थितियाँ होती हैं तो बर्फ के रबे/कण अपने पास के बर्फ के साथ संपर्क ढीला कर देते हैं, जो संसंजन की कमी के कारण होता है और ये तब गति और वेग प्राप्त करते हैं। जैसे ही ये कण अपनी संहति की अधिक मात्रा के साथ नीचे को गिरते हैं तो ये बर्फ के अन्य रबों/कणों को विक्षोभित कर देते हैं, जिससे ये रबे और कण भी इनके साथ नीचे की ओर गति करने लगते हैं। यह गति जारी रहती है और जैसे ही ये ढालू ढलान

पर गति करते हैं, इनकी संहति में वृद्धि होती जाती है। अवधाव जब चपटे ढलानों तक पहुँचते हैं तो इनकी गति रुकने पर ये रुक जाते हैं क्योंकि जब ये चपटे ढलानों पर पहुँचते हैं तो इनकी गति रुक जाती है क्योंकि चपटे ढलानों पर इनकी गतिज ऊर्जा घर्षणात्मक ऊर्जा में अवशोषित हो जाती है। ढीला हिम अवधाव उस समय ट्रिगर होता है, जब आंतरिक संसंजन और घर्षणात्मक प्रतिरोधन द्वारा अधिक बल प्रयुक्त किया जाता है। यह अवधाव के प्रारंभिक क्षेत्र में पेड़ों और बर्फ के टुकड़ों के गिरने से, विस्फोटकों अथवा अन्यथा झटके की लहरों के कारण और बर्फ के खेल खेलने वालों की गति से हो सकता है।

ढलानों की ढालूता का 'ढीले हिम अवधावों' को ट्रिगर करने से सीधा संबंध होता है। 40° से 60° के बीच के ढलान ढीले हिम अवधावों के प्रति अधिक संवेदनशील होते हैं।

ढीले अवधावों के प्रकार–रूपांतरण की शुरुआत होने पर नई गिरने वाली बर्फ के रबे समान तापमान रूपांतरण के अंत तक पहुँचने से पहले नमदानुमा कणों में बदल जाते हैं। ताजे हिम के रबों और नमदानुमा कणों से बना हिम आच्छद जो एक समेकित द्रव्यमान होता है और इसलिए शुष्क ढीले हिम पात के लिए प्रवण होता है। इसी तरह से पुराने रूपांतरित हिम, जो छायादार ढलानों में होते हैं, तापमान प्रवणता रूपांतरण से समेकित द्रव्यमान बना देते हैं और शुष्क ढीले हिम अवधावों के प्रति प्रवण हो जाते हैं।

ताजा गिरा हुआ हिम अथवा पुराना गिरा हिम तेज तापमान के कारण हिम के नमदानुमा कण पिघले कणों में बदल जाते हैं, जिनमें समेकित द्रव्यमान बहुत कम होता है और परिणामस्वरूप वे ढीले हिम अवधाव के प्रति संवेदी हो जाते हैं। ढीले अवधावों में ढीला सूखा/आर्द्र हिम होता है इसलिए उनमें बहुत कम वेग और बल होता है। भारत और विदेश में इस संबंध में किए गए अवलोकनों के आधार पर ढीले हिम अवधावों की गति 1 मी./सैकंड से लेकर 10 मी./सैकंड होती है और उनका घनत्व 100 (शुष्क हिम) से लेकर 500 (आर्द्र हिम) किलोग्राम प्रति क्यूबिक मीटर (Kg/m^3) तक होता है।

(2) स्लैब अवधाव (स्लैब हिमस्खलन)–एक ढलान पर स्थित हिम स्लैब को अलग होने की विफलता और उसका उच्च गति के साथ नीचे की ओर गिरना स्लैब अवधाव कहलाता है। ढलान वाली बर्फ और आवांछित हिम का खनन क्षेत्र एक सुनिश्चित टेढ़ी-मेढ़ी रेखा के रूप में होता है। स्लैब अवधाव बनने के लिए–(क) हिम के पास संसंजन हासिल करने का समय; (ख) कुछ सामर्थ्य; और (ग) ढालू ढलान पर स्थित होना मुख्य पूर्वापेक्षाएँ हैं।

हिम अवधाव तब होते हैं जब सामर्थ्य में प्रतिबल की वृद्धि होती है या कमी होती है। प्रतिबल एक साथ वृद्धि और कमी का संयोग होता है।

स्लैब अवधाव के प्रकार–स्लैब अवधाव के दो प्रकार शुष्क स्लैब अथवा आर्द्र स्लैब अवधाव हो सकते हैं। शुष्क स्लैब अवधाव सामान्यत: तीव्र ठंड के दौरान या ठंड के प्रारंभ में होते हैं जब गिरे हुए हिम के रबों में समान तापमान कायांतरण अथवा ताप प्रवणता कायांतरण कायम Sub-zero तापमान के अंतर्गत बहुत तेज दर से होता है जिसके परिणामस्वरूप निर्मित स्लैब शुष्क स्लैब होता है, जो बर्फ के फटने पर अवधाव को संभव कर देता है।

जब स्लैब का तापमान 0° से. अधिक हो व ठंड का मौसम समाप्ति पर हो, उस समय आर्द्र स्लैब अवधाव होते हैं जो हिम के रबों के चारों ओर पानी की पतली झिल्ली बनाते हैं, जिससे हिम का स्लैब आर्द्रता ग्रहण करता है। ऐसे स्लैब जब फटाव की घटना के कारण बनते हैं तो आर्द्र स्लैब अवधाव उत्पन्न करते हैं। शुष्क स्लैब अवधाव की गति 10 से 20 मीटर प्रति

सैकंड होती है और इनका घनत्व 100–250 कि.ग्रा./m^3 होता है तथा आर्द्र स्लैब अवधाव की गति 10–30 मी./सैकंड और घनत्व 200 से 500 कि.ग्रा./m^3 होता है।

(3) वायुवाहित/पाउडर अवधाव–शुष्क हिम अवधाव का उच्च गति से भूतल के किनारे की ओर गति करना जिससे गति करने वाले अवधाव के आस-पास की हवा में अचानक से निवार्त (Vacuum) उत्पन्न होता है। इससे आस-पास के हिमकण वायुवाहित हो जाते हैं। इस तरह गति करने वाले अवधाव का एक भाग भूतल की ओर गति करता है और दूसरा भाग हिम के कणों के साथ हवा में गति करता है। इस गति के दौरान, हवा का स्तंभ प्रारंभ में भूतल के स्तंभ के पीछे रह जाता है और बाद में भूतल स्तंभ से आगे निकल जाता है और बहुत दूरी तक भूतल स्तंभ से बहुत आगे चला जाता है। ऐसे अवधाव, जो सामान्यत: ठंड के मौसम के प्रारंभ में उस समय देखे जाते हैं जब हिम शुष्क, मृदु और रूईदार होता है; ये अधिक प्रबल होते हैं और उस समय देखे जा सकते हैं, जब अवधाव अचानक से अधिक ढलान वाले भू-भाग को पार करता है।

ऐसे अवधाव में 2–10 kg/m^3 के क्रम का भिन्न घनत्व होता है और उसमें बहुत तेज गति 50 से 75 m/sec की होती है। वैसे तो ये अवधाव भूतल के अवधावों की अपेक्षा कम विनाशकारी होते हैं, लेकिन वनों को ये गंभीर क्षति पहुँचाती है।

गीले हिमस्खलन हिमस्खलन-पाउडर हिमालय हिमस्खलन के विपरीत, गीला हिमखण्डन हिमपात बर्फ और पानी का एक कम वेग निलंबन है, जिसके प्रवाह में प्रवाह होता है। ट्रैक की सतह तक ही सीमित है। ट्रैक की स्लाइडिंग सतह और पानी संतृप्त प्रवाह के बीच घर्षण के कारण यात्रा की कम गति है। यात्रा की कम गति (~ 10–40 किमी/घंटा) के बावजूद, बड़े हिमपात और घनत्व के कारण गीला हिमस्खलन का विनाशकारी ताकत पैदा करने में सक्षम है। एक गीली बर्फ हिमस्खलन के प्रवाह का शरीर नरम बर्फ के माध्यम से हल कर सकता है और बोटर, पृथ्वी, पेड़ और अन्य वनस्पतियों को परिमार्जन कर सकता है; एवलंच ट्रैक में विस्तार और अक्सर रन बनाए गए मैदान। गीली बर्फ से हिमस्खलन की शुरुआत या तो लिंगली बर्फ रिलीज या स्लैब रिलीज से की जा सकती है और केवल बर्फ के पैक में होते हैं जो पानी असंतृप्त होते हैं और पानी के पिघलने के बिंदु पर समान रूप से संतुलित होते हैं। गीली बर्फ के हिमस्खलन की इजोटेर्मल विशेषता ने साहित्य में पाए जाने वाले इजोटेर्मल स्लाइड्स के द्वितीयक शब्द के लिए नेतृत्व किया है। समशीतोष्ण अक्षांशों पर, सर्दियों के मौसम के अंत में हिमालयस्खलन अक्सर जलवायु के हिमस्खलन चक्रों से जुड़ा होता है, जब महत्त्वपूर्ण दिन गर्म होता है।

❑❑❑

अवधाव: केस अध्ययन

प्रश्न 1. जम्मू और कश्मीर के हिम-अवधाव, 2005 के केस अध्ययन पर एक नोट लिखिए। तथा इसके कारण और प्रभावों की चर्चा कीजिए।

उत्तर– 19 फरवरी 2005 को जम्मू और कश्मीर के प्रशासन को सतर्क कर दिया गया था क्योंकि फरवरी 18 की शाम से ही राज्य के पर्वतीय क्षेत्र में भारी हिमपात के कारण अनेक अवधाव एक के बाद एक आने शुरु हो गए थे।

देश के उत्तरी भाग, 16 से 20 फरवरी 2005 तक, पश्चिमी विक्षोभों के कारण प्रभावित हुए थे। जम्मू और कश्मीर राज्य में फरवरी 24-27, 2005 तक विभिन्न स्थानों पर हल्के से मध्यम हिमपात हुआ था। पश्चिमी मध्य भारत और उत्तर-पश्चिमी के मैदानों में ठंडी और शुष्क उत्तर-पश्चिमी/उत्तरी हवाएँ चलना आरंभ हो गईं थीं जिसके परिणामस्वरूप इन क्षेत्रों में शीत लहर की स्थिति उत्पन्न हो गई थी। भारतीय मौसम विज्ञान विभाग (आई.एम.डी.) से नियमित मौसमी बुलेटिन प्राप्त हो चुके थे और संबंधित एजेंसियों को हिम तथा अवधाव अध्ययन संस्थान के चंडीगढ़ स्थित केंद्र से प्रसारित किया गया था।

आई.एम.डी. ने यह देखा कि 16 से 20 फरवरी 2005 के दौरान पीर पंजाल क्षेत्र के पर्वतों की ऊँची चोटियों पर अनेक स्थानों में 2 मीटर ऊँचा हिमपात घटित हुआ था। पिछले 30 वर्षों में सबसे भारी हिमपात जम्मू और कश्मीर में फरवरी 1996 में गुलमर्ग में हुआ था, जो 4.5 मीटर तक था।

हिम अवधाव का प्रभाव–हिम अवधाव की घटनाएँ अनंतनाग, पुंछ, डोडा और उधमपुर जिलों में सबसे अधिक रिपोर्ट की गई थी। अवधावों और भूस्खलनों से घर ढह जाते हैं। काजीगुंड क्षेत्र में अवधाव ने दो गाँवों के अनेक घरों को बर्फ में दबा दिया। वैष्णों देवी की तीर्थ यात्रा को रोकने के बाद फिर से शुरु की गई, परंतु घाटी का पूरे देश से संपर्क टूटा रहा। जम्मू-श्रीनगर राष्ट्रीय राजमार्ग बहुत दिनों तक अवरूद्ध रहा और इससे जम्मू और कश्मीर राज्य के कश्मीर प्रभाग में कुछ प्राथमिक अनिवार्य वस्तुओं प्राथमिक और पेट्रोल, तेल तथा चिकनाई वाली वस्तुओं के उत्पादों की कमी हुई।

राज्य सरकार की रिपोर्ट से यह पता लगा कि प्राथमिक रूप से प्रभावित जनसंख्या लगभग 2.35 लाख थी। इनमें से 278 व्यक्तियों (जिसमें से 24 व्यक्ति सुरक्षा बल के कार्मिक थे) की मृत्यु हो गई थी और कम से कम 262 व्यक्ति हिमपात और अवधाव के कारण लापता था।

445 व्यक्तियों को बचा लिया गया था, जिसमें 40 विदेशी थे। लगभग 4500 लोगों को सुरक्षित स्थान पर ले जाया गया। फिर भी 1500 वाहन राजमार्ग पर जाम हो गए थे। बहुत बड़े पैमाने पर हुए विनाश में लगभग 12000 घर नष्ट हो गए थे और रबी की फसल और अन्य वनस्पति को भी भयंकर नुकसान हुआ था।

ऐसी परिस्थितियों में हिमपात के कारण पावर, पुलिस की बेतार प्रणाली, जल पूर्ति, और टेलीफोन संचार व्यवस्था रूक गई थी। इसके अतिरिक्त अंतर-जिला बस सेवा बहुत बुरी तरह ठप्प पड़ गई थी क्योंकि बहुत सी सड़कें बंद थीं।

प्रश्न 2. जम्मू और कश्मीर के हिम-अवधाव, 2005 के परिणामस्वरूप राहत और बचाव की प्रवृत्ति की विवेचना कीजिए। (जून-2020)

उत्तर– बचाव और राहत कार्य– 2005 में आए जम्मू-कश्मीर के हिम अवधाव के आवश्यक बचाव और राहत कार्यों को राज्य सरकार ने अपने हाथ में ले लिया था। राज्य सरकार की रिपोर्ट से पता लगा कि 278 व्यक्तियों की मृत्यु हो गई और कम से कम 262 व्यक्ति लापता थे। राज्य सरकार द्वारा मृतकों के रिश्तेदारों को 50,000 रुपये की राशि का अनुग्रह दिया गया। गंभीर रूप से घायलों को 25,000 रुपये और छोटी-छोटी चोटों से ग्रस्त लोगों को 5000 रुपये की राशि दी गई। राहत सहायता के अंतर्गत, पूरी तरह से नष्ट हुए घर के लिए 10,000 रुपये तथा आंशिक रूप से नष्ट हुए घरों के लिए 6,000 रुपये की राशि की राहत प्रदान की गई। जिला स्तर पर प्रभावित जिलों के उपायुक्तों को उनके क्षेत्रों में तुरंत राहत और बचाव कार्य करने के लिए 50 लाख रुपयों की राशि दी गई। राज्य सरकार ने कश्मीर के प्रभागीय आयुक्त को 1.00 करोड़ रुपये की राशि बचाव और राहत कार्य के लिए प्रदान की।

सेना, वायुसेना, सीमा सड़क संगठन और नागरिक प्रशासन ने फँसे हुए लोगों को बचाने और उनको राहत पहुँचाने के लिए अपने सभी संसाधनों का प्रयोग किया। फिर भी हिमपात और कुल बर्फ से ढके क्षेत्र की स्थितियों के कारण बचाव कार्यों में रूकावट आ रही थी। दूरस्थ प्रभावित स्थानों में लोगों के लिए राहत सामग्री हवाई जहाज से गिराई गई। ऐसी स्थिति में सेना और अर्ध-सैनिक बलों ने राष्ट्रीय राजमार्ग पर फँसे हुए लोगों के लिए भोजन के पैकेट उपलब्ध किए। सेना ने श्रीनगर जाने वाली महत्त्वपूर्ण सड़कों को साफ किया। पीड़ितों को चिकित्सा सहायता तुरंत प्रदान करने के लिए अस्पतालों में अतिरिक्त चिकित्सा दल भेजे गए। कश्मीर प्रभाग में भारतीय तिब्बत सीमा पुलिस (ITBP) की एक बटालियन भेजी गई, ताकि नगर प्रशासन को खोजने और बचाव कार्यों में सहायता मिल सके। आई.टी.बी.पी. को यह सलाह दी गई कि अपने साथ पर्याप्त संख्या में फावड़े और कुदाल लेकर जाएँ, ताकि स्थानीय स्वयंसेवक भी बचाव और खोज के कार्यों में हाथ बँटा सकें। साथ ही सड़क पर से बर्फ हटाने का कार्य भी किया जा सके। भारतीय वायु सेना ने दिन रात बचाव और राहत कार्यों में भाग लिया और 1700 लोगों को सुरक्षित स्थान पर पहुँचाया।

केंद्र सरकार के गृह मंत्रालय ने आपदा प्रबंधन के लिए केंद्र सरकार और राज्य सरकारों के संबद्ध मंत्रालयों और विभागों के साथ मिलकर संपूर्ण राहत और बचाव कार्यों को समन्वित किया। अंतर-मंत्रालयी कोर समूह ने सचिव, आपदा प्रबंधन के अंतर्गत नियमित रूप से स्थिति की समीक्षा की।

अवधाव आपदा प्रबंधन में सरकारी विभागों के प्रयास–

- **ऊर्जा**–प्रभावित क्षेत्रों में तुरंत संप्रेषण और वितरण नेटवर्क को बहाल करने के लिए प्रयास किए गए। इस कार्य में केंद्रीय एजेंसियों ने भी जम्मू और कश्मीर राज्य सरकार के ऊर्जा विकास विभाग के साथ मिलकर बिजली, संचार और वितरण प्रणालियों को पुन: बहाल करने में सहायता पहुँचाई।
- **दूरसंचार**–9 विनिमय केंद्रों में से 1 जम्मू में, 8 कश्मीर प्रभाग में हिम अवधाव आपदा के दौरान ठप पड़े थे, जिनका शीघ्र पुन:स्थापन किया गया।
- **नागर विमानन**–नागर विमानन विभाग ने जम्मू और श्रीनगर के बीच विशेष उड़ानें आयोजित कीं ताकि फँसे हुए नागरिकों को मौसम स्थितियाँ अनुकूल होते ही सुरक्षित स्थानों पर पहुँचाया जा सके।
- **स्वास्थ्य**–स्वास्थ्य मंत्रालय द्वारा राज्य सरकार को अनिवार्य दवाइयाँ भी प्रदान की गईं।
- **जम्मू-श्रीनगर राष्ट्रीय राजमार्ग से बर्फ साफ करना (294 कि.मी.)**–सेना और स्वयंसेवकों की सहायता से जम्मू-श्रीनगर राष्ट्रीय राजमार्ग से बर्फ को हटाने का कार्य पूरा किया गया।
- **अनिवार्य वस्तुओं की आवश्यकताएँ**–अनिवार्य वस्तुएँ, जैसे–दूध का पाउडर, सब्जियाँ इत्यादि राज्य सरकार द्वारा विभाग से पहुँचाई गईं। भारी हिम/अवधाव सं. 10-1/2005-एन.डी.एम.-1, (भारत सरकार, गृह मंत्रालय) के अनुसार राज्य सरकार ने बचाव और राहत के लिए 50 करोड़ रुपये की माँग की। यह बताया गया कि 42.43 लाख रुपयों का आबंटन 2004-2005 के लिए संकट राहत निधि के लिए किया गया था, जिसमें से राज्य सरकार का हिस्सा 10.61 लाख रुपये और केंद्र का हिस्सा 31.82 लाख रुपये था। केंद्र के हिस्से की सारी राशि पहले ही आबंटित कर दी गई थी।

राज्य सरकार को यह सलाह दी गई थी कि वह संकट राहत निधि को व्यय का ब्यौरा भेजे, ताकि 50 करोड़ रुपये की मदद के लिए विचार किया जा सके। उसके बाद, गृह मंत्रालय ने तदर्थ आधार यह 50 करोड़ रुपये आबंटित करने के लिए 24-2-05 को वित्त मंत्रालय को सिफारिश भेजी। संयुक्त सचिव (कश्मीर) गृह मंत्रालय के निदेशन में क्षति का आकलन करने के लिए एक केंद्रीय दल का गठन किया और उस दल ने राज्य में क्षति का आकलन करने के लिए दौरा किया। इस हिम अवधाव में जितनी भी क्षति हुई उस क्षति का आकलन करने के लिए कश्मीर के संयुक्त सचिव गृह मंत्रालय के निदेशन में एक केंद्रीय दल का गठन किया गया और इस दल ने राज्य में हुई जान-माल की कितनी हानि हुई और इसी क्षति का आकलन करने के लिए पूरे राज्य का दौरा किया। पीड़ितों से मिले उनकी समस्याओं को सुना और उस राज्य के लिए कुछ महत्त्वपूर्ण कदम उठाए।

ज्वालामुखी उद्‌गार

प्रश्न 1. ज्वालामुखी संकट की प्रकृति और कारणों पर प्रकाश डालिए।

उत्तर– सभी ज्वालामुखियों में, पृथ्वी की भूपटल/पपड़ी के अंदर, गलित शैल पदार्थ होते हैं, जिसे मैगमा कहते हैं। यह एक जटिल मिश्रण होता है, जिसमें घुली हुई गैसें और अधिक तापमान और बहुत दबाव पर अक्सर निलम्बित रूप से क्रिस्टेलाईज्ड खनिज होते हैं, जो ज्वालामुखी उद्‌गार के दौरान बाहर निकल जाते हैं। मैगमा को लावा कहते हैं, जब यह पृथ्वी की सतह पर पहुँचता है और अपनी घुली गेसों को निकालता है और ज्वालामुखी ढलान पर बहने लगता है।

ज्वालामुखी निम्नलिखित दो कारणों से फूटता है–

- प्रथम कारण, पृथ्वी के अंदर गहराई में मैगमा, उसके आसपास और उसके ऊपर की ठोस चट्टानों से साधारणतः कम घनी होती है, और उत्पलावन के बल के कारण ऊपर को उठाने की प्रवृत्ति से युक्त रहती है।
- द्वितीय कारण, जैसे ही मैगमा पृथ्वी की सतह की ओर ऊपर को उठती है तो दाब घट जाता है, और घुलित गैसे-बुलबुलों के रूप में घोल से बाहर निकलती हैं। जैसे ही ये बुलबुले विस्तारित होते हैं, तो यह मैगमा को ज्वालामुखी के छेद में ओर आगे धकेल देते हैं। अंतिमतः पृथ्वी की पपड़ी कमजोरी के कारण टूट जाती है और वहीं से यह मैगमा बाहर निकल जाती है।

ज्वालामुखी सामान्यतः दो तरीकों से निकलते हैं, विस्फोटी उद्‌गार और निःसरण उद्‌गार। विस्फोटी उद्‌गार में गैस की मात्रा बहुत अधिक होती है और मैगमा मोटी और विस्कोसी होती है। एक ही स्थान पर सीमित दाब के अचानक से मुक्त होने पर वह मैगमा से गैसों को विस्फोटी रूप में पिघलने देता है। जब इसमें अचानक से (फटाव) होता है तो यह मैगमा को छोटे-छोटे गर्म टुकड़ों में तोड़ देता है जो ऊपर को तेजी से आते हैं अथवा छेद में से बाहर निकल कर ब्लास्ट हो जाते हैं। निःसरण उद्‌गार में मैगमा में गैस की मात्रा कम होती है, और उसमें आपेक्षिक रूप से विस्कासिता भी कम होती है। इसलिए गैसे तेजी और तीव्रता से नहीं उबलती है।

उद्‌गार के लक्षणों के आधार पर, ज्वालामुखी का वर्गीकरण निम्नलिखित प्रकारों में किया जा सकता है–

- **प्लीनियन प्रकार–**इस प्रकार के उद्‌गार में अधिक तेज गैसों का विस्फोट ऊपर की ओर होता है, यह नीचे स्थित मैगमा पर से दाब के मुक्त होने पर होता है।

ज्वालामुखी का पिच्छक (प्लूम) वायुमंडल में फैल जाता है। वर्ष 1991 में, फिलीपीन में पिनाट्बों पर्वत के उद्गार के दौरान इसके टेफरा का पिच्छक पर्यावरण में 30 कि.मी. से भी अधिक क्षेत्र में फैल गया था।

- **पेलिएन प्रकार**–इस प्रकार के उद्गार उस समय होते हैं जब अत्यधिक विस्फोटी पदार्थ को ऊपर की ओर निकलने से मुख्य नाल के ऊपर ठोस लावा के डोम से उसको रोका जाता है। संपीडित मैगमा तब ज्वालामुखी के पार्श्व में जहाँ भी कमजोर बिंदु होता है उस बिंदु (छेद) से बलपूर्वक बाहर निकल जाता है। इसके बाद में उच्च बल का विस्फोट हो जाता है, जो ढलान के नीचे बहने लगता है और अपने रास्ते में जो कुछ भी आता है उसे नष्ट कर देता है। इस प्रकार का ज्वालामुखी उद्गार सन् 1980 में संयुक्त राज्य अमेरिका में सेंट हेलेन पर्वत पर हुआ था।
- **वलकेनिएन प्रकार**–इसका यह नाम इटली के वलकेनों द्वीप में ज्वालामुखी उद्गार के बाद पड़ा। इस प्रकार के उद्गार में अधिक विस्कासी लावा, मुक्त होता है। बाहर निकला हुआ पदार्थ घना ज्वालामुखी बादल बना देता है।
- **स्ट्रोमबोलिएन प्रकार**–इसका यह नाम इटली के स्ट्रोमबोली द्वीप में ज्वालामुखी के लगातार फटने के बाद पड़ा। ऐसे विस्फोट में गैस मध्यम तीव्रता के विस्फोट से अधिकांशतः नियमित रूप से निकलती रहती है। इस प्रकार के विस्फोटों के दौरान जमा हुआ लावा, बम के रूप में बाहर निकलता है।
- **हवाईएन प्रकार**–इस प्रकार का उद्गार उन क्षेत्रों में होता है जहाँ पर पृथ्वी की पपड़ी में तनाव होता है, जो गहरे विदर (Fissures) उत्पन्न कर देता है जिससे लावा मुक्त रूप से बहने लगता है और विस्तारित चद्दर (Extensive Sheets) का रूप ले लेता है। ऐसे उद्गारों के दौरान गतिशील लावा का निःसरण प्रबल होता है और गैसें तेजी से मुक्त हो जाती हैं। इस तरह के उद्गार के वर्ष 1960 में किलानिया, हवाई; और 1783 में लेकी, आइसलैंड में घटित हुए थे।

प्रश्न 2. ज्वालामुखी संकट की मॉनीटरिंग एवं न्यूनीकरण की प्रवृत्ति का वर्णन कीजिए। (जून-2020)

अथवा

ज्वालामुखी संकट मॉनीटरिंग और न्यूनीकरण के विभिन्न चरणों का वर्णन कीजिए। (जून-2017)

अथवा

ज्वालामुखी संकटों की मॉनीटरिंग और न्यूनीकरण की प्रणाली का परीक्षण कीजिए। (फरवरी-2021)

उत्तर– अन्य प्राकृतिक आपदाओं की तरह ही ज्वालामुखी भी भयावह प्रकृति संकट है। यह एक प्रलयंकारी एवं दर्दनाक घटनाओं में से एक है। जिससे लाखों लोग काल के गाल में समा जाते हैं। धन की क्षति होती है। इसमें पृथ्वी के आंतरिक भाग से लाल मैगमा एवं लावा बाहर निकलकर चारों ओर फैल जाता है। यह हमेशा एक आवश्यकता रही है कि ज्वालामुखी

के प्रभाव को कम किया जाए। अभी ज्वालामुखी संकट के प्रभाव को मॉनीटर करने और उसे कम करने की अनेक तकनीकें उपलब्ध हैं। विश्व में इस दिशा में निम्नलिखित तकनीकें उपयोग की जा रही हैं।

(1) संकट मॉनिटरिंग–ज्वालामुखी संकट को मॉनीटर करने का मुख्य उद्देश्य उद्गार के पूर्वानुमान के लिए पर्याप्त समझ को विकसित करना है। इस लक्ष्य की प्राप्ति के लिए, ज्वालामुखी की मॉनिटरिंग निम्नलिखित तकनीकों द्वारा की जाती है–

(क) ज्वालामुखी पर भौतिक और रासायनिक संवेदक स्थित हैं, जो दूरसंचार लाइनों के द्वारा किसी केंद्रीय सुविधा के साथ संयोजित होते हैं;

(ख) ज्वालामुखी पर प्रेक्षण और मापन; और

(ग) ज्वालामुखी से निकले ज्वालामुखी पदार्थ का प्रयोगशाला में विश्लेषण।

ज्वालामुखी को मॉनीटर करने के लिए निम्नलिखित यंत्र और साधन इस्तेमाल किए जाते हैं–

(क) भूकंपीय गतिविधियों का प्रेक्षण– ज्वालामुखी गतिविधियों में सक्रियन निम्नलिखित लक्षणों द्वारा प्राप्त होते हैं–

- **(i)** स्थानीय भूकंपीय गतिविधियों में वृद्धि
- **(ii)** श्रवणीय भू गड़गड़ाहट

(ख) भूमि का विरूपण भी ज्वालामुखी के सक्रिय होने के बारे में निम्नलिखित के माध्यम से अनुमान लगाने में मदद करता है–

- **(i)** ज्वालामुखी क्षेत्र का ऊपर उठना/फूलना
- **(ii)** ज्वालामुखी के पास के ढलान की भूमि में परिवर्तन

(क) सतह से गैस विसर्जन के रासायनिक संघटन में गैस उत्सर्जन/परिवर्तन भी ज्वालामुखी गतिविधि के सक्रिय होने का संकेत देता है।

(ख) ज्वालामुखी को मॉनीटर करने के लिए विद्युतचुंबकीय स्थिति में परिवर्तन जैसी पद्धतियाँ भी प्रयुक्त की जाती है।

(ग) ज्वालामुखी के पास हुए किसी भी परिवर्तन की मॉनिटरिंग के लिए दूर-संवेदी का व्यापक रूप से इस्तेमाल किया जाता है।

(घ) जलतापीय घटना भी निम्नलिखित के माध्यम से ज्वालामुखी गतिविधि में वृद्धि का संकेत देती है– गर्म पानी के झरनों से अधिक मात्रा में भाप का निकलना; गर्म पानी के झरनों के पानी का तापमान अथवा वाष्पमुख के भाप उत्सर्जन का तापमान अधिक होना; खाई झील के तापमान में वृद्धि; ज्वालामुखी के शिखर पर जमी हुई बर्फ/हिम का पिघलना; और ज्वालामुखी के ढलान पर वनस्पति का मुरझा जाना।

ज्वालामुखी की अपसामान्य गतिविधि का संसूचन करते ही जनता और संबद्ध आपदा समन्वयन एजेंसी को समय पर, सही और समझने योग्य चेतावनी जारी की जानी चाहिए। अपूर्ण चेतावनी अथवा जरूरत से अधिक चेतावनी के कारण अनावश्यक आतंक फैल सकता है, जिससे लोग घर/स्थान छोड़कर भागने लगते हैं। इससे चेतावनी की विश्वसनीयता कम हो जाती है जो वास्तविक आपातकालीन चेतावनी, जो बाद में दी जाती है, की स्वीकृति को प्रभावित

करती है। ज्वालामुखी की आपातकालीन घटनाओं को विभिन्न रूपों में अभिव्यक्त किया जा सकता है। एक ज्वालामुखी के लिए परिभाषित की गई चेतावनी का स्तर दूसरे प्रकार के ज्वालामुखी के लिए विभिन्न हो सकता है। इसलिए हमेशा यह सलाह दी जाती है कि किसी भी ज्वालामुखी के लिए चेतावनी पद्धति/स्तर विकसित करने से पहले पिछले अनुभवों और स्थानीय स्थितियों को ध्यान में रखा जाना चाहिए।

ज्वालामुखी चेतावनी पद्धति के मुख्यतः दो प्रकार होते हैं। यह चेतावनी या तो रंग कोड में अभिव्यक्त की जाती है या फिर सतर्कता के स्तरों में। अलास्का ज्वालामुखी प्रेक्षणशाला (अमरीका) द्वारा प्रयुक्त रंग कोड निम्नलिखित सारणी में प्रस्तुत किए गए हैं–

तालिका 15.1: अलास्का ज्वालामुखी प्रेक्षणशाला द्वारा प्रयुक्त रंग कोड

हरा	• किसी उद्‌गार का अनुमान नहीं। • ज्वालामुखी शांत (सुप्त) अवस्था में।
पीला	• अगले कुछ सप्ताहों में उद्‌गार संभव और जो थोड़ी अथवा अतिरिक्त चेतावनी के बिना घट सकता है। • स्थानीय रूप से छोटे भूकंप संसूचित किए जाते हैं और (अथवा) ज्वालामुखी गैसों के स्तर में उत्सर्जन (emission)।
नारंगी	• कुछ दिनों में विस्फोटी उद्‌गार हो सकता है, जो बहुत थोड़ी अथवा बिना कोई चेतावनी के घट सकता है। • भस्म पिच्छक 25,000 फुट समुद्र तल से अधिक ऊँचाई तक पहुँचने की कोई आशा नहीं।
लाल	• 24 घंटों में बड़ा विस्फोटी उद्‌गार हो सकता है। • भस्म के बड़े पिच्छक (Large ash plumes) 25000 फुट से अधिक समुद्र तल से ऊँचे जा सकते हैं। • दूर स्थित मॉनीटरिंग स्टेशनों पर भी तेज भूकंप की गतिविधि संसूचित होती है। • विस्फोटी उद्‌गार प्रगति कर सकता है।

इसी तरह ज्वालामुखी चेतावनी स्तर, जो पिनाटूबो ज्वालामुखी (इंडोनेशिया) के लिए प्रयुक्त किए गए थे, जो सतर्क चेतावनी-स्तर प्रदर्शित करते हैं, सारणी 15.4 में दर्शाए गए हैं–

***स्टैंड डाउन कार्यविधि*–**तूफान के पहले (शांति) की घटना के प्रति संरक्षण प्रदान करने के लिए, निम्न स्तर तक गतिविधि कम होने के बाद, निम्नलिखित अवधियाँ के लिए सतर्कता स्तर कायम रखे जाते हैं–

स्तर 5 से स्तर 4 तक–स्तर 5-गतिविधि रूक जाने के बाद, 12 घंटे के लिए ठहरें

स्तर 4 से स्तर 3 अथवा स्तर 2 तक–स्तर 4 के नीचे गतिविधि कम होने पर 2 सप्ताह के लिए रूकें

स्तर 3 से स्तर 2 तक–स्तर 3 के नीचे गतिविधि कम होने पर 2 सप्ताह के लिए रूकें

(2) संकट न्यूनीकरण–ज्वालामुखी संकट न्यूनीकरण में कार्य की सुनियोजित क्रमबद्धता से बहुत सहायता मिलती है। पूर्वानुमान और चेतावनी के लिए ठोस आधार से ज्वालामुखी

गतिविधि की मॉनिटरिंग से जोखिम वाले क्षेत्रों से लोगों को सुरक्षित स्थानों में भेजा जा सकता है। इसके अतिरिक्त ऐसी कई पद्धतियाँ हैं, जिनसे ज्वालामुखी विस्फोट का प्रभाव कम किया जा सकता है। ऐसी कुछ पद्धतियों की सूची निम्नलिखित है–

(क) सक्रिय ज्वालामुखी क्षेत्रों में मानव बस्तियों से संबद्ध दीर्घ-अवधि की योजना।

(ख) ज्वालामुखी क्षेत्रों में विभिन्न प्रकार के भवनों/संरचनाओं का निर्माण करने के लिए भवन निर्माण कोडो का उचित उपयोग।

(ग) ज्वालामुखी के आस-पास रहने वाली जनसंख्या के लिए आवश्यक सूचना का प्रसार।

(घ) आपातकालीन प्रबंधन और लोगों को सुरक्षित स्थान पर पहुँचाने की तैयारी।

(ङ) स्थानीय लोगों को शिक्षित करने के लिए जनता को जागरूक करने के लिए कार्यक्रम।

(च) आपदा के कारण हुए नुकसान के बोझ को कम करने के लिए विभिन्न कार्यक्रमों जैसे बीमा और आपदा सहायता आदि के माध्यम से नुकसान की हिस्सेदारी को बाँटना।

तालिका 15.2: इंडोनेशिया में पिनाट्बो के लिए प्रयुक्त ज्वालामुखीय चेतावनी स्तर

वैज्ञानिक चेतावनी स्तर	सांकेतिक घटना	व्याख्या
शून्य अथवा कोई सर्तकता नहीं	पृष्ठभूमि घटना	भविष्य की दृष्टि से कोई उद्गार नहीं
(1)	निम्न स्तर की भूकंपीय (seismic), वाष्पमुखी गतिविधि और अन्य उथल-पुथल	ज्वालामुखी गतिविधि का प्रारंभिक संकेत, पर उद्गार का कोई खतरा नहीं।
(2)	भूकंपीय गतिविधि का मध्यम स्तर, मैगमा के साथ घटना का वास्तविक प्रमाण और उथल-पुथल	संभव मैगमीय अंतर्वेधन (Intrusion) उद्गार तक ले जा सकता है।
(3)	आपेक्षिक रूप से उच्च और बढ़ती हुई उथल-पुथल, जिसमें अनेक भूकंप, त्वरित भूमि का विरूपण और वाष्पमुखी शक्ति में वृद्धि और गैस का उत्सर्जन।	उद्गार की संभावना में वृद्धि, संभवत: विस्फोटों की, कुछ दिनों से सप्ताह के अंदर संभवता।
(4)	तीव्र उथल-पुथल, जिसमें संनादी कंप और/अथवा डोम वृद्धि और/अथवा छोटे उद्गार होते हैं।	मैगमा पृथ्वी की सतह पर अथवा बहुत पास। कुछ घंटों अथवा दिनों में ही जोखिम भरे विस्फोटी उद्गार संभव।
(5)	जोखिमी विस्फोटी उद्गार प्रगति कर रहा है, जिसमें पाइरोक्लास्टिक प्रवाह और/अथवा उद्गार स्तंभ 6 कि.मी. ऊपर अथवा समुद्र तल से 20,000 फुट ऊपर उठ रहा है।	विस्फोटी उद्गार बढ़ रहा है। घाटी और नीचे की हवा में जोखिमी।

ज्वालामुखी उद्गार के कारण हुए क्षति के खतरों को कम करने अथवा घटना में बदलाव लाने के लिए निम्नलिखित पद्धतियाँ हैं–

(क) ज्वालामुखी से बाहर निकलने वाले लावे का शीतलन और/अथवा उसे नाले में प्रवाहित करना, अथवा उसके प्रवाह मार्ग में परिवर्तन लाना।

(ख) लहरों से बचाव के लिए बाँध बनाना।

(ग) छतों की ढलान का उचित डिजाइन बनाकर भवनों को ज्वालामुखी राख पात से बचाना।

(घ) ज्वालामुखी संकटों से बचाव के लिए व्यापक बुनियादी ढाँचे की सुविधाएँ उपलब्ध करना।

(ङ) भूमि उपयोग की योजना बनाना और विनियमों को लागू करना।

एक सफल ज्वालामुखी संकट न्यूनीकरण कार्यक्रम का आपेक्षित परिणाम बहु-और परस्पर-अनुशासनिक गतिविधियों द्वारा ही प्राप्त होता है। इस संबंध में अधिकतम परिणाम प्राप्त करने के लिए प्रत्येक कार्यक्रम में समुदाय को शामिल किया जाना चाहिए, और ऐसे कार्यक्रम बनाए जाने चाहिए जो जनता/समुदाय को स्वीकृत हों।

❏❏❏

ज्वालामुखी उद्गार: केस अध्ययन

प्रश्न 1. इटली में ज्वालामुखी उद्गार पर एक टिप्पणी लिखिए। **(जून-2018)**

उत्तर– ज्वालामुखी उद्गार की चर्चा में इटली देश अत्यंत लोकप्रिय रहा है। इटली एक ऐसा देश है जहाँ पर अनेक ज्वालामुखी उद्गारों का लंबा इतिहास मौजूद है। इटली के कुछ लोकप्रिय ज्वालामुखी माउंट एटना, माउंट विसुवियस और स्ट्रोमबोली तथा वलकेनो के द्वीप हैं। वलकेनो द्वीप का नाम वलकेनो इसलिए पड़ा क्योंकि यहाँ पर पर्याप्त मात्रा में ज्वालामुखी गतिविधि होती है, जो पिछले कई हजार वर्षों से होती रही है। प्राचीन कथाओं में इस द्वीप को "फोर्ज ऑफ इफेस्टो", अग्नि का ग्रीक परमेश्वर कहा जाता था, इसका नाम बदल कर वलकेनो रखा गया जो रोमन लोगों के परमेश्वर के बराबर था। जैसे-जैसे समय बीतता गया, शब्द 'वलकेनो' विश्व के उन सभी पर्वतों के लिए इस्तेमाल किया जाने लगा जिनमें से आग और धुआँ बाहर निकलता था। कुछ और समय बीतने के बाद यह शब्द वलकेनो से वॉलकेनो हो गया।

(1) माउंट एटना और माउंट विसुवियस–

माउंट एटना–एटना में उच्च ज्वालामुखी गतिविधि के संसूचन के लिए एक अत्यधिक उच्च तकनीकी मॉनीटरिंग नेटवर्क प्रयुक्त किया गया है जो ज्वालामुखी की गतिविधि का कोई भी पूर्व संकेत बता देता है। माउंट एटना पर मॉनीटरिंग नेटवर्क में 12 भूकंपीय और 9 टिल्ट स्टेशन हैं। लघु-अवधि और ब्रॉडबैंड भूकंपमापी ज्वालामुखी ढलान पर लगभग 400 मीटर ऊपर से 3000 मीटर तक की ऊँचाई पर (समुद्र तल के ऊपर) प्रचालित किए जाते हैं। उथले बोरहोल द्विअक्षीय टिल्ट-मीटर जिसमें 0.1 से 0.01 तक की माइक्रोरॉड संवेदनशीलता ज्वालामुखी के बगल में 1400 मीटर और 2800 मीटर (समुद्र तल से ऊँचाई) के बीच स्थित होते हैं। टिल्ट स्टेशन में डाटा लॉगर लगे होते हैं और डाटा सैंपल के लिए और टेलीमीटरिंग (सिस्टम) फॉल्ट के मामले में क्षति को रोकने के लिए सॉलिडस्टेट मेमोरीज होती हैं। उपकरण की रीडिंग ½ घंटे के अंतराल पर होती है परंतु सैंपलिंग (नमूने लेने) की आवृत्ति अलग तरह से परिवर्तित की जा सकती है।

माउंट विसुवियस–सोम्मा-विसुवियस ज्वालामुखी कामप्लेक्स 1281 मीटर ऊँचा है, जो इटली के मुख्य भाग में नेपल्स के पूर्व में स्तरित ज्वालामुखी है। माउंट विसुवियस 79 ईसवी में हुए उद्गार के कारण बहुत लोकप्रिय हो गया था। माउंट पौम्पी और हरक्यूलेनियम के प्राचीन शहर लावा में दब गए थे। यह ज्वालामुखी अपने अब तक के जीवन काल में 50 से अधिक

बार फूट चुका है। इस ज्वालामुखी उद्गार के लक्षणों में (विस्फोटी उद्गार) होते हैं जिसके बाद लावा बाहर निकलता है। इस ज्वालामुखी पर अंतिम विस्फोट वर्ष 1944में हुआ था, तब से अब तक इसकी ज्वालामुखी गतिविधि, मध्यम भूकंपीयता और अंतर-विवर वाष्पमुख गतिविधि तक ही सीमित रही है।

अगस्त 24 को ईसा की मृत्यु के 79 वर्ष बाद विसुवियस ज्वालामुखी अचानक से फूट गया और इसने दोनों शहरों पौम्पी और हरक्यूलेनियम को दबा दिया। उद्गार से पूर्व, इस ज्वालामुखी को निर्वापित समझा जाता था क्योंकि यह शताब्दियों से शांत था। फिर भी 63 ईसवी में क्रमवार भूकंपों की घटना के कारण इस ज्वालामुखी के सक्रिय होने के संकेत मिल रहे थे और तब भी इस ज्वालामुखी उद्गार की किसी को आशा नहीं थी। हवा से गिरती हुई राख और उसके बाद में पाइरोक्लास्टिक प्रवाह ने इन दोनों शहरों को मिट्टी में तब तक दबाए रखा जब तक कि 1709 में उनको फिर से न खोजा गया। अधिक विनाशी ज्वालामुखी उद्गार वह होते हैं जो पाइरोक्लास्टिक प्रवाह, अवधाव और लहर उत्पन्न करते हैं। इस घटना के कारण, राख गिरने के साथ, केवल पौम्पी शहर में ही 2,000 लोगों की मृत्यु हो गई थी। यह शहर 79 ईसवी में माउंट विसुवियस से लगभग 10 कि.मी. दूर था।

(2) वलकेनो और स्ट्रोमबोली–स्ट्रॉमबोली से लगभग 50 किलोमीटर दूर स्थित वुलकैनो, जिसके नाम पर अन्य ज्वालामुखी 'वॉलकेनो' कहलाने लगे, अंतिम बार 1888 में तीव्र विस्फोट के साथ उद्गरित हुआ था। वास्तव में वह एक उद्गार न होकर उद्गारों की एक श्रृंखला थी, जो अगस्त महीने से आरंभ होकर अगली मई तक चलती रही थी। उन उद्गारों में राख और अंगारों के घने मेघ उत्पन्न हुए थे जिन्होंने प्यूमिक के टुकड़ों, तथाकथित दरारी-पपड़ी बम और अत्यंत गरम चट्टानों को ज्वालामुखी के शंकु पर ही नहीं वरन् आस-पास के क्षेत्र में भी फैला दिया था। यद्यपि उन उद्गारों में क्रेटर में से लावा बाहर नहीं निकला था, परंतु ज्वालामुखी के ऊपर छाए मेघों में उसका लाल प्रतिबिंब स्पष्ट झलक रहा था।

यह टाइरेहेनियन समुद्र में लगभग 200 कि.मी. तक लंबा है। यह क्षेत्र उपतन्य जोन में है, जहाँ अफ्रीकी प्लेट यूरोपियन प्लेट के नीचे सरकती है, एओलिएन द्वीपों की ज्वालामुखीय चाप उत्पन्न करती है और बहुत सक्रिय भूकंपी जोन बनाती है। विस्फोटी कामप्लेक्स का ऊपरी भाग पिछले लाखों वर्षों में निर्मित हुआ था और जबकि पानी के नीचे का भाग उससे भी पहले बना था। इन सब द्वीपों में सबसे पुराना द्वीप सिसीफो है, जो 1 से 3 मिलियन वर्षों पहले बना था। इस आर्चीपेलेगों में कम से कम तीन द्वीप लिपारी, वलकेनो और स्ट्रोमबोली अभी भी सक्रिय हैं। लिपारी पर अंतिम उद्गार 729 ईसवी में हुआ था; वीलकेनों पर 1880-1890; जबकि स्ट्रोमबोली पिछले 2000 वर्षों से बिना किसी रूकावट के सक्रिय है।

(क) वलकेनो द्वीपः वलकेनो एओलियन आर्चीपेलेगो में एक ऐसा द्वीप है जिसका क्षेत्र 22 वर्ग कि.मी. है। यह पूरा ज्वालामुखी चट्टानों से बना है और समुद्र तल से इसकी अधिकतम ऊँचाई 500 कि.मी. तक है। यह द्वीप बड़े ज्वालामुखी क्षेत्र का एक छोटा-सा भाग है जो समुद्र के नीचे एक किलोमीटर की गहराई तक फैला हुआ है, वलकेनो द्वीप सक्रिय (शंकु) है जो 391 मीटर (समुद्र तल से) ऊँचा है और इसके नीचे का आधारी व्यास 1 कि.मी. तक है। ज्वालामुखी उद्गार का इतिहास क्षेत्र में उच्च स्तर के खतरे उत्पन्न करने का है। यह स्थिति

और भी गंभीर हो रही है, क्योंकि वलकेनो द्वीप में जनसंख्या दिन-ब-दिन बढ़ती जा रही है। इस द्वीप में अभी हाल के वर्षों में पर्यटन गतिविधि का भी विकास होने लगा है। पर्यटन क्षेत्र की बढ़ती हुई आवश्यकता को पूरा करने के लिए उद्गार शंकु के आधार पर अनेक भवनों का निर्माण हो रहा है।

इस द्वीप में अभी हाल ही में हुए उद्गार निश्चित ज्वालामुखी क्षेत्रों, जैसे–'वलकेनेल्लो' और 'लॉ फोसा' में घटित हुए थे जो द्वीप के उत्तरी भाग में स्थित है। ज्वालामुखी उत्पाद जो ये संरचनाएँ बनाते हैं, वह मुख्यत: कम मात्रा के लावा प्रवाह के साथ पाइरोकलास्ट से बने होते हैं। वर्तमान समय में, ज्वालामुखी गतिविधि वाष्पमुख विगैसन तक सीमित है, मुख्यत: 'ला फोसा' पर और उसका अधिकतम तापमान 200-300° से. तक होता है। ऐतिहासिक काल में तापमान में आवधिक वृद्धि (1924 में 615° से. और 1990 में 700° से.) देखी गई है। वर्तमान में, तापमान में 500° से. के रेंज में स्थिरता देखी गई है। वाष्पमुख से निकली हुई गैसों में जलवाष्प के साथ CO_2, SO_2, CO, H_2S, HCP और HFI रहती है।

यह द्वीप निम्नलिखित पाँच मुख्य ज्वालामुखी संरचनाओं से बना है–

(i) प्राइमोरडीएल ज्वालामुखी– 1,20,000–100,000 के बीच के वर्षों पहले बना था।
(ii) पिआनो केलडेरा।
(iii) लेन्शिया।
(iv) लॉ फोसा केलडेरा।
(v) वलकेनेलो – द्वीप का अभी भी सक्रिय भाग है।

(ख) वलकेनो के उद्गार का इतिहास–वलकेनो द्वीप का 'लॉ फोसा' शंकु इस द्वीप का सबसे अधिक सक्रिय भाग है। इसकी गतिविधियों में पाँच ज्वालामुखी उद्गार के चक्रों का वर्णन किया गया है; इसमें 1880–90 में हुआ पिछला प्रमुख विस्फोट शामिल किया गया है। इन चक्रों में अधोभोमि (Phreatomagnetic) गतिविधियों से चुंबकीय (Magnetic) गतिविधियों में विशेष परिवर्तन होता है जो विस्कोसी मिश्रित लावा प्रवाह के अभिस्थापन के साथ अक्सर समाप्त हो जाता है। इन चक्रों के इतिहास के प्रमाणों को देखते हुए ये अनुमान लगाया जा सकता है कि प्रत्येक में टफ शंकु के निर्माण के साथ एक विस्फोटी खाई निर्मित हुई थी। चक्र में पानी/पिघली वस्तु की परस्पर क्रिया की मात्रा, समय बीतने के साथ कम होती गई। चक्र का आरंभ सर्ज निक्षेपों से हुआ और जो लावा प्रवाह के साथ समाप्त हो जाता है।

(ग) वलकेनो द्वीप के सामने आने वाले ज्वालामुखी संकट–पिछले कई वर्षों के दौरान द्वीप के "लॉ फोसा" शंकु में ज्वालामुखी सक्रियता के पर्याप्त संकेत मिले हैं। इस शंकु पर भावी गतिविधियाँ कई प्रकार की घटनाएँ उत्पन्न कर सकती हैं जो स्थानीय लोगों और पर्यटकों संकटों जो ज्वालामुखी पर जाते हैं, के लिए खतरे का कारण हो सकती हैं। इस द्वीप पर मुख्य संकटों की सूची नीचे दी गई है–

(i) वर्ष 1988-90 के उद्गार के बाद कुछ अवधि तक तीव्र वाष्पमुख गतिविधि हुई थी। जो पर्यटक ज्वालामुखी विवर की ओर पैदल यात्रा करते हैं, उनके लिए गर्म पानी की धाराएँ और आविषालु गैसें खतरनाक हो सकते हैं। गैसों का उच्च सांद्र भी समुद्री तटों पर पर्यटकों के लिए हानिकारक हो सकता है।

(ii) लावा का प्रवाह ढालू ढलानों को छोड़कर कम खतरा उत्पन्न करता है, यहाँ पर खंड प्रवाह के किनारों से नीचे गिर सकते हैं।

(iii) राख निक्षेप गिरने से मध्यम खतरे उत्पन्न होते हैं, राख पशुओं और मशीनों के लिए बहुत खतरनाक हो सकती है।

(iv) विस्फोट के दौरान बड़े बमों का निष्कासन बहुत खतरनाक होता है; ये बम अत्यधिक शक्ति के साथ निष्कासित होते हैं। एक बम जो लगभग (~)500 से.मी. के व्यास का होता है वह 600 मीटर ऊपर तक जा सकता है। इसी तरह 15 से.मी. बम का बम ज्वालामुखीय रंध्र से 1100 मीटर ऊपर तक जा सकता है।

(v) 'लॉ फोसा' पर सभी चक्रों में शुष्क सर्ज (टेफरा/पाइराकेलास्ट की) सामान्य तौर पर होता है। उनकी वृद्धि स्थलाकृति द्वारा प्रभावी मात्रा में नियंत्रित की जाती है और यह बसी हुई बस्तियों के लिए सबसे अधिक संकट का कारण बनती है।

(vi) भूकंपों अथवा विस्फोट की घटनाओं से चट्टान का गिरना/भूस्खलन ट्रिगर होना पर्यटकों और स्थानीय लोगों को जो ज्वालामुखी विवर के घेरे को देखने जाते हैं, उनको नुकसान पहुँचा सकता है।

(घ) **स्ट्रोमबोली का द्वीप-भूमध्यसागर का प्रकाश स्तंभ**—सिसली द्वीप के उत्तर में एक द्वीप है—लिपारी। इस पर स्थित स्ट्रॉमबोली ज्वालामुखी की गणना विश्व के विलक्षण ज्वालामुखियों में की जाती है। यह 2,000 वर्षों से भी अधिक समय तक सक्रिय रहा है। प्लिनी ने ईसा की पहली शताब्दी में इसका वर्णन किया था। उस समय से लेकर अब तक स्ट्रॉमबोली का न तो 'व्यक्तित्व' बदला है और न ही 'व्यवहार'। उसकी गणना विश्व के सबसे 'सभ्य' और 'नियमित' ज्वालामुखियों में की जाती है। उसके मुख में से निरंतर गैस, भाप, धूल, अंगार, लैपिली, बम और लावा निकलते रहते हैं। उनमें से कुछ तो क्रेटर में वापस गिरते भी रहते हैं। उसके तरह लावा का एक अंश गोबर बम अथवा तकुआ बम में बदल जाता है। इसी वजह से ज्वालामुखी में ऊर्जा इतनी मात्रा में भंडारित नहीं हो पाती है कि यह भयंकर विस्फोट के साथ उद्गरित हो सके। उक्त वस्तुओं का निरंतर निकास 'सुरक्षा वाल्व' की भाँति कार्य करता है। यद्यपि इसके क्रेटर के ऊपर स्थित लाल चमकदार मेघ कुछ समय बाद लुप्त होते रहते हैं परंतु कदाचित् ही कोई लंबा अंतराल जाता हो जब स्ट्रॉमबोली की सक्रियता प्रदर्शित न हुई हो। आखिरी बार यह नवंबर 2002 में उद्गरित हुआ था। इसीलिए प्राचीन काल से ही स्ट्रॉमबोली को 'भूमध्यसागर का प्रकाशस्तंभ' कहा जाता है।

स्ट्रॉमबोली की संरचना एक परिपूर्ण शंकु जैसी है, जो सागर की तली में से निकलकर सतह से लगभग एक हजार मीटर ऊँचा उठ गया है। इसके आस-पास के सागर की गहराई 2,000 मीटर से भी अधिक है। इस प्रकार वास्तव में इसकी ऊँचाई 3,000 मीटर से भी अधिक है जो इसे संसार के ऊँचे ज्वालामुखियों की जमात में शामिल कर देती है। साथ ही वह ऐसे स्थल पर स्थित है कि उसके निकट से मार्सल, जिनोआ और नेपल्स जानेवाले जलयान गुजरते रहते हैं। अतएव स्ट्रॉमबोली एक अच्छा दर्शनीय ज्वालामुखी और पर्यटन स्थल बन गया है।

शीत लहर से संबंधित बीमारियाँ निम्नलिखित हैं–

(i) फ्रास्टनिय (Frostnip), जो मनुष्य के अंगों को सुन्न कर देती है और अस्थायी रूप से त्वचा का रंग नीला-सफेद कर देती है।

(ii) चिलब्लेन (Chillblain)

(iii) तुषार उपघात (Frostbite)

(iv) हाइपोथर्मिया (Hypothermia) यह आपातकालीन अवस्था है, जिसमें चिकित्सा सहायता तुरंत देने की जरूरत होती है।

मानवों पर प्रभाव के अतिरिक्त, शीत लहर की स्थितियों से फूलों और पत्तियों तथा कृषि संबंधी गतिविधियों को भी पर्याप्त मात्रा में नुकसान होता है।

उष्णता और शीत लहरें

प्रश्न 1. उष्णता और शीत लहरों के कारण और प्रभाव क्या हैं? (जून-2019)

अथवा

उष्णता और शीत लहरों के कारण और प्रभाव का परीक्षण कीजिए।

(जून-2020)

उत्तर– शीत लहर के कारण–ठण्ड के महीनों के दौरान शीत लहर की स्थितियाँ तब उत्पन्न होती हैं जब ठण्डी हवा की संहति जो ऊँचे अक्षांश से आती है, क्षेत्र के ऊपर व्याप्त हो जाती है। मध्य अक्षांश की पश्चिमी हवा प्रबल रूप से गति करती हुई निम्न दाब व्यवस्था जो पश्चिम से पूर्व की ओर जाती है और उत्तरी/दक्षिणी गोलार्ध में उत्तर-पश्चिमी/दक्षिण-पश्चिमी दिशा की हवाएँ व्याप्त रहती हैं तो ऊँचे अक्षांश से ठण्डी हवा की संहति लाती हैं। यदि तापमान सामान्य से बहुत नीचे चला जाता है तो शीत लहर उत्पन्न होती है। कभी-कभी दिन में कोहरे का मौसम विकसित हो जाता है, जो दिन को गर्म होने से रोकता है और शीत लहर के लिए लंबे समय तक रहने की अनुकूल स्थितियाँ उत्पन्न कर देता है। रात में साफ आकाश से बाधारहित विकिरण शीतलन से तापमान और भी कम हो जाता है।

शीत लहर के लिए अनुकूल स्थितियाँ निम्नलिखित हैं–

- मध्य-अक्षांशों की पश्चिमी हवा का प्रवाह, प्रबल रूप में निम्न दाब व्यवस्था के रास्ते के पिछले भाग में क्षेत्र के ऊपर ऊँचे अक्षांशों से ठण्डी हवा की संहति का प्रवाह करता है।
- दिन में कोहरे का मौसम जो दिन को अधिक गर्म होने से रोकता है।
- साफ आकाश की स्थितियों के नीचे रात के दौरान प्रभावशाली विकिरण शीतलन।

भारत में शीत लहर–देश में शीत लहर सामान्य रूप से दिसंबर-जनवरी के महीनों में अनुभव की जाती है। यह कभी-कभार नवंबर और मार्च के महीनों में भी देश के उत्तरी भागों में प्रवाहित हो सकती है। शीत लहर की आवृत्ति भारत के उत्तर-पश्चिमी भागों में अधिकतम बार होती है। यह भारत के दक्षिणी और पूर्वी भागों में भी पर्याप्त मात्रा में देखने को मिलती है। मैदानी इलाकों के लिए शीत लहर की घोषणा तब की जाती है जब न्यूनतम 10 डिग्री सेल्सियस या उससे नीचे हो और लगातार दो दिनों तक सामान्य से 4.5 डिग्री सेल्सियस कम तापमान हो।

शीत लहर की घटना भारतीय उपमहाद्वीप अथवा सुदूर के, बहुत दूर स्थित उत्तर-पश्चिमी भागों से बहुत ठण्डी हवा के अंत:प्रवाह के साथ संबद्ध होती है। इसके लिए निम्नलिखित मौसम की स्थिति अनुकूल होती है–

- ऊपरी पश्चिमी दिशा की हवाओं की निम्न दाब व्यवस्था का और/अथवा समुद्र-स्तर और ऊँची स्थिति की निम्न दाब व्यवस्था का उत्तर भारत और/अथवा आस-पास के क्षेत्र को पार करना जिससे साधारणत: मैदानों पर व्यापक वर्षा होती और पहाड़ों पर हिमपात की घटनाएँ होती हैं।
- वर्षा/हिमपात गतिविधि के अंत में उत्तर-पश्चिमी हवाएँ क्षेत्र में प्रवाहित हो सकती हैं और ऊँचे अक्षांशों और/अथवा पर्वतीय क्षेत्रों से ठण्डी हवा संहति के अंत:प्रवाह का कारण बन सकती हैं।
- कभी-कभी, पश्चिमी विक्षोभों की अनुपस्थिति में और लगातार लंबी अवधि तक आकाश साफ रहने के कारण तीव्र विकिरण शीतलन रात में तापमान को सामान्य से कम कर देता है, जिसके परिणामस्वरूप शीत लहर की स्थितियाँ उत्पन्न हो जाती हैं।

प्रभाव–

तापीय दाब–मनुष्यों में, जलवायु जिसमें वे रहते हैं उसके प्रति अपने आपको ढालने की बहुत अधिक क्षमता होती है, परंतु फिर भी वे मौसम की स्थितियों में अचानक हुए परिवर्तनों और प्रबल स्थितियों के प्रति संवेदनशील हैं। मनुष्य के स्वास्थ्य, पशुओं के साथ-साथ उद्योग और कृषि उत्पादन पर भी, विश्व के अधिकांश भागों में, अत्यधिक गर्मी और तेज ठण्ड का विनाशकारी प्रभाव अनुभव किया जाता है। समशीतोष्ण और/अथवा ठण्डे क्षेत्र, जो मध्य अक्षांश में हैं, पर हालाँकि गर्म उष्णकटिबंधीय क्षेत्रों में रहने वाले लोगों की अपेक्षा उष्णता लहर का प्रभाव बहुत अधिक होता है। इसी तरह शीत लहर, ठण्डी जलवायु के क्षेत्र में रहने वाले लोगों की अपेक्षा गर्म उष्णकटिबंधीय प्रदेशों में रहने वालों के लिए अधिक विनाशकारी होती है।

उष्णता लहर और शीत लहर मनुष्य के शरीर पर अत्यधिक उष्मीय दाब उत्पन्न करती है, जिससे मनुष्य के स्वास्थ्य और उसके कल्याण पर विनाशकारी प्रभाव पड़ता है। अत्यधिक उष्मीय दाब का स्थायी रूप से मौजूद रहने से मनुष्य के स्वास्थ्य के विकारों की संभावना और तीव्रता बढ़ जाती है। अत्यधिक गर्मी अथवा ठण्ड के लगातार बने रहने का प्रभाव, जैसे एक सप्ताह अथवा उससे अधिक, लोगों के स्वास्थ्य पशुओं, कृषि और औद्योगिक उत्पादन पर प्रबल मात्रा में पड़ता है; जबकि यदि शीत लहर और अत्यधिक गर्मी रूक-रूक कर पड़े तो इसका कम प्रभाव होता है।

अत्यधिक सर्दी अथवा अत्यधिक गर्मी अगर लगातार बनी रहे। उदाहरण के लिए, जैसे एक सप्ताह या उससे अधिक तो ऐसी स्थिति में जीव-जंतु, कृषि, औद्योगिक उत्पादन और लोगों के स्वास्थ्य पर प्रबल मात्रा में प्रभाव पड़ता है। वहीं इसके विपरीत यदि अत्यधिक गर्मी और शीत लहर रूक-रूक कर पड़े तो इसका प्रभाव लोगों पर कम पड़ेगा क्योंकि अगर अधिक उष्णता और अत्यधिक शीत लहर होगी तो इसका व्यापक प्रभाव दुनिया भर के लोगों पर दिखाई देता है।

प्रश्न 2. उष्णता लहर की रोकथाम और तैयारी के उपायों की चर्चा कीजिए।

उत्तर– रोकथाम–उष्णता लहर असामान्य रूप से उच्च तापमान की वह स्थिति जिसमें तापमान सामान्य से अधिक रहता है।

(1) उष्णता लहर–उष्णता लहर और शीत लहर के कारण हुई बीमारियों को रोकने का सबसे उत्तम तरीका यह है कि बाहरी वातावरण में कम से कम रहा जाए। फिर भी निम्नलिखित सावधानियाँ रखने से, इसके बुरे प्रभावों को कम करने में सहायता मिलती है–

(क) उष्णता लहर : कपड़े–

(i) हल्के भार और हल्के रंग के सूती कपड़े पहनें, जो त्वचा से पसीने को सोख लेते हैं क्योंकि पसीने के वाष्पीकरण से शरीर का तापमान कम होता है।

(ii) शरीर के ऊपरी भाग से, निचले भाग की अपेक्षा, अधिक पसीना निकलता है इसलिए ढीले कपड़े पहनने से कमर के ऊपर हवा का अधिक संचरण होता है, जो ऊष्मा को शरीर से दूर करने का बेहतर तरीका है।

(iii) हालाँकि तीव्र गर्मी के मौसम में अपने सिर को सूती कपड़े की टोपी अथवा कैप से ढकना चाहिए। इससे शरीर की गर्मी बाहर निकलने में सहायता मिलती है और यह सूर्य की तेज किरणों से बचाती भी है।

(iv) समयबद्ध एवं प्रभावी रोकथामत तथा प्रतिक्रिया उपायों की पहचान करना।

(ख) निर्जलीकरण को रोकें–अधिक मात्रा में पानी और तरल पदार्थ पिएँ। यदि आपको पसीना अधिक आता है तो अधिक तरल पदार्थ लें और नमक को भी अधिक मात्रा में लें। जब बाहर निकलें तो साथ में पानी की बोतल ले जाएँ और थोड़ी-थोड़ी देर बाद पानी पीते रहें और टीवी से मौसम की जानकारी लेते रहें ज्यादा गर्मी हो तो बाहर जाने से बचें।

(2) शीत लहर–शीत लहर भी एक मौसमी प्रक्रिया है जो वायु के शीतलन से संपन्न होती है। उष्णता लहर की तरह, शीत लहर के लिए भी चोटों/बीमारियों से बचने का सबसे उत्तम उपाय रोकथाम है। मनुष्यों के अतिरिक्त, पशुओं और पालतू जानवरों को भी शीत लहर से बचाने की आवश्यकता है।

कपड़े–

(क) ऐसे कपड़े पहनें कि जो शरीर की गर्मी को रोकें और शरीर में ऊष्मा का स्तर सामान्य बना रहे।

(ख) जब बाहर जाएँ तो अपने शरीर को ढकें और बाहर की ठण्ड से शरीर के भागों को बचाएँ। आँखों को और ठण्डी हवा से बचाने के लिए चश्मा अथवा धूप का चश्मा पहनें।

अन्य ध्यान देने योग्य बातें–

(क) भोजन पर्याप्त मात्रा में खाएँ ताकि शरीर का तापमान सामान्य बना रहे।

(ख) गीले हाथों से धातु को न छुएँ, इससे अत्यधिक ठण्डे तापमान में हाथों में तुषार उपघात हो सकता है।

(ग) अधिक व्यायाम न करें और शरीर से पसीना न निकलने दें। पसीने से वाष्पीकरण द्वारा शरीर की ऊष्मा कम हो जाती है।

(घ) ऐसे पेय पदार्थ न पिएँ जिसमें एल्कोहल अथवा कैफीन हो और ठण्ड में तंबाकू का प्रयोग न करें क्योंकि यह मनुष्य के फेफड़ों के लिए हानिकारक होता है।

(ङ) प्रभावित व्यक्ति को गर्म स्थान पर ले जाएँ तथा उनके गीले तथा ठंडे कपड़ों को बदलें।

(च) प्रभावित व्यक्ति को त्वचा से त्वचा मिलाकर, कंबल, कपड़ों, तौलियों तथा चद्दरों की परतों द्वारा गर्म करें। उसको हीटर अथवा आग के आस-पास रखें।

(छ) उसको गर्म पेय पदार्थ दें जिससे शरीर में गरमाहट बनाए रखने में मदद मिले। शराब न दें इससे शरीर की गरमाहट कम होती है।

प्रश्न 3. उष्णता और शीत लहरों में बचाव और राहत कार्यों पर टिप्पणी कीजिए। (जून-2017)

उत्तर– उष्णता और शीत लहर ठण्ड और गर्मी के महीनों में तापमान में अत्यधिकता के कारण उत्पन्न होती है। अगर कोई भी उष्णता लहर और शीत लहर की चपेट में आ जाता है तो सर्वप्रथम पीड़ित व्यक्ति के शरीर के तापमान को वापस सामान्य स्थिति में लाया जाना चाहिए क्योंकि इससे रोगी की स्थिति में स्थिरता आ जाती है और आगे कोई जटिलता नहीं आती। यदि रोगी का जीवन खतरे में है तो उसे तुरंत चिकित्सा सहायता देना अनिवार्य हो जाता है। उष्माघात अथवा हाइपोथर्मिया की स्थितियाँ आपातकालीन होती हैं और इनमें डॉक्टर के आने से पूर्व प्राथमिक चिकित्सा तुरंत उपलब्ध की जानी चाहिए।

(1) उष्माघात–

(क) रोगी को सूरज की सीधी किरणों से दूर, ठण्डे, छायादार स्थान में ले जाएँ।

(ख) उसके शरीर से अनावश्यक कपड़े हटा दें।

(ग) उसके शरीर पर ठण्डे (शीत जल नहीं) पानी से स्पंज करें और उसको पंखे की हवा दें, ताकि उसके शरीर का तापमान पानी के वाष्पीकरण से कम हो जाए।

(घ) उसकी जाँघों के बीच के स्थान, गर्दन और बगलों में बर्फ के पैक रखें जहाँ पर रक्त वाहिकाएँ त्वचा की सतह के एकदम नीचे होती हैं।

(ङ) यदि रोगी की साँस रूकने लगे तो उसकी साँस को बचाने का प्रयास शुरू करें।

(च) एसप्रिन जैसी तापमान कम करने की दवा रोगी को न दें, क्योंकि इनसे दूसरी परेशानियाँ शुरू हो जाती हैं।

(छ) यदि रोगी चेतन अवस्था में है और खा सकने की स्थिति में है, तो उसे पानी और तरल पदार्थ पीने को दें ताकि उसके शरीर से पानी का निर्जलीकरण न हो।

(2) हाइपोथर्मिया–ठण्ड के कारण हाइपोथर्मिया (निम्नताप) और अन्य आघातों के मामले में प्राथमिक सहायता का मूल सिद्धांत है कि रोगी को गर्म स्थान में ले जाया जाए और उसके शरीर को गर्म कपड़े में लपेटा जाए ताकि उसके शरीर की ऊष्मा बाहर न निकलने पाए। रोगी को हर 15 मिनट बाद गर्म पानी और सूप पीने को दें। यदि रोगी चेतन अवस्था में है तो थोड़ा खाना भी दिया जा सकता है। ये रोगी के शरीर में चयापचय प्रक्रियाओं के द्वारा ऊष्मा पैदा करने में सहायता पहुँचाएगा। यदि रोगी चेतन अवस्था खोने लगे तो उसे तुरंत चिकित्सा सहायता पहुँचाएँ। बाहर जाते समय सिर, हाथ एवं पैर को उपयुक्त गर्म कपड़े से ढक लें।

तीव्र तापमान की स्थितियों में सबसे उत्तम यह होगा कि तापीय दाब को निम्नलिखित प्रयासों द्वारा रोका जाए–

(क) तीव्र तापमान की स्थितियों में घर के बाहर करने वाले कार्यों की उचित योजना बनानी चाहिए। उदाहरण के लिए, उष्णता लहर के दौरान तनावपूर्ण कार्य दिन के अत्यधिक गर्मी वाले समय में नहीं किए जाने चाहिए। अधिक तनावपूर्ण कार्य जिससे शरीर का पसीना निकलने लगे, उनको ठण्डे तापमान में नहीं किया जाना चाहिए, क्योंकि पसीने का वाष्पीकरण शरीर को और अधिक ठण्डा कर देता है और शरीर के तापमान को कम कर देता है।

(ख) तीव्र तापमानों से शरीर को बचाने के लिए उचित कपड़े पहनने चाहिए।

(ग) गर्म मौसम के दौरान बड़ी मात्रा में भारी भोजन न खाएँ। भोजन कम मात्रा में और कई बार खाएँ। ठण्ड के दिनों में अधिक ऊर्जा देने वाले खाद्य पदार्थ खाए जा सकते हैं।

(घ) एल्कोहल और कैफीन को उष्मीय दाब की स्थितियों में इस्तेमाल नहीं किया जाना चाहिए।

(ङ) समाचार-पत्र/रेडियो/टेलीविजन के माध्यम से मौसम की जानकारी लेते रहें।

(च) उष्णता लहर के मौसम में शरीर का तापमान एकदम बढ़ जाता है जिससे शरीर में पानी और नमक की कमी होने पर लू लगने की आशंका बढ़ जाती है। ऐसे में बाहर जाने से बचें और पानी अधिक पिएँ।

जलवायु परिवर्तनः ग्लोबल वार्मिंग

प्रश्न 1. पृथ्वी के जलवायु तंत्र और उसकी मॉनीटरिंग की व्याख्या कीजिए।

(जून-2018)

उत्तर– जब से धरती का निर्माण हुआ है तभी से इसका एक अपना जलवायु तंत्र है। हर स्थान की अपनी एक निश्चित जलवायु होती है, जिसको वहाँ की वर्षा, धूप, हवा, तापमान, आर्द्रता आदि मिलकर निर्धारित करते हैं। जलवायु में कुछ न कुछ परिवर्तन होता रहता है जिससे कभी ठंड तो कभी गर्मी ज्यादा पड़ती है और धरती पर रहने वाले सभी जीव-जंतु उससे अपना सामंजस्य बनाए रहते हैं।

पृथ्वी सूर्य तंत्र में अनन्य है, क्योंकि इस अकेली पृथ्वी में इतनी क्षमता है कि वह व्यापक किस्मों के जीवनों का विकास करती है। पृथ्वी एक जटिल तंत्र है जो भौतिकी, जीवविज्ञानी और भू-वैज्ञानिक प्रक्रियाओं के साथ परस्पर क्रिया करती है; जिसमें मानव की भी परस्पर क्रिया शामिल होती है और जो वातावरण को प्रभावित करती है। आधुनिक संदर्भ में, पृथ्वी का जलवायु-तंत्र, चार परस्पर क्रिया करने वाले घटकों, जैसे– वायुमंडल, जलमंडल (Hydrosphere) (समुद्र और जल भरे पुँज), जीवमंडल (Biosphere) और भू-मंडल (Geo-sphere) (क्रियोमंडल (Cryosphere) और भूमि की सतह) का बना होता है। पृथ्वी के जलवायु-तंत्र के विभिन्न घटकों में संपर्कों को समझने में बढ़ती हुई रुचि, प्रत्येक घटक की विश्व और क्षेत्रीय मॉनीटरिंग के द्वारा और अंतर्राष्ट्रीय और राष्ट्रीय स्तरों पर प्रेक्षणात्मक अध्ययनों के विकास को संभव करती है और इन घटकों और कुल जलवायु तंत्र के गणितीय व्यापक मॉडल संबंधी उचित आँकड़ों का रख-रखाव संभव करती है। ऐसे जलवायु मॉडलों में विश्व स्तर पर बड़े पैमाने की जलवायु संबंधी घटनाओं को अनुमानित करने की क्षमता होती है और यह अनुमान पहले की क्षेत्रीय पैमाने की घटनाओं की अपेक्षा अधिक यथार्थ और सरल तरीके से किए जा सकते हैं। जटिल जलवायु तंत्र का प्रेक्षण, मॉडल बनाने और उसे समझने में आज महत्त्वपूर्ण प्रगति हो रही है; जबकि समाज की यह आवश्यकता हो गई है कि जलवायु परिवर्तन के न्यूनीकरण के लिए वैज्ञानिक सलाह ली जाए।

वायुमंडल पृथ्वी की सतह पर गैसों के एक लिफाफे की तरह है, जिसमें कई तहें होती हैं, जैसे– क्षोभमंडल (Troposphere) और समतापमंडल (Stratosphere) जिनमें उनकी ताप और गतिक संरचनाएँ होती हैं। पृथ्वी का वायुमंडल तंत्र विकिरणात्मक संतुलन में होता है

जिसमें हवा का संचरण और समुद्री धारा महत्त्वपूर्ण होते हैं। महासागर पृथ्वी की सतह का 70 प्रतिशत भाग है और जलवायु का नियमन करने में महत्त्वपूर्ण भूमिका निभाता है, क्योंकि बहुत बड़ा तापीय निष्क्रिय (Inertia) होता है। समुद्र की धाराएँ पृथ्वी-वायुमंडल तंत्र में पर्याप्त मात्रा में ताप-साम्य बनाए रखने में योगदान देती हैं। समुद्र, पर्यावरण की कार्बनडाइऑक्साइड का लगभग 30 प्रतिशत भाग अलग करता है और इस तरह पृथ्वी के कार्बन चक्र में महत्त्वपूर्ण भूमिका निभाता है। महासागर जल विज्ञानी चक्र में भी महत्त्वपूर्ण भूमिका निभाता है क्योंकि वह पृथ्वी-वायुमंडल तंत्र में अधिकांश नमी का स्रोत है। महासागर, पोषकों के चक्रण और उनमें घुले कार्बनिक पदार्थ के चक्रण में प्रयुक्त प्रक्रिया के लिए बहुत जरूरी होता है, ये समुद्री भोजन वेब के रूप में कार्य करते हैं। इस तरह समुद्री लंबी अवधि की जलवायु विभिन्नताओं में शामिल होता है और बदले में उसके अंदर रहने वाली प्रजातियों की उत्पादकता और जैव विविधता का रख-रखाव करता है।

जैवमंडल और भूमि की सतह पदार्थ, ताप और नमी का वायुमंडल के साथ विनिमय करते हैं। जैवमंडल भूमि और वायुमंडल के बीच की सीमा की तहों में परस्पर क्रिया जलविज्ञानी चक्र, मौसम और जलवायु, पानी का बहाव, जल की और हवा गुणवत्ता के लिए अति आवश्यक है। मानव जो इस ग्रह के जैवमंडल और भूमि की सतह को (वनकटाई द्वारा) बदलने की योग्यता रखते हैं वह अब वायुमंडल के साथ ऊर्जा और पदार्थ का (विनिमय) होने में बाधा डालते हैं और यहाँ तक कि वायुमंडल की लेश (Trace) गैसों के संघटन को भी बदल देते हैं, जिसकी जलवायु और जलवायु परिवर्तन के लिए गंभीर आवश्यकता होती है। जैसे ही जलवायु तंत्र वायुमंडल की गैसों के बदलने की अनुक्रिया में विकास करता है, तो भौतिक और समुद्री जैव तंत्र भी जलवायु परिवर्तन के प्रति समायोजन करने के लिए विकसित होने लगता है।

भूमंडल में पृथ्वी का आंतरिक भाग, भूमि सतह और क्रायोमंडल (ध्रुव हिम शिखर (Permafrost) ग्लेशियर और पर्वतों पर हिम संचय) भी पृथ्वी पर जलवायु के मॉड्यूलेशन और उनके रख-रखाव में योगदान करता है। इस उपघटक की मंद विभिन्नताएँ, ग्रह की जलवायु का इतिहास अवधारित करती है।

जलवायु तंत्र के घटक विभिन्न समय के प्रबल पैमानों पर बाहरी बलों के साथ क्रिया करते हैं। वायुमंडल, जलवायु तंत्र का सबसे तेज घटक है और यह विभिन्न बलों के प्रति बड़ी तेजी से अनुक्रिया करता है। महासागर मंद घटक है और भूमि सतह और जैवमंडल मंद तथा तेज दोनों हैं, जो विभिन्न बलों के प्रति मंद और तेज दोनों ही रूपों में क्रिया करते हैं। क्रायोमंडल और पृथ्वी के भीतरी भाग, विभिन्न बलों के प्रति सबसे मंद तरीके से अनुक्रिया करते हैं। वायुमंडल, महासागर, जैवमंडल और भूमंडल, जलवायु, जलवायु विभिन्नता, जलवायु परिवर्तन, मिनटों से लेकर दशकों, शताब्दियों और सहस्रों पैमानों से संबंधित होते हैं। जलवायु तंत्र घटकों में विभिन्नताओं को भौमिक जैव संस्कृति/पारिस्थितिक तंत्र पर अनुवर्ती प्रतिक्रिया समेकित करता है।

जलवायु मॉनीटरिंग और जलवायु रिकॉर्ड–जलवायु परिवर्तन का अध्ययन करने के लिए जलवायु के इतिहास का ज्ञान प्राप्त करना महत्त्वपूर्ण है। जलवायु के इतिहास का अध्ययन, जलवायु तंत्र के विभिन्न घटकों के तत्संबंधी पैरामीटरों के बारे में जानकारी इकट्ठा करने से

किया जाता है। अधिकांश राष्ट्रीय मौसम सेवाओं, जिनमें भारत शामिल है, की स्थापना 19वीं शताब्दी के बीच और 20वीं शताब्दी के आरंभ में हुई थी। इसलिए विश्व और क्षेत्रीय जलवायु पर उपकरणीय आँकड़े लगभग 100-150 वर्षों तक के ही उपलब्ध हैं। ये जलवायु की विभिन्नता अधिक स्पष्टता से समझने के लिए उपयोगी होते हैं। वे यह पता लगाने में सहायता करते हैं कि विभिन्न स्थानिक (Spatial) और कालिक (Temporal) पैमानों पर मंद परिवर्तन और प्रवृत्तियों में घट-बढ़ हो रही है और विश्व के क्षेत्रीय और स्थानीय पैमानों पर जलवायु के मानवजनिक (Anthropogenic) परिवर्तनों पर निगरानी रखी जा रही है। जलवायु तंत्र की मॉनीटरिंग के लिए अंतर्राष्ट्रीय क्रियाविधियों की स्थापना संयुक्त राष्ट्र संगठन के विश्व मौसम विज्ञानी संगठन और अन्य वैज्ञानिक एजेंसियों के तत्वावधान में की गई है।

विश्व जलवायु प्रेक्षण तंत्र (Global Climate Observing System) और विशेष अनुसंधान कार्यक्रम, जैसे-विश्व जलवायु अनुसंधान कार्यक्रम, विश्व समुद्री संचरण प्रयोग, अंतर्राष्ट्रीय भूमंडल-जैवमंडल कार्यक्रम, विश्व-परिवर्तन कार्यक्रम, जलवायु विभिन्नता कार्यक्रम, विश्व ऊर्जा और जल-प्रयोग आदि सभी जलवायु विभिन्नता तथा प्राकृतिक और मनुष्यों द्वारा किए गए जलवायु/विश्व परिवर्तनों को समझने के लिए कार्य कर रहे हैं।

पिछली जलवायु का अध्ययन विभिन्न कारकों की विभिन्नता पर आधारित रिकॉर्डों से किया गया है। ये कारक, जैसे-पेड़ के रिंग की चौड़ाई, ग्लेशियर की सीमा, पराग, कोर और गहरे समुद्र की तलछट और ध्रुव हिम शिखर पर आधारित रिकॉर्ड होते हैं। इन रिकॉर्डों से यह मालूम होता है कि पृथ्वी की जलवायु का तंत्र प्राकृतिक कारणों की वजह से विभिन्न युगों से गुजरा है। उदाहरण के लिए, आज से 18000 वर्षों पूर्व अंतिम हिम युग की जलवायु बहुत ठंडी थी चूँकि हिम की चादर 30°N उत्तरी गोलार्ध तक विस्तृत थी, जिससे भारत में मानसून कमजोर पड़ गया था। इसी तरह वर्तमान में पहले अंतरग्लेशियल 10,000-6000 वर्ष पहले पृथ्वी गर्म अवधि में से गुजरी है जिसके परिणामस्वरूप उत्तरी गोलार्ध की गति ध्रुव की दिशा में अधिक विस्तृत हो गई तथा अफ्रीका और एशिया के मानसून तंत्र का विस्तार हो गया जिसने सहारा और राजस्थान के रेगिस्तानों को वनस्पति से हरा-भरा कर दिया और जगह-जगह स्वच्छ जल की झीलें बना दीं। इस होलोसीन (Holocene) अवधि के दौरान सूरज-पृथ्वी की ज्यामिति की कक्षीय रूपरेखा वर्तमान से भिन्न थी और समूहबद्ध जलवायु-वनस्पति ने विभिन्न भूमध्यरेखी पारिस्थितिकी तंत्र बनाने के लिए पहल कर दी। इसी तरह विश्व का कार्बन चक्र दूसरा उदाहरण प्रस्तुत करता है, जिसमें पृथ्वी के जलवायु तंत्र और ग्रह की पारिस्थितिकी के बीच संपर्क रहता है जबकि पिछले जलवायु परिवर्तन, प्राकृतिक कारणों से हुए थे फिर भी यह खतरा है कि मनुष्य की गतिविधियों के कारण जलवायु में परिवर्तन हो सकता है।

इस प्रचलित जलवायु परिवर्तन की सबसे अधिक स्पष्ट अभिव्यक्ति भूमंडलीय तापमान में वृद्धि/ग्लोबल वार्मिंग की घटना है जो मनुष्य द्वारा निर्मित कारणों के परिणामस्वरूप बढ़े हुए ग्रीनहाउस प्रभाव के कारण होती है।

तापमान में वृद्धि के फलस्वरूप उत्पन्न ग्लोबल वार्मिंग के कारण पौधों में विभिन्न प्रकार की बीमारियों का प्रकोप बढ़ रहा है जिसे दूर करने के लिए उतने ही से कीटनाशकों का उपयोग हो रहा है। इन सभी परिस्थितियों में कुल मिलाकर कृषि उत्पादकता प्रभावित हो रही है।

प्रश्न 2. ग्रीनहाउस गैसों और ग्लोबल वार्मिंग के प्रभावों की व्याख्या कीजिए।
(दिस.-2018), (फरवरी-2021)

अथवा

ग्रीनहाउस प्रभाव, जलवायु परिवर्तन और वैश्विक तापमान का अवलोकन कीजिए।
(जून-2021)

उत्तर– वायुमंडल में उपस्थित ग्रीन हाउस वह गैसें हैं जो तापीय अवरक्त विकिरण की रेंज के अंतर्गत विकिरणों का अवशोषण एवं उत्सर्जन करती हैं। पृथ्वी के वायुमंडल में प्राकृतिक रूप से उत्पन्न ग्रीनहाउस गैसें, जैसे–जल वाष्प कार्बनडाइऑक्साइड (CO_2) क्षोभमंडलीय ओजोन (O_3) नाइट्रोजन के ऑक्साइड (NO_x) और मेथेन (H_4) अपने गुणधर्म के द्वारा ग्रीनहाउस प्रभाव उत्पन्न करती हैं, क्योंकि ये पृथ्वी द्वारा स्पैक्ट्रम (Spectrum) के अवरक्त (Infrared) क्षेत्र में निष्कासित विकिरण को प्रभावी रूप में अवशोषित कर लेती हैं। ग्रीनहाउस प्रभाव ग्लोबल ऊर्जा संतुलन को बदल देता है जो अन्यथा इन गैसों के बिना होता है। यह विश्व के औसत तापमान को गर्म रखता है और पृथ्वी पर हर प्रकार के जीव-जंतु का जीना संभव करता है। मानव गतिविधियाँ, जैसे–औद्योगिकीकरण, गहन कृषि, जीवाश्म ईंधन का अत्यधिक उपयोग आदि सब प्राकृतिक ग्रीनहाउस गैसों के संघटन को बाधित कर रहे हैं जिसमें कई मानवजनिक गैसें, जैसे–CO_2, CH_4, NO_x क्लोरोफ्लुओरो-कार्बन (CFCs) सभी वायुमंडल में जुड़ती जा रही हैं जो जलवायु परिवर्तन के संदर्भ में प्रभाव डालना आरंभ करने में पहल कर रही हैं। उदाहरण के लिए, CO_2 18वीं शताब्दी में पूर्व औद्योगिक युग में 270 ppmv से धीरे-धीरे बढ़कर वर्तमान में 370 ppmv हो गई। इससे लगभग 1.8 ppmv की वार्षिक वृद्धि हुई। CH_4, 700 ppbv से बढ़कर 1750 ppbv हो गई। क्लोरोफ्लुओरो-कार्बन जिसकी आवासीय क्षमता 100 वर्ष होती है, यह भी पर्याप्त मात्रा में पूर्व-औद्योगिक युग में शून्य से बढ़कर 1990 में 400×10^{-6} ppmv हो गया जब तक कि एक अंतर्राष्ट्रीय प्रोटोकॉल जिसे मॉन्ट्रियल प्रोटोकॉल के नाम से जाना जाता है, को 1987 में लागू किया गया था ताकि CFCs के उपयोग में कटौती की जा सके और उसका विनियमन किया जा सके। इसके अतिरिक्त पृथ्वी का विकिरण संतुलन बाधित करने के लिए ग्रीनहाउस गैसें भी रासायनिक संतुलन को अस्त-व्यस्त कर देती हैं। मनुष्यों द्वारा उत्पन्न की गई गैसें, जैसे–CFCs और CH_4 में भूमंडलीय तापमान में वृद्धि (ग्लोबल वार्मिंग) बहुत प्रभावी होते हैं जो CO_2 (30 से 25000 CH_4 के लिए और CFCs क्रमश: CO_2 के संबंध में) के अनुपात में बहुत अधिक होती है। यद्यपि वायुमंडल में उनका सांद्र CO_2 से बहुत कम होता है, परंतु ग्लोबल वार्मिंग में उनका योगदान महत्त्वपूर्ण है।

पृथ्वी की सतह के तापमान में वृद्धि का वर्तमान खतरा वायुमंडल में ग्रीनहाउस गैसों के निकलने से होता है। इसका दो दशकों से डब्ल्यू.एच.ओ. और यू.एन.ई.पी. के तत्वावधान में अंतर्सरकारी जलवायु परिवर्तन पैनल (Inter-governmental Panel on Climate Change) द्वारा अध्ययन किया जा रहा है। इन अध्ययनों से मानव गतिविधियों द्वारा ग्रीनहाउस गैसों के उत्सर्जन का एक भिन्न दृश्य सामने आया है जो वर्तमान उत्सर्जन दरों में परिवर्तन 'नहीं' से लेकर 'अत्यधिक नियंत्रित उत्सर्जन' की रेंज में आया है। प्रत्येक दृश्य ग्लोबल वार्मिंग/जलवायु परिवर्तन के एक भिन्न परिमाण की ओर ले जाता है जैसा कि विभिन्न जटिलताओं के जलवायु

मॉडल के परिणामों द्वारा अनुमान किया गया है। विश्व पैमाने पर ऊष्मायन के परिमाण में सहमति क्षेत्रीय पैमाने की अपेक्षा बेहतर है। ग्लोबल वार्मिंग के कुछ निम्नलिखित सूचक हैं–

- जलवायु परिवर्तन, जीवाश्म ईंधन के अनियंत्रित उपयोग को शामिल करते हुए ऊर्जा के विस्तृत उत्पादन और उपभोग तंत्र द्वारा प्रेरित अस्थायी उपभोग का परिणाम होता है।
- ग्रीनहाउस गैसों का बढ़ते हुए सांद्र, जो कई शताब्दियों तक वायुमंडल में मौजूद रहा, से पिछले 100 वर्षों में $0.6°$ से. का ग्लोबल वार्मिंग पहले ही हो गया है और यह GHG उत्सर्जनों के भिन्न-भिन्न दृश्य के अनुसार है जो 21वीं शताब्दी के अंत में 1.5 से $5.8°$ से. तक के औसत विश्व तापमान तक बढ़ जाएगा।
- समुद्र तल 20वीं शताब्दी में 10-20 से.मी. तक बढ़ गया है और 21वीं शताब्दी में वह और भी (2100 वर्ष तक) बहुत अधिक परिमाण (50-88 से.मी.) तक बढ़ जाएगा। (यह बहुत गंभीर खतरा है)।
- क्षेत्रीय पैमाने पर जलवायु परिवर्तन की अभिव्यक्ति कई अनिश्चितताओं के साथ अभी तक एक निराशाजनक क्षेत्र बना हुआ है। ध्रुवीय तापमान, उष्णकटिबंधीय तापमान से अधिक बढ़ जाएँगे। क्षेत्रीय अंतर भी मौजूद रहेंगे, क्योंकि वैश्विक रूप में ऊष्मायन एक समान नहीं रहेगा।
- मानव गतिविधियों का विभिन्न क्षेत्रों पर प्रत्यक्ष और अप्रत्यक्ष क्षेत्रीय प्रभाव होगा, क्योंकि अगले 20 वर्षों में और उसके बाद भी वैश्विक मानवजनिक जलवायु परिवर्तन तब तक होंगे जब तक वैश्विक स्तर पर GHGs का उत्सर्जन नियंत्रित नहीं किया जाता।
- विश्वव्यापी और क्षेत्रीय स्तर पर प्रभावशाली अनुकूलन और आपदा कम करने की नीतियों के अनुपालन में, वैज्ञानिक अनिश्चितताओं, पर्याप्त सूचना आधार की कमी, नीति-निर्माण में अपर्याप्त वैज्ञानिक और तकनीकी निवेश, प्रशिक्षित मानव शक्ति की कमी, अपर्याप्त समन्वय क्रियाविधियाँ और प्रति व्यक्ति उच्च उत्सर्जन वाले देशों को अपने ग्रीनहाउस गैस उत्सर्जन में कमी करने के लिए जलवायु परिवर्तन के लिए अंतर्राष्ट्रीय प्रोटोकॉल पार्टनर बनने के लिए प्रतिरोध करना जैसे कारणों से बाधा पहुँच रही है।
- विकासशील देशों के लिए अपने विकास को जारी रखते हुए अधिक ठोस और स्वच्छ प्रौद्योगिकियों के अनुपालन के लिए बिना अनिवार्य वित्तीय सहायता और तकनीकी संसाधनों के जलवायु परिवर्तन के प्रति प्रतिक्रिया करना बहुत कठिन है। इस तरह जलवायु परिवर्तन विरुद्ध लड़ाई स्वच्छ प्रौद्योगिकी के साथ सतत् विकास के लिए भी प्रयास है और विकासशील देश इसके प्रति अति संवेदनशील हैं। जलवायु परिवर्तन की चुनौती ऐसी है कि विकसित और विकासशील देशों को व्यापक, सहकारी, परिष्कृत मानव समाज की वास्तविक आवश्यकताओं और उपभोग की उच्च जीवन शैलियों के बेहतर हितों में संतुलन बनाते हुए पूर्ण विकास का व्यापक और सहकारी दृष्टिकोण अपनाना चाहिए।

ग्रीन हाउस गैसें ग्रह के वातावरण या जलवायु में परिवर्तन और अंतत: भूमंडलीय ऊष्मीकरण के लिए उत्तरदायी होती हैं। इनमें सबसे ज्यादा उत्सर्जन कार्बन डाई ऑक्साइड, नाइट्रस ऑक्साइड, मीथेन, क्लोरो-फ्लोरो कार्बन, वाष्प, ओजोन आदि करती हैं। कार्बन डाई ऑक्साइड का उत्सर्जन पिछले 10-15 सालों में 40 गुणा बढ़ गया है। दूसरे शब्दों में, औद्योगिकीकरण के बाद से इसमें 100 गुणा की बढ़ोत्तरी हुई है। इन गैसों का उत्सर्जन आम प्रयोग के उपकरणों वातानुकूलन, फ्रिज, कंप्यूटर, स्कूटर, कार आदि से होता है। कार्बन डाई ऑक्साइड के उत्सर्जन का सबसे बड़ा स्रोत पेट्रोलियम, ईंधन और परंपरागत चूल्हे हैं। पशुपालन से मीथेन का उत्सर्जन होता है। कोयला बिजली घर भी ग्रीन हाउस गैस उत्सर्जन के प्रमुख स्रोत हैं। हालाँकि क्लोरा-फ्लोरो का प्रयोग भारत में बद हो चुका है, लेकिन इसके स्थान पर प्रयोग हो रही गैस हाइड्रो क्लोरो-फ्लोरो कार्बन सबसे हानिकारक ग्रीन हाउस गैस है जो कार्बन डाई ऑक्साइड की तुलना में एक हजार गुना ज्यादा हानिकारक है।

प्रश्न 3. भारत में जलवायु परिवर्तन अध्ययन पर टिप्पणी कीजिए।

(जून-2017)

उत्तर— जलवायु परिवर्तन औसत मौसमी दशाओं के पैटर्न में ऐतिहासिक रूप से बदलाव आने को कहते हैं। सामान्यत: इन बदलावों का अध्ययन पृथ्वी के इतिहास को दीर्घ अवधियों में बाँट कर किया जाता है। जलवायु की दशाओं में यह बदलाव प्राकृतिक भी हो सकता है और मानव के क्रियाकलापों का परिणाम भी।

भारत में जलवायु परिवर्तन के बारे में पिछले वर्षों में प्रतिनिधि आँकड़े पराग, झीलों का स्तर, सागर का कोर/तलछट, प्रवाल (Coral), ट्री रिंग (वृक्ष छल्ला) आदि का उपयोग करके तैयार किए गए थे। होलोसीन परिवर्तन, उपकरणीय आँकड़े और ग्रीनहाउस गैस द्रुव विकसन के अंतर्गत संभव परिवर्तन के जलवायु मॉडल आधारित अनुमानों पर भी अनुसंधान किया गया है। जितने परिवर्तन ज्ञात हुए हैं, उनमें से होलोसीन परिवर्तन अति उत्तम हैं। यह अधिक तेज मानसून वर्षा का मौसम दिखाते हैं, जो राजस्थान के मरुस्थल तक विस्तारित है, वह 1000 से 6000 वर्षों के दौरान वर्तमान से पहले बहुत अधिक हरा-भरा रहा था जितना वह आज नहीं है। इसी तरह पश्चिमी हिमालय के वृक्ष के छल्लों के आँकड़े पिछले 400 वर्षों में अनेक वर्षों तक कायम रहने वाले ठंडे/गर्म मौसम की उपस्थिति बताते हैं। पिछले 100 वर्षों के तापमानों के उपकरणीय रिकॉर्ड उप-क्षेत्रीय पैमाने पर शीतलन के छोटे-छोटे क्षेत्र सहित लगभग 0.6° से. /100 वर्षों (विश्व के औसत तापमान) के लगभग सबसे बड़ी ऊष्मायन की स्थिति दिखाई है। मौसमी गर्मी के मानसून की वर्षा के संदर्भ में आँकड़े भारतीय पैमानों अथवा अखिल भारतीय पैमानों पर कोई निश्चित प्रवृत्तियाँ नहीं दिखाते; यद्यपि अलग-अलग स्टेशन 2 से 3 दशकों तक मौजूद रहने वाली वर्षा की बढ़ती और घटती हुई प्रवृत्ति को बताते हैं। भारतीय समुद्रों में उष्णकटिबंधीय विक्षोभों के बनने की आवृत्ति में परिवर्तन के संबंध में उच्च तीव्रता के चक्रवाती तंत्रों में कोई प्रवृत्ति दिखाई नहीं देती, यद्यपि पिछले 30 अथवा इसी संख्या के आस-पास के वर्षों में अनेक मानसून अवदाबों (Depressions) की संख्या में कमी दिखाई है। इसी तरह सूखा अथवा अत्यधिक मानसून मौसमी वर्षा में स्पष्ट प्रवृत्ति नहीं दिखती क्योंकि बहु-दशकीय पैमाने (लगभग 30 वर्ष) पर दोलन व्यवहार की पहचान केवल सूखे/अत्यधिक मानसून वर्षा

की घटना से ही हो सकती है। अत्यधिकता वाली मौसमी घटनाओं की दीर्घ अवधि के आधार पर, जैसे-भारी वर्षा की घटनाओं की तीव्रता, सूखे के दिनों का क्रम, उष्णता और शीत लहरें आदि के संबंध में विस्तृत अध्ययन किए जाने की अभी भी बहुत आवश्यकता है।

वायुमंडलीय और युग्मित (Coupled) महासागर-वायुमंडलीय मॉडलों का उपयोग, दोहरी CO_2 और अन्य स्थितियों से दक्षिण एशिया के ऊपर गर्मी की मानसून वर्षा में मानवजनिक जलवायु परिवर्तन का परिमाण ज्ञात करने के लिए किया जाता है। ऐसी स्थितियों में विभिन्न मॉडल अनुकरणीय मानसून वर्षा (जून से सितंबर) के भिन्न-भिन्न परिमाण प्रस्तुत करते हैं, जिसमें विभिन्न मॉडलों में ± 10% के बीच ही अंतर होते हैं। भारत के ऊपर मॉडल 1° से 2° से. तक गर्मी और ठंड के मौसमों में ऊष्मायन प्रदर्शित करते हैं। क्षेत्रीय मॉडल, जो विश्व मॉडल में निहित है, को उपयोग करने के प्रयास भी किए गए हैं और क्षेत्रीय आधार पर मॉडल अनुमानों में सुधार करने के लिए (down-scaling) तकनीकों का उपयोग किया गया है। फिर भी अब तक अध्ययन किए गए मॉडलों से भारत के ऊपर क्षेत्रीय जलवायु परिवर्तन पर अनुमान के संबंध में कोई भी स्पष्ट (निश्चित) परिणाम उपलब्ध नहीं हुए हैं। मॉडलों का विज्ञान भी तेजी से बदल रहा है और मॉडलिंग अध्ययनों के परिणाम मॉडलिंग भौतिकी और युग्मन नीतियों में परिवर्तन के साथ विकसित होते हैं। यह आशा की जाती है कि मॉडलिंग की अनिश्चितताएँ तब कम हो सकेंगी जब अत्याधिक साधनों का उपयोग पृथ्वी की वर्तमान जलवायु को समझने और विभिन्न प्राकृतिक और मानव कारकों के कारण भावी और भूत की जलवायु पर पड़े प्रभावों का आकलन करने के लिए किया जाएगा।

उत्तरी अमेरिका, जापान और यूरोप में संचालित अत्याधुनिक मॉडल परिणाम जो दक्षिण एशिया के भागों के लिए होते हैं, इनका उपयोग भारत में भी वैज्ञानिकों के बीच बढ़ रहा है। भारतीय अनुसंधान केंद्र ने भी ग्लोबल क्लाइमेट मॉडलों को अपने संस्थागत वातावरण में समेकित करने के लिए अन्य आधारभूत ढाँचे और परिकलन (Computing) सुविधाओं को विकसित किया है। इनसे भावी मानवजनिक जलवायु परिवर्तन के लिए अनुकूलन के लिए नीति निर्माण हेतु विश्व-मॉडल अनुमानों को उपयोग करने की हमारी क्षमताएँ बढ़ गई हैं। दक्षिण एशियाई क्षेत्र में भारत, जलवायु मॉडलिंग और संबंधित नीति संबंधी मुद्दों पर अन्य देशों का मार्गदर्शन कर सकता है और जलवायु विज्ञान तथा जलवायु परिवर्तन के क्षेत्र में क्षेत्रीय सहयोग को बढ़ावा दे सकता है। अनेक दक्षिण एशियाई देश, जलवायु परिवर्तन पर संयुक्त राष्ट्र के (United Nations Framework Convention on Climate Change) हस्ताक्षरकर्त्ता देश हैं, जो इस बात को मानते हैं कि पृथ्वी की जलवायु मानव जाति और भूमध्यरेखीय और समुद्री पारिस्थितिकी तंत्रों पर प्रतिकूल प्रभाव डाल सकती है।

दक्षिण एशियाई क्षेत्र के विभिन्न देशों के जलवायु परिवर्तन पर प्राकृतिक और मानव तंत्रों की संवेदनशीलता और सुग्राहिता को मात्रात्मक रूप से आकलन करने की आवश्यकता है। यह भारत के लिए विशेष रूप से महत्त्वपूर्ण है, क्योंकि यह मानसून वर्षा पर ही निर्भर करता है। जलवायु परिवर्तन पर मानसून की सुग्राहिता और संवेदनशीलता के आकलन से क्षेत्रीय भूमि-वायुमंडल महासागर तंत्र की दीर्घकालीन मॉनीटरिंग में सुधार लाने तथा आपदा कम करने और अनुपालन किए जाने वाले कार्यों का पता लगाने में सहायता मिलेगी। क्षेत्रीय ग्रीनहाउस उत्सर्जनों की सूची बनाना भी महत्त्वपूर्ण है। हालाँकि दक्षिण एशियाई देश, विश्व ग्रीनहाउस गैस

उत्सर्जनों का केवल लगभग 3 प्रतिशत भाग का ही योगदान करते हैं। ये उत्सर्जन निश्चय ही बढ़ सकते हैं, जब ये देश विकास पथ पर अग्रसर हैं।

जलवायु परिवर्तन पर अंतर-सरकारी पैनल (IPCC) का उद्देश्य जलवायु परिवर्तन, इसके प्रभाव और भविष्य के संभावित जोखिमों के साथ-साथ अनुकूलन तथा जलवायु परिवर्तन को कम करने हेतु नीति निर्माताओं को रणनीति बनाने के लिए नियमित वैज्ञानिक आकलन प्रदान करता है। IPCC आकलन सभी स्तरों पर सरकारों को वैज्ञानिक सूचनाएँ प्रदान करता है जिसका इस्तेमाल जलवायु के प्रति उदार नीति विकसित करने के लिए किया जा सकता है।

संयुक्त राष्ट्र जलवायु परिवर्तन फ्रेमवर्क सम्मेलन (UNFCCC)–एक अंतर्राष्ट्रीय समझौता है जिसका उद्देश्य वायुमंडल में ग्रीनहाउस गैसों के उत्सर्जन को नियंत्रित करना है। वर्ष 1995 से लगातार UNFCCC की वार्षिक बैठकों का आयोजन किया जाता है। इसके तहत ही वर्ष 1997 में बहुचर्चित क्योटो समझौता (Kyoto Protocol) हुआ और विकसित देशों (एनेक्स-1 में शामिल देश) द्वारा ग्रीनहाउस गैसों को नियंत्रित करने के लिए लक्ष्य तय किया गया। क्योटो प्रोटोकॉल के तहत 40 औद्योगिक देशों को अलग सूची एनेक्स-1 में रखा गया है।

पेरिस समझौता–जलवायु परिवर्तन से निपटने के लिए एक अंतर्राष्ट्रीय समझौता है। ग्रीनहाउस गैस उत्सर्जन को कम करने के लक्ष्य के साथ संपन्न 32 पृष्ठों एवं 29 लेखों वाले पेरिस समझौते को ग्लोबल वार्मिंग को रोकने के लिए एक ऐतिहासिक समझौते के रूप में मान्यता प्राप्त है।

COP-25 सम्मेलन में लगभग 200 देशों के प्रतिनिधियों ने उन गरीब देशों की मदद करने के लिए एक घोषणा का समर्थन किया जो जलवायु परिवर्तन के प्रभावों से जूझ रहे हैं। इसमें पेरिस जलवायु परिवर्तन समझौते के लक्ष्यों के अनुरूप पृथ्वी पर वैश्विक तापन के लिए उत्तरदायी ग्रीनहाउस गैसों में कटौती के लिए "तत्काल आवश्यकता" का आह्वान किया गया।

प्रश्न 4. भौमिक पारितंत्र पर जलवायु परिवर्तन के प्रभाव का विवेचन कीजिए।
(जून-2017)

उत्तर–पारितंत्र या पारिस्थितिक तंत्र एक प्राकृतिक ईकाई है। किसी भी जैव समुदाय का अपने अजैव वातावरण के साथ गहरा संबंध होता है। जैव समुदाय तथा अजैव वातावरण के संबंध को भौमिक पारितंत्र कहते हैं। भौमिक पारितंत्र और जलवायु के बीच बड़ा गहरा संबंध है। भारत के विभिन्न जलवायु क्षेत्रों में, जैसे–हिमालय में प्राकृतिक वनस्पति घास भूमि, उप-उष्णकटिबंधीय शुष्क भूमि/बंजर क्षेत्र और उष्णकटिबंधीय सदा हरे-भरे रहने वाले वन आदि सभी जलवायु और CO_2 (कार्बनडाइऑक्साइड) के सांद्र से प्रभावित होते हैं। इसी तरह अन्य पारिस्थितिक तंत्र, जैसे–पशु और सूक्ष्मजीव भी भारत के विभिन्न जलवायु क्षेत्र में रहते हैं। पौधों और अन्य पारिस्थितिक तंत्रों की जैविक समृद्धता (जैव विविधता) को ऊर्जा के प्रवाह और पदार्थ के परिमाण जो उनकी संघटक प्रजातियों और उनके भौतिक पर्यावरणों के बीच होता है, उससे पहचाना जाता है। जीवविज्ञानी प्रजातियों के बीच अंतर्क्रियाएँ और प्रजातियों के बीच प्रतिस्पर्धा भी जलवायु से प्रभावित होती है। इसलिए पारिस्थितिक तंत्र का उपयोग केवल, जैसे–प्राकृतिक तंत्र (कोरल, सदा हरे-भरे वन, घास की भूमि) का वर्णन करने के लिए ही नहीं होता, परंतु उगाए गए बागान, वन और कृषि की फसल भूमि से भी होता है। यद्यपि यह

आयोजित पारिस्थितिक तंत्र प्राकृतिक पारिस्थितिक तंत्रों से भिन्न हैं और उनका स्थान अब आयोजित पारिस्थितिक तंत्रों ने ले लिया है। दोनों ही प्राकृतिक और आयोजित पारिस्थितिक तंत्र विभिन्न प्रकार के उत्पाद और सेवाओं का उत्पादन करते हैं, जो प्रत्यक्ष और अप्रत्यक्ष रूप में मानव जीवन के लिए लाभदायक होती हैं। ये वर्षा के जल बहाव को भी रोकते हैं और बाढ़ से रक्षा करते हैं तथा पानी की गुणवत्ता में सुधार भी लाते हैं। पारिस्थितिक तंत्रों का उपयोग मनुष्यों द्वारा मनोरंजनात्मक प्रयोजनों के लिए भी होता है। ये विभिन्न रूपों में प्राकृतिक क्षेत्रीय विरासत भी होते हैं। जलवायु की स्थितियाँ, पौधों और जंतुओं का पालन भी निश्चित करती हैं जो अलग-अलग प्रजातियों और विभिन्न पारिस्थितिक तंत्रों में प्रजनन करते हैं। कुछ पारिस्थितिक तंत्रों में प्रजातियाँ बड़े प्रभावशाली रूप में वायुमंडलीय जलवायु के लिए अनुकूलन कर लेती है और जलवायु में हल्का-सा परिवर्तन उनके लिए संवेदनशील हो जाता है। उदाहरण के लिए, उष्णकटिबंधीय पर्णपाती वनों में और पश्चिमी भारत में मरुस्थल वनस्पति ने उच्च तापमान और सूखी स्थितियों के लिए अनुकूलन कर लिया है। उत्तर-पूर्वी भारत और केरल ने भारी वर्षा और मिट्टी में अधिक नमी के वातावरण के प्रति अनुकूलन कर लिया है। जलवायु परिवर्तन पर संभव प्रकाश डालने के लिए क्षेत्रीय विशिष्ट अध्ययन करने की आवश्यकता है, जो बदले में विशिष्ट अनुक्रिया की ओर ले जाएँगे।

सुन्दरबन के मैंग्रोव और दलदल क्षेत्र में जंतु और पौधों का जीवन अनन्य है और यदि जलवायु परिवर्तन के द्वारा उनका पारिस्थितिक तंत्र नष्ट हो जाता है तो उनके लिए यह बहुत नुकसानदायी होगा। भारत के तटीय क्षेत्रों में जलीय पारिस्थितिक तंत्र में बहुत-सी मछलियाँ, लवणता और समुद्र तापमान के संकरे क्षेत्र के जल में अंडे देती हैं। ग्लोबल वार्मिंग के परिणामस्वरूप समुद्र तल में हुई तीव्र वृद्धि, जिसके साथ जलवायु परिवर्तन भी होते हैं, वह भारत के तटीय गीले क्षेत्रों में रहने वाले प्रवाल और पौधों को समस्या में डाल देगा और उनको पुन:स्थापित होने के लिए अयोग्य कर देगा।

पारिस्थितिक तंत्र, जो किसी विशिष्ट तंत्र के साथ जलवायु मॉडलों से जुड़े होते हैं, वे प्राकृतिक पारिस्थितिक तंत्रों में परिवर्तित जलवायु की स्थितियों के संभव प्रभावों के बारे में जानकारी उपलब्ध करते हैं। इस तरह उत्तर-पूर्वी भारत के मानसूनी जंगलों में जैविक वृद्धि होगी, जब जलवायु मॉडल इस क्षेत्र में मिट्टी में नमी की अधिक मात्रा और वर्षा का अनुमान करेगा। हिमालय के जंगलों का क्षेत्र जो वर्तमान में ठंड के तापमान के प्रति अनुकूलित है, यदि जलवायु मॉडल इस क्षेत्र के लिए अगले 100 वर्षों में 2° से. के लगभग ठंड का तापमान बढ़ने का अनुमान करें, तो इस क्षेत्र पर गंभीर रूप से प्रतिकूल प्रभाव पड़ेगा। इसी तरह हिमालय क्षेत्र में अधिक तापमान गर्मी में जंगल की आग उत्पन्न कर सकता है, जिससे हिमालय पारिस्थितिक तंत्र बुरी तरह प्रभावित होगा। हिमालय में हिम के शीघ्र पिघलने से पौधों और अन्य प्रजातियों के आवास पर प्रभाव पड़ेगा। जलवायु के अनुमानों में और पारिस्थितिक तंत्रों की अपर्याप्तताओं, जैवभौतिकी, जैवरासायनिक और जैवभौगोलिक मॉडलों की कुछ अनिश्चितताओं के परिणामस्वरूप कुछ विभिन्न प्रकार की अनिश्चितताएँ होती हैं। ये अनिश्चितताएँ इस अवस्था में विभिन्न विषयों के विकास में श्रेणीबद्ध प्रभाव आकलन करने की अनुमति नहीं देतीं। चूँकि भारतीय क्षेत्र के लिए जलवायु परिवर्तन के अनुमान मध्यम हैं इसलिए भारत के प्राकृतिक पारिस्थितिक तंत्र (भौमिक अथवा जलीय) की नियमित अथवा आवधिक जलवायु परिवर्तन के लिए अनुकूलन

क्षमता पर बहुत कुछ निर्भर करता है। भारत में पारिस्थितिक तंत्र के आँकड़ा आधार वर्तमान में बहुत अपर्याप्त हैं और पारिस्थितिक विशिष्ट जलवायु रिकॉर्ड की विस्तृत जाँच करने की आवश्यकता है ताकि ऐतिहासिक रिकॉर्डों के संदर्भ में पारिस्थितिक तंत्र के मॉडल के अनुमानों की वैधता सुनिश्चित की जा सके। भारतीय संदर्भ में पारिस्थितिक तंत्रों के गति विज्ञान को अभी भी पूर्ण रूप से समझने की आवश्यकता है।

वनस्पति, भूमि की सतह और वायुमंडल के बीच ऊर्जा और पानी के विनिमय में सहायता करती है। इसलिए सतह प्रक्रियाएँ जलवायु को प्रभावित करती हैं। चूँकि जलवायु परिवर्तन के कारण प्राकृतिक वनस्पति स्थानांतरिक होती हैं इसलिए यह जलवायु को और अधिक प्रभावित करेगी। उदाहरण के लिए, यदि ग्लोबल वार्मिंग हिमालय के जंगलों के क्षेत्र को नुकसान पहुँचाएगा, तो इस परिवर्तन से ऊष्मायन में और अधिक वृद्धि की प्रवृत्ति होगी क्योंकि ठंड में वहाँ विशेषत: कोई जंगल नहीं होते। इसी तरह भूमि के उपयोग में परिवर्तन, बढ़ते हुए शहरीकरण, भूमि का उद्योगों के लिए अधिक उपयोग, कृषि और परिवहन क्षेत्र और वनोन्मूलन आदि कारण होते हैं और क्षेत्रीय और जो उप-क्षेत्रीय पैमानों पर पारिस्थितिक तंत्र और जलवायु के बीच फीडबैक को और भी अधिक रूपांतरित करेंगे। सारांश में प्राकृतिक, भौमिक और जलीय पारिस्थितिकी तंत्र जलवायु से प्रभावित होते हैं और बदले में जलवायु को फीडबैक उपलब्ध करते हैं। भारत के लिए प्राथमिकता इस बात की है कि वह पारिस्थितिक आँकड़ा आधार निर्मित करे और पारिस्थितिक तंत्रों के मॉडलों को वैधता प्रदान करे, ताकि पारिस्थितिक तंत्रों पर जलवायु परिवर्तन और जलवायु भिन्नता की भूमिका को समझने में सहायता मिल सके। यह एक क्रियाशील इकाई है जिसमें घटक समाहित हैं सभी जीवों का पारिस्थितिक तंत्र की दो महत्त्वपूर्ण विशेषताएँ होती हैं— प्रजाति संघटन एवं स्तर विन्यास होती है। सभी जीवों का पारितंत्र में अपने पोषण स्रोत के आधार पर एक स्थान निश्चित होता है।

अध्याय 19
जलवायु परिवर्तनः समुद्र तल का ऊपर उठना

प्रश्न 1. समुद्र तल के ऊपर उठने के कारणों का विवेचन कीजिए।

(जून-2018)

अथवा

समुद्र-तल में परिवर्तन के कारणों का वर्णन कीजिए।

(दिस.-2018)

अथवा

अल्प-अवधि के पैमाने पर समुद्र तल के दोलन पर टिप्पणी कीजिए।

(फरवरी-2021)

उत्तर– समुद्र तल में परिवर्तन का आशय यह है कि हिमखंडों के पिघलने के कारण समुद्र के जलस्तर में वृद्धि होने लगती है। इस कारण पानी की सतह ऊपर उठने से समुद्र तल से कम ऊँचे तटवर्ती इलाकों के डूबने का खतरा रहता है। समुद्र तल में परिवर्तन हिमखंडों के पिघलने के बाद पानी की मात्रा में बढ़ोतरी होने के कारण होता है।

समुद्र तल के ऊपर उठने और गिरने के अल्प और दीर्घकालीन कारण इस प्रकार हैं–

(1) **अल्पावधि के पैमाने पर समुद्र तल के दोलन**–प्रादेशिक तटीय रेखा के पास समुद्री तल के दोलनों (oscillations) को तूफानी सर्ज और ज्वारभाटा के परिणामस्वरूप प्राचीन काल में भी लोगों ने देखा था। चूँकि समुद्र गति करने के लिए मुक्त होते हैं, इसलिए खगोलीय ज्वारभाटा की महासागर जल संहति पर चंद्रमा के कर्षण के रूप में व्याख्या की जाती है और इसलिए उसके प्रभाव सुनियमित हैं। अनुमानित ज्वारभाटा सारणी में आयाम (amplitudes) और उच्च व निम्न जल का समय होता है, जिनका उपयोग घंटे के अनुसार मानों का मूल्यांकन करने के लिए किया जाता है। एक अपसामान्य तीव्र चक्रवात के कारण मासिक समुद्री तल में जलवायु संबंधी औसत बहुत अलग/गलत हो सकता है।

लघु-अवधि के पैमाने, जैसे–दिन, सप्ताह और मौसम, समुद्र का तल भी स्थानीय, उप-क्षेत्रीय और क्षेत्रीय पैमानों पर महासागर और वायुमंडल के बीच अंतर्क्रिया होने के कारण परिवर्तित हो सकता है। नदी के पानी का विसर्जन वर्षा, सागरीय परिसंचरण (करेंट) लवणता परिवर्तन, समुद्र जल का तापन, हिम का पिघलना, तट के सामने पानी का पुँज, समुद्र जल का शीतलन, समुद्री हिम का रूपण, सतह उत्प्रवाह के ठंडे और गहरे जल आदि से समुद्र तल में परिवर्तन होते हैं। समुद्र तल वायुमंडलीय दाब के प्रति भी अनुक्रिया करता है, जो पर्यावरण दाब

के प्रत्येक हैक्टोपास्कल (hPa) परिवर्तन के लिए लगभग 0.98 से.मी. है। इस तरह तीव्र उष्णकटिबंधीय चक्रवात/प्रचंड तूफान/तूफान के केंद्र में वायुमंडलीय दाब 100 hPa अथवा उससे भी अधिक कम हो जाता है, जो खुले महासागर में तूफान के केंद्र में लगभग 98 से.मी. वृद्धि करेगा।

समुद्री सतह का तापमान और ऊष्मा संग्रहण भी समुद्र तल के साथ सहसंबंध में और पर्यावरण परिसंचरण के फीडबैक में भिन्न होता है। उष्णकटिबंधीय चक्रवातों में तेज हवाएँ सतह जल को तट की ओर अथवा तट से दूर हवा के बहाव की दिशा पर निर्भर करते हुए बहा ले जाती हैं और अल्प-अवधि के पैमाने पर समुद्री तल की विभिन्नता को संभव कर देती हैं।

खगोलीय ज्वारों के अतिरिक्त बहुत से ऐसे कारक हैं जो समुद्र तल में लघु-अवधि (दिन-प्रतिदिन), मौसमी और अंतर-वार्षिक विभिन्नताओं से संबद्ध होते हैं। जब समुद्र तल आँकड़ों से वायुमंडलीय दाब के कारण हुए परिवर्तन निकाल कर दिए जाते हैं तो अवशिष्ट (residual) मान जल में विशिष्ट आयतन के परिवर्तनों के कारण महासागर के करेंट के वितरण से संबद्ध होते हैं। इस तरह वायुमंडल दाब और करेंट माध्य समुद्र तल में मौसमी विभिन्नताओं के कारण बनते हैं। उष्णकटिबंधीय महासागरों में, समुद्र तल मुख्यत: हवा और मानसून में उच्चावच के कारण परिवर्तित होता है।

(2) दीर्घ और अति दीर्घकालीन पैमानों पर समुद्र तल के दोलन—समुद्र तल में विवर्तनिक प्लेटों के प्रभाव के द्वारा दीर्घकालीन और अति दीर्घकालीन पैमानों में परिवर्तन होते हैं, जो भूमि को डूबने अथवा स्थानीय रूप से ऊपर उठने के लिए प्रभाव डालती हैं। यदि ग्लोबल वार्मिंग के कारण, सभी पर्वतीय ग्लेशियर पूरी तरह से गायब हो जाएँ और उनका पिघला जल महासागर में जमा हो जाए तो वे विश्व माध्य समुद्र तल को लगभग 30 से.मी. तक बढ़ा देंगे। इसी तरह से पिघलने वाले आइसबर्ग और ग्रीन एंटार्कटिक लैंड और भी पिघलने से विश्व समुद्र तल में पर्याप्त वृद्धि संभव कर देंगे। भौगोलिक समय के पैमानों के अनुसार, महासागर बेसिन की गहराई में परिवर्तन अथवा पृथ्वी के अंदर प्रवाह के कारण समुद्र तल में परिवर्तन होता है। दीर्घ-अवधि के पैमाने (शताब्दियों से हजारों वर्षों तक) तलछट निक्षेपों के कारण तटीय तलछटों में परिवर्तन, अपरदन, तलछटों के समेकन अथवा तलछट से तरल पदार्थों के निकलने के कारण हुए तटीय तलछट में परिवर्तन समुद्र तल में परिवर्तन उत्पन्न करते हैं।

सारांश में, समुद्र तल में परिवर्तन निम्नलिखित कारणों से होते हैं—

(क) महासागरों के तापन अथवा शीतलन के द्वारा जल के आयतन में परिवर्तन;

(ख) बर्फ की चद्दरों/ग्लेशियर के पिघलने अथवा संचयन और तलछट में परिवर्तन;

(ग) परिवर्तन, जो समुद्र तल का आकार निर्धारित करते हैं, जैसे—हवा तंत्र के कारण तट से पानी का आगे बढ़ना अथवा तट पर इकट्ठा होना, विशेषकर वे परिवर्तन जो तीव्र मौसम विक्षोभों से संबद्ध होते हैं, जैसे—चक्रवात;

(घ) महासागर के करंट (currents) में परिवर्तन अथवा वायुमंडलीय दाब में परिवर्तन;

(ङ) तट की भूपर्पटी गति के कारण हुआ परिवर्तन; और

(च) बड़े पैमाने पर भूपर्पटी और उप-भूपर्पटी गतियों के कारण हुए परिवर्तन।

उदाहरण के लिए, पिछले हिमयुग लगभग 15000–20000 वर्षों पहले वर्तमान माध्य समुद्री तल आज की अपेक्षा बहुत कम था और यह धीरे-धीरे बढ़ता गया, क्योंकि वर्तमान अंतर-ग्लेशियल युग आज से लगभग 10,000 वर्षों पहले शुरू हुआ था।

इसलिए, यह स्पष्ट है कि आपेक्षिक माध्य समुद्र तल स्थानीय, क्षेत्रीय और वैश्विक स्तर पर अनेक कारकों के कारण घट सकता है अथवा बढ़ सकता है। यह पहचानना महत्त्वपूर्ण है कि कुछ दशकों के पैमाने पर प्राकृतिक कारकों के कारण हुए आपेक्षिक माध्य समुद्र तल में परिवर्तन लघु-अवधि पैमाने पर वायुमंडल-महासागर अंतर्क्रियाओं के कारण हुए परिवर्तनों की तुलना में बहुत छोटे होते हैं। मानवजनिक जलवायु परिवर्तन के कारण समुद्र तल में वृद्धि के संबंध में हम मुख्यत: दीर्घ-अवधि के परिवर्तनों पर ध्यान केंद्रित करेंगे।

(3) समुद्री तल में हुए परिवर्तन–पिछले हिमयुग का धीरे-धीरे कमजोर पड़ना लगभग 10,000 वर्ष पूर्व शुरू हुआ था। पृथ्वी वर्तमान समय में अपने इतिहास की अंतर-ग्लेशियल अवधि से गुजर रही है और पिछले हिम युग के अंत के बाद से हिम चद्दरें और ग्लेशियर मंद गति से घट रहे हैं। अनेक अध्ययनों के अनुसार मंद पश्च-ग्लेशियल प्रभाव से समुद्र तल में 0.4 मि.मी. प्रति वर्ष के अनुसार वृद्धि होती है। मंद पैमाने पर हिम चद्दर/ग्लेशियरों का अधिक मात्रा में पिघलना, महासागर के मंद गति से ऊष्मायन के द्वारा पानी के आयतन में वृद्धि और भूपर्पटी व उप-भूपर्पटी गतियों के परिणामस्वरूप महासागर के बेसिन की गहराई में अंतर से पिछले कई हजारों वर्षों में विश्व माध्य समुद्र तल में वृद्धि हुई है। ऐसे परिवर्तनों से अनुमान लगाया गया है कि समुद्र तल में 0.2 से 0.5 मि.मी. प्रति वर्ष (20 से 50 से.मी. 100 वर्षों में) की वृद्धि उत्पन्न करेंगे। बहुत-सी विवर्तनिक प्लेटों की सीमा पर भूमि की पर्याप्त मात्रा में उर्ध्व गतियों ने तट के कुछ क्षेत्रों को डुबो दिया है और कुछ को ऊपर उठा दिया है। उदाहरण के लिए, यह प्रभाव भारत में कच्छ तट पर देखा जा सकता है। पास की सतह की तलछट में परिवर्तन, जिसके द्वारा तलछट या तो अधिक संहत (compact) हो सकती है या अयुग्मित हो सकती है। उनके छेदों में पानी रह सकता है अथवा निचुड़ कर बाहर निकल जाता है। ये परिवर्तन आपेक्षिक स्थानीय/उप-क्षेत्रीय पैमाने पर समुद्र तल में वृद्धि अथवा गिरावट उत्पन्न कर सकते हैं। जब बाँध तट के पास नदियों पर बनाए जाते हैं, तो तलछट का भार तटरेखा पर परिवर्तित हो जाता है। तलछट का जो भार समुद्र में पहुँचता है, वह भी नदी प्रणाली के मुहाने में कीचड़ के निकर्षण से बदल जाता है। ऐसी मानव गतिविधियाँ समुद्र तल की ऊँचाई को बदल देती हैं, जिससे नदी के मुहाने के क्षेत्र समुद्र से जलआप्लावन के लिए संवेदनशील हो जाते हैं। उत्तरी बंगाल की खाड़ी की तरह, यदि वर्षण वाष्पीकरण से बहुत अधिक हो जाता है तो वह क्षेत्रीय समुद्र तल में वृद्धि कर देता है। क्षेत्रीय समुद्र तल तब भी ऊपर उठ जाता है, जब नदी अपना अत्यधिक बाढ़ का पानी समुद्र में उड़ेलती है, उदाहरण के लिए, उत्तरी बंगाल की खाड़ी की नदियाँ–गंगा, ब्रह्मपुत्र और सहायक नदियाँ मानसून के मौसम में बाढ़ का पानी भारी मात्रा में खाड़ी में उड़ेलती हैं।

समुद्र तल में वृद्धि, जो पानी के ऊष्मायन से होती है, उष्मास्थैतिकी (thermostatic) समुद्र तल वृद्धि कहलाती है। यह महासागर के जल के आयतन के फैलाव के कारण होता है। ऐसा अनुमान है कि यह एक शताब्दी में कुछ ही सेंटीमीटर उस समय तक नहीं बढ़ता है जब तक माध्य विश्व समुद्र सतह के तापमान में 100 वर्षों में 1° से. से अधिक वृद्धि न हो जाए। यह तापस्थायी प्रभाव पिछले 100 वर्षों में बहुत महत्त्वपूर्ण नहीं रहा है। विश्व समुद्र तल

प्रवृत्तियों में विभिन्न अनिश्चितताओं को ध्यान में रखकर 100 वर्षों की अवधि (1880-1980 को शामिल करते हुए) के दौरान 75 वर्षों के औसत रिकॉर्ड के साथ 9 महासागरीय क्षेत्रों में 21 चुने हुए ज्वारमापी स्टेशनों के मापन पर आधारित है कि 100 वर्षों में 18 से.मी. की वृद्धि का अनुमान लगाया गया, जिसके साथ विश्व समुद्र तल प्रवृत्तियों में विभिन्न अनिश्चितताओं के विवरण के बाद अनिश्चितता के साथ 100 वर्षों में 15 से.मी. की वृद्धि का अनुमान किया गया। समुद्र तल मापनों में विभिन्न प्रकार की अनिश्चितताओं के कारण, अन्य कारकों और आँकड़ों के सेट की लंबाई की सीमाबद्धता, यह स्पष्ट है कि समुद्र तल वृद्धि का बहुत ही विश्वसनीय अनुमान पिछली शताब्दी में लगा पाना संभव नहीं था।

पुरातत्वविज्ञान और भौगोलिक आँकड़े यह बताते हैं कि पिछले 2000 वर्षों में विश्व समुद्री तलों में अंतर प्रति 100 वर्षों में संभवत: 2 मि.मी. से अधिक रेंज में रहा। इस तरह पिछले 100 वर्षों में 18 से.मी. वृद्धि की तुलना में अभी हाल ही में समुद्र तल परिवर्तन की दर में बढ़ोतरी हुई है। अनेक अनुसंधानकर्त्ता बताते हैं कि यह वृद्धि की त्वरित दर 1850 के आस-पास शुरू हुई थी, परंतु इसके बारे में कोई निश्चित रूप से नहीं कह सकता; जैसे–महासागर-वायुमंडलीय अंतर्क्रियाओं द्वारा प्रेरित गतिक प्रक्रियाओं एल निनो, उष्णकटिबंधीय तूफानों आदि के कारण समुद्र तल में अंतर-दशकीय और अंतर-वार्षिक उच्चावच होते हैं।

(4) भारतीय तटरेखा के साथ-साथ समुद्र तल में परिवर्तन–भारत में विस्तृत तटरेखा है जो 13 राज्यों और केंद्र शासित क्षेत्र में फैली हुई है। भारतीय तटरेखा पर आपेक्षिक समुद्र तल की दीर्घ-अवधि की प्रवृत्ति लंबे पुराने और हाल ही के नए आँकड़ों दोनों में ही अनिश्चित है। द्वारका के पुरातत्व आँकड़े बताते हैं कि पिछले 5000 वर्षों में कच्छ क्षेत्र में समुद्र तल में पर्याप्त वृद्धि हुई है। यह क्षेत्र विवर्तनिक गतिविधियों के लिए संवेदनशील है और ऊँचे खगोलीय ज्वारभाटा के आतंक से पीड़ित है। भू-आकृतिक (geomorphological), तलछटीकरण और कार्बन उपस्थिति के प्रमाणों के आधार पर यह मालूम हुआ है कि कोरोमंडल तट (तमिलनाडु और पांडिचेरी) में वर्तमान से 11,000 वर्ष पूर्व के आस-पास पश्च-ग्लेशियल अवधि में समुद्र तल में वृद्धि हुई थी और वर्तमान से 6000 वर्ष पहले गिरावट भी हुई थी। भारतीय सर्वेक्षण, भारत की केंद्रीय एजेंसी है जो भारत के अनेक बंदरगाहों पर 30 ज्वारमापी स्टेशनों से अधिक के नेटवर्क पर कार्य करती है। पाँच अत्यधिक यथार्थ मानों के स्टेशनों, जैसे–मुंबई, मैंगलोर, कोचीन, चेन्नई और विशाखापटनम ने विश्व समुद्र तल में 1.8 मि.मी. प्रति वर्ष वृद्धि की तुलना में–0.67 मि.मी. प्रति वर्ष की औसत के साथ + 1.33 से लेकर–2.27 मि.मी. प्रति वर्ष के बीच की रेंज में समुद्र तल परिवर्तनों में अंतर दिखाए हैं। वैज्ञानिकों ने पश्चिमी तट की अपेक्षा पूर्वी तट में समुद्र तल की वृद्धि में ऊँची (अधिक) प्रवृत्ति की रिपोर्ट दी है।

वर्तमान में समुद्री जल तल में परिवर्तन का मुख्य कारण ग्लोबल वार्मिंग या वैश्विक ताप वृद्धि को माना जा रहा है। पृथ्वी के औसत तापमान में वृद्धि हो रही है, जिससे हम क्षेत्रों के बर्फ पिघल जाएँगे जिससे सागर तल की ऊँचाई में वृद्धि होगी। IPCC के रिपोर्ट में विश्व के तापमान में 2 डिग्री से 3 डिग्री सेल्सियस की वृद्धि की बात की जा रही है। यदि इसी गति से तापीय वृद्धि होती रही तो 2040 तक समुद्र तल में वृद्धि होने से कई द्वीप, समुद्र तटीय क्षेत्र जल में डूब जाएँगे। यह स्थिति अत्यंत भयावह हो सकती है। अंटार्कटिक क्षेत्रों में बर्फ में दरारें पड़ने एवं पिघलने की क्रिया समुद्र तल में वृद्धि लाएगा जो विनाशकारी होंगे।

प्रश्न 2. समुद्र तटीय क्षेत्र प्रबंधन से आप क्या समझते हैं? (जून-2019)

उत्तर– तटीय क्षेत्र समुद्र और भूमि के बीच अंतर्क्रिया का क्षेत्र है और इस क्षेत्र को भूमध्यरेखीय तथा समुद्री पर्यावरण दोनों ही प्रभावित करते हैं। तटीय क्षेत्रों में विभिन्न प्राकृतिक क्रियाओं और मानव गतिविधियों के बीच अंतर्क्रियाएँ महत्त्वपूर्ण कारक हैं। जनसंख्या की वृद्धि के परिणामस्वरूप तटीय क्षेत्रों के संसाधनों का अवशोषण हो रहा है। बंदरगाह पर भार की वृद्धि जो अंतर्राष्ट्रीय व्यापार के फैलाव, अपशिष्ट निपटान स्थलों का स्थान, रासायनिक का विकास, शैलरासायनिक, उर्वरक और संबद्ध उद्योगों और खारा पानी की खेती (जल कृषि) ने तटीय संसाधनों का और भी शोषण किया है। हमने इस बात पर ध्यान दिया है कि तटीय क्षेत्र समुद्र तल वृद्धि के लिए संवेदनशील है। इसलिए संभव समुद्र तल वृद्धि को रोकने/कम करने के लिए तथा तटीय क्षेत्रों का प्रबंधन करने के लिए जागरूकता द्वारा यह भी सुनिश्चित किया जाना चाहिए कि नीतियों का तर्कसंगत विकास और तटीय क्षेत्रों के प्राकृतिक पर्यावरण के अनुकूल तटीय संसाधनों का उचित उपयोग किया जाए। भारतीय तटीय क्षेत्र को तटीय नियमन अधिसूचना 1992 के अनुसार, चार क्षेत्रों में उसके आपेक्षिक विकास, प्राकृतिक सुंदरता और परंपरा के आधार पर विभाजित किया गया है।

तटीय क्षेत्र प्रबंधन (सीजेडएम) शासन की एक प्रक्रिया है जिसमें कानूनी और संस्थागत ढाँचे शामिल हैं जो यह सुनिश्चित करता है कि तटीय क्षेत्रों के लिए विकास और प्रबंधन योजनाएँ, पर्यावरण तथा सामाजिक लक्ष्यों के साथ एकीकृत हो सके और उन प्रभावितों की भागीदारी के साथ विकसित की जा सके।

तटीय प्रबंधन में शामिल प्रमुख मुद्दे तटीय आवास, तटीय प्रक्रियाएँ और जल की गुणवत्ता हैं। तटीय आवास में गीली भूमि, तट, मैंग्रोव, रेत के टीले, प्रवाल भित्ति, समुद्रताल आदि होते हैं। तटीय प्रक्रियाएँ, जैसे–अपरदन, निक्षेप, तलछट परिवहन, बाढ़ आना और समुद्र तल में परिवर्तन, लगातार होती रहती हैं जो किनारे की रेखा को रूपांतरित करती रहती हैं। तटीय आवास के लिए जल की गुणवत्ता एक महत्त्वपूर्ण मुद्दा है। भारतीय तट के किनारे अनेक खाड़ियाँ और मुहाने हैं जहाँ पर अपशिष्ट सामग्री और कूड़ा-कर्कट समुद्र में डाला जाता है और ये गतिविधियाँ अनजाने में जल की गुणवत्ता को प्रभावित करती हैं। इसके अतिरिक्त दूसरी भी गतिविधियाँ हैं, जैसे–कृषि, सिंचाई और पावर के लिए छोटे बाँध, शहरीकरण आदि जो जल की गुणवत्ता को खराब करते हैं। अत्यधिक पुष्टिकर मेरीन पर्यावरण को जरूरत से अधिक उर्वरक बनाते हैं, जिससे काई बनती है जो मत्स्य क्षेत्र के संसाधनों को क्षति पहुँचाती है।

(1) तटीय आवास–

   (क) तट अपरदन और तटीय परिवर्तन– तटीय अपरदन, जो बहुतायत से मानव और प्राकृतिक कारणों से होता है, पहले ही तटीय क्षेत्रों की एक बहुत बड़ी समस्या है। तटों का रख-रखाव रेत की दीवार बनाकर किया जाता है। तट का अपरदन ऊँची समुद्री लहरों, तूफानी सर्ज और समुद्र तल वृद्धि से संबंधित तूफान जैसी स्थितियों से और भी तीव्रता से हो सकता है। तट अपरदन की दर, 1-2 मीटर प्रति वर्ष भारत के केरल-कर्नाटक के तटों पर रिपोर्ट की गई है। समुद्र तल में वृद्धि, इन क्षेत्रों में, तट का और अपरदन कर देती है। मानव गतिविधियाँ, जैसे–रेल के टीलों को बराबर करना, मैंग्रोव और प्रवाल भित्ति को हटाना जो

तट अपरदन के प्राकृतिक रक्षक हैं– इन पर ध्यान देना तटीय क्षेत्रों के प्रबंधन का प्रमुख भाग है। ये प्रक्रियाएँ जलवायु परिवर्तन के कारण हुई समुद्र तल वृद्धि को और अधिक बढ़ा देती हैं।

(ख) **प्रवाल भित्ति और मैंग्रोव**–भारत में 30 मैंग्रोव और 4 प्रवाल भित्तियों को तटीय प्रबंधन के लिए पहचान लिया गया है। प्रवाल भित्ति खाद्य के स्रोत, तट की रेत और निर्माण सामग्री का स्रोत होती है और तटीय क्षेत्र के पास प्राकृतिक जल-विभंजक के रूप में कार्य करती है। वह बहुत से समुद्री जंतुओं और प्रवाल भित्ति में रहने वाली मछलियों के लिए आवास प्रदान करती है। जलवायु के ऊष्मायन से भविष्य में होने वाली समुद्र तल वृद्धि निम्न-ऊँचाई की प्रवाल भित्ति पर प्रतिकूल प्रभाव डाल सकती है। हालाँकि, ऊँची प्रवाल भित्ति पर इसका कोई खास प्रभाव होने की संभावना नहीं होती।

मैंग्रोव भी पारिस्थितिकी और सामाजिक-आर्थिक कार्यों के लिए महत्त्वपूर्ण कार्य करते हैं, ये कार्य जंतु और पौधों की उत्पादकता और लकड़ी के स्रोत से संबंधित होते हैं। ये तट के किनारे की रक्षा के लिए भी महत्त्वपूर्ण भूमिका निभाते हैं। मैंग्रोव दो प्रकार के होते हैं–तटीय (reverine), जैसे–उड़ीसा की चिल्का झील और तटीय किनारा, जैसे–पश्चिम बंगाल के सुन्दरबन। बहुत से मैंग्रोव अभी खतरों के अंतर्गत हैं क्योंकि मनुष्य द्वारा उनका शोषण हो रहा है जिससे वे समुद्र तल वृद्धि के प्रति रोधित नहीं रह पाते हैं। भावी समुद्र तल वृद्धि इस संवेदी पारिस्थितिकी तंत्र को जलआप्लावित कर सकती है और मैंग्रोव समुद्र में, ढह कर, डूब सकता है। तटीय उड़ीसा के पास मैंग्रोव का विनाश पर्यावरणीय कारकों को नुकसान पहुँचाएगा, जो अक्तूबर 1999 के विनाशकारी महाचक्रवात की नागरिक रिपोर्ट के अनुसार इस तट पर मार करने वाले चक्रवाती तूफानों की विनाशकारी शक्ति बढ़ा सकते हैं।

(2) तटीय प्रक्रियाएँ–

(क) **तटीय अपरदन**–तटीय अपरदन द्वारा भूमि की क्षति एक प्राकृतिक प्रक्रिया है। भारत का पश्चिमी तट जो कोंकण-कर्नाटक-केरल क्षेत्र है, वह विशेषकर तटीय अपरदन के लिए संवेदनशील है क्योंकि वहाँ पर बहुत तेज मानसूनी हवाएँ और ऊँची लहरें होती हैं। भारत का पूर्वी तट उष्णकटिबंधीय चक्रवातों की तीव्रता को झेलता है, जो अपरदन भी करती है। तटीय अपरदन की प्राकृतिक प्रक्रिया, समुद्र तल में वृद्धि की स्थितियों से और भी त्वरित हो सकती है।

(ख) **निक्षेपण और तलछटीकरण**–मानसून की घटनाएँ और उष्णकटिबंधीय चक्रवातों के दौरान भारत के पश्चिम और पूर्वी तटों पर जो भारी वर्षा होती है, वह बंगाल की खाड़ी और अरब सागर में, अधिक मात्रा में, तलछट जमा कर देती है। गंगा, ब्रह्मपुत्र, महानदी, कृष्णा और कावेरी नदियाँ भारी मात्रा में गाद (silt), भारत के पूर्वी तट में, जल प्रवाह के साथ लाती हैं। यह निक्षेप न केवल तट पर तलछट बनाते हैं, परंतु ये धीरे-धीरे समुद्र में भी चले जाते हैं और उसके तल में जाकर जमा हो जाते हैं और इस तरह तट की धाराओं पर प्रभाव डालते हैं। ग्लोबल

वार्मिंग के अंतर्गत समुद्र तल में वृद्धि के द्वारा ये प्रक्रियाएँ प्रभावित हो सकती हैं।

(3) तटीय जल गुणवत्ता—ताजे भूमि जल और धारा जल स्रोत का प्रबंधन और विकास भूमि अपरदन में वृद्धि और समुद्र तल वृद्धि के कारण जलआप्लावन तथा तटीय क्षेत्रों और प्राकृतिक जलभरों के लवणीकरण से हुई भूमि की क्षति द्वारा गंभीर रूप से बाधित हो सकता है। तटीय क्षेत्रों के पास इस प्रक्रिया में ताजे जल को पंप द्वारा खींचने से (जैसे कि कच्छ तट पर) भी लवणीकरण उत्पन्न हो जाता है, क्योंकि लवण जल की तह भी ऊपर आ जाती है। फिर से समुद्र तल में परिवर्तन होने से अथवा रिचार्ज स्थितियों के बदलने से लवण जल की तह धीरे-धीरे ऊपर को उठेगी और परिणामस्वरूप ताजे जल की क्षति होगी। समुद्र तल में वृद्धि, जैसा कि ग्लोबल वार्मिंग के अंतर्गत अनुमान लगाया गया है, तटीय और द्वीप जलभरों में लवण जल की अंतर्क्रिया में और वृद्धि होगी। इस खतरे की मात्रा भूमि की स्थलाकृति और समुद्र की ओर भू-जल प्रवणता पर निर्भर करेगी।

(4) भारतीय तटीय क्षेत्रों पर समुद्र तल में वृद्धि का प्रभाव—भारत में लंबी तटीय रेखा लगभग 7000 कि.मी. तक फैली हुई है, जो पश्चिमी तट (अरब सागर), पूर्वी तट (बंगाल की खाड़ी) और अंडमान, निकोबार तथा लक्षद्वीप तक फैली हुई है। पश्चिमी तट क्षेत्र गुजरात तट, कोंकण तट (महाराष्ट्र और गोवा), कर्नाटक तट और मालाबार तट (केरल) तक फैला हुआ है। पूर्वी तटीय क्षेत्र में कोरामंडल तट (तमिलनाडु-पांडिचेरी), आंध्र तट, उत्कल (उड़ीसा) तट और पश्चिम बंगाल तट आते हैं।

पश्चिमी तट के पास का तटीय क्षेत्र 30-100 कि.मी. तक चौड़ा है और उसमें बहुत संकरी निम्नस्तरीय भूमि के मैदान हैं, जिनके बीच-बीच में पहाड़ियाँ हैं जो तट के पास 300 मी. ऊँची हैं। कोंकण का उत्तरी तट रेतीला है और समुद्र के पास है तथा दक्षिणी भाग पहाड़ी से घिरा उबड़-खाबड़ क्षेत्र है, साथ ही इसमें ऊपर उठे हुए पठार हैं जिनके बीच-बीच में झरने और संकरी खाइयाँ हैं। गोवा के पास का तट मुहानों से भरा है। केरल के मालाबार तट में रेत के टीले हैं और पश्च प्रवाह जल केरल तट का महत्त्वपूर्ण भौतिक वातावरण बनाता है। पश्चिमी तट के विपरीत, भारत के पूर्वी तट में बहुत से विस्तृत तटीय मैदान हैं और मुहाने हैं, जिसमें गंगा, ब्रह्मपुत्र (पश्चिम बंगाल), महानदी (उड़ीसा), कृष्णा, गोदावरी (आंध्र प्रदेश) और कावेरी (तमिलनाडु) नदियाँ हैं। उड़ीसा में चिल्का और आंध्र प्रदेश और तमिलनाडु की सीमा पर पेलीकट झील है, जो बंगाल की खाड़ी से जुड़ी हुई है। पश्चिम बंगाल में सुन्दरबन और उड़ीसा-आंध्र प्रदेश तट पर स्थित मैंग्रोव पूर्वी तट के अन्य महत्त्वपूर्ण पारिस्थितिकी तंत्र हैं। नदी के मुख के सामने, पूर्वी तट पर मुहाने के क्षेत्र में अनेक रेत के टीले बन जाते हैं। पूर्वी तट के किनारे पर बने समुद्रताल अन्य महत्त्वपूर्ण लक्षण हैं। बहुत से महत्त्वपूर्ण बंदरगाह और तटीय नगर (मुंबई, पणजी, कोच्ची, मैंगलोर, चेन्नई, विशाखापटनम, कटक, कोलकाता) भारत के तट पर स्थित हैं और यहाँ पर जनसंख्या का उच्च घनत्व है। इन तटीय क्षेत्रों में बहुत अधिक मात्रा में आर्थिक गतिविधियाँ, जैसे—उद्योग, मछलीपालन, वनरोपण, कृषि, पशुपालन और जल संवर्धन आदि चलाई जाती हैं। भारतीय तट पर रहने वालों की घनी आबादी है। यह भारत की व्यापक जनसंख्या का लगभग एक-तिहाई भाग है जो तटीय राज्यों में निवास करता है। भारत के प्रमुख तट, जैसे—पुरी और गोपालपुर (उड़ीसा), मैरिना, रामेश्वरम् और कन्याकुमारी (तमिलनाडु),

कोवल्लम (केरल), कोलंगुटे और फोर्ट एक्वेड़ा (गोवा), जुहू (महाराष्ट्र) और द्वारका (गुजरात) पर्यटन को आकर्षित करते हैं।

तटीय क्षेत्र प्रबंधन के लक्ष्य तटीय संसाधनों के संरक्षण, विकास वृद्धि और जहाँ संभव हो इस प्रबंधन को बहाल करना है। इनका लक्ष्य तटीय क्षेत्र के द्वारा प्रदान किए गए लाभों को अधिकतम करना। संसाधनों तथा पर्यावरण पर गतिविधियों के हानिकारक प्रभावों को कम करना। सेक्टोरल गतिविधियों के बीच संबंधों को बढ़ावा देना।

प्रश्न 3. भारतीय तटीय क्षेत्रों पर समुद्र तल के खतरों के संदर्भ में अनुक्रिया योजना का वर्णन कीजिए।

उत्तर– जलवायु परिवर्तन के कारण हुई समुद्र तल की वृद्धि के खतरों ने तटीय क्षेत्रों और छोटे द्वीपों पर सबका ध्यान केंद्रित किया है तथा इन क्षेत्रों की संवेदनशीलता के लिए जागरूकता का सृजन किया है विशेषकर निम्न स्तर पर स्थित तटों में रहने वाले मानव और अन्य जीव ज्वारभाटा डेल्टा, छोटे द्वीपों आदि। अनुक्रिया नीतियों को तीन समूहों में विभाजित किया जा सकता है–(1) संवेदनशील तटीय क्षेत्रों/द्वीपों से विकासात्मक गतिविधियों पर प्रतिबंध और जनसंख्या को नियोजित रूप में कम करना; (2) अपनाई जाने वाली अनुक्रिया, जैसे–भवनों को ऊपर बनाना, जल निकाय व्यवस्था में रूपांतरण, भूमि के उपयोग में परिवर्तन ताकि समुद्र तल वृद्धि से हुई भूमि की क्षति में संभव वृद्धि कम हो सके; और (3) रक्षात्मक संरचनाओं का निर्माण और वर्तमान संरचनाओं को मजबूत बनाना ताकि वर्तमान स्थिति में तट के किनारे की रेखा का रख-रखाव हो सके। इन अनुक्रिया नीतियों को अपनाने के लिए अलग-अलग देशों को ऐसी नीतियाँ आरंभ करने के लिए सुझावों के बारे में सर्वेक्षण करना चाहिए, ताकि तटीय क्षेत्र प्रबंधन योजनाओं और वित्तीय संसाधनों की सीमाओं के संदर्भ में उचित अनुक्रिया नीति विकल्पों को कार्यान्वित किया जा सके। तटीय क्षेत्र पर विभिन्न प्रकार के प्रभाव पड़ते हैं और प्रत्येक क्षेत्र के लिए भिन्न प्रकार की आपदा प्रबंधन की नीति की आवश्यकता होती है। इसी प्रकार समुद्र तल वृद्धि से संबंधित संभव प्रतिकूल प्रभावों को कम करने, रोकने और मंद करने के लिए विभिन्न विकल्पों की आवश्यकता होती है। समुद्र तल की वृद्धि को रोकने/न्यूनीकरण के लिए प्रभावी नीति अपनाने की आवश्यकता है जिसके लिए विभिन्न समय के पैमानों पर अनुकूल तटीय प्रबंधन नीति की आवश्यकता होगी जो लघु और दीर्घ दोनों अवधियों के उद्देश्यों की पूर्ति कर सके। समुद्र तल वृद्धि न्यूनीकरण के लिए नीतियों के अनुपालन की पूर्ण लागत का आकलन करना काफी कठिन है और इसके लिए व्यापक मात्रा में तकनीकों की आवश्यकता है। सैटेलाइट के माध्यम से रिमोट सुग्राहिता तटीय क्षेत्र प्रबंधन के लिए एक प्रभावी तकनीक है, जो निम्नलिखित आधार पर आँकड़ा आधार तैयार कर सकती है–

(1) संवेदनशील तटीय क्षेत्रों के पास ज्वारमापी का संस्थापन;

(2) तट के पास सैटेलाइट ऐल्टीमेट्री द्वारा समुद्र तल स्थलाकृति का मानचित्रण;

(3) तटीय क्षेत्रों में प्राकृतिक वास, जैसे–गीली भूमि, मैनग्रोव, दलदल, द्वीप, समुद्रताल, प्रवाल भित्ति तट आदि का विस्तृत मानचित्रण बनाना, ताकि क्षेत्रीय और स्थानीय पैमानों पर वर्तमान आवासों के विस्तार का लेखा रखा जा सके ताकि वर्ष-दर-वर्ष आधार पर हुए किसी

भी परिवर्तन को ज्ञात किया जा सके। विभिन्न प्राकृतिक वासों की वर्तमान सीमा की आधारभूत सूची बनाना, भविष्य में समुद्र तल वृद्धि में होने वाले परिवर्तनों के लिए एक पूर्वापेक्षा है।;

(4) तटीय क्षेत्रों में वनस्पति समुदायों और खारे पानी के जल संवर्धन तालाब की पहचान करना और परिवर्तन निर्धारित करने के लिए आवधिक मॉनीटरिंग करना;

(5) तट के किनारे की रेखा के परिवर्तनों का मानचित्रण बनाना, जैसे–तट पर स्थित झीलें, मुहाने के परिवर्तन, अपरदन और तलछटीकरण;

(6) भूमि के विभिन्न रूपों और उपयोग के नमूनों का मानचित्रण बनाना; और

(7) तटीय लवणता में परिवर्तनों का मानचित्रण बनाना।

मल्टी–स्पैक्ट्रल तकनीकों द्वारा रिमोट सुग्राही आँकड़े जो अन्य सहसंबंधी आँकड़ों के साथ अनुमानित समुद्र तल वृद्धि के प्रभावों का अनुमान करने तथा उनकी मॉनीटरिंग करने और साथ में तटीय क्षेत्रों में प्रतिकूल प्रभावों को कम और मंद करने की उचित नीतियों को डिजाइन करने में सहायता पहुँचाने के लिए प्रयुक्त किए जाते हैं। रिमोट सुग्राही अध्ययनों के परिणामों को आर्थिक विकास वायुमंडलीय गुणवत्ता प्रबंधन और तटीय क्षेत्रों में भूमि के उपयोग के लिए तैयार की गई योजनाओं और कार्यक्रमों के साथ समेकित करना चाहिए। अपनाई गई अनुक्रिया की विभिन्न नीतियों के कार्यान्वयन में रुकावटें आ सकती हैं, क्योंकि ये क्षेत्र से क्षेत्र में निम्नलिखित आधार पर भिन्न-भिन्न होंगे, जैसे–(i) प्रौद्योगिकी और मानव संसाधन क्षमताएँ; (ii) वित्तीय सीमाएँ; (iii) सांस्कृतिक स्वीकार्यता; और (iv) राजनीतिक तथा संवैधानिक ढाँचा। इसके बाद सबसे महत्त्वपूर्ण उपाय, जिसे सबसे पहले किया जाना चाहिए वह बेहतर मॉनीटरिंग पर ध्यान दिया जाना चाहिए, परंपरागत और रिमोट सुग्राही तकनीक, समुद्र तल परिवर्तनों और तटीय क्षेत्र में जैवभौतिकी वातावरण को प्रलेखबद्ध करना आवश्यक है। विश्वसनीय आँकड़ों को तैयार करने की तत्काल आवश्यकता है ताकि तटीय क्षेत्रों के कमजोर और अत्यधिक शोषित वातावरण के लिए समुद्र तल की वृद्धि के खतरे से निपटने के लिए नीति के विकल्प निर्धारित किए जा सकें। अनेक अंतर्राष्ट्रीय अनुसंधान कार्यक्रम, जैसे–अंतर्राष्ट्रीय भूमंडल जैवमंडल कार्यक्रम (International Geosphere-Biosphere Programme) और विश्व समुद्र तल प्रेक्षण तंत्र (Global Climate Observing System) के अंतर्गत तटीय क्षेत्रों में भूमि महासागर अंतर्क्रिया कार्यक्रम (Land Ocean Interactions in the Coastal Zones), विश्व जलवायु प्रेक्षण तंत्र (Global Climate Observing System) और विश्व सागर प्रेक्षण तंत्र (Global Ocean Observing System) शुरू किए गए हैं ताकि जलवायु परिवर्तन स्थितियों के अंतर्गत अनुमानित समुद्र तल वृद्धि के खतरे से निपटने में सहायता मिल सके।

❑❑❑

अध्याय
20

जलवायु परिवर्तन : ओजोन अवक्षय

प्रश्न 1. वायुमंडलीय ओजोन के निर्माण व विनाश की क्रिया के अंतर्गत समतापमंडल व क्षोभमंडल में ओजोन के अक्षांशवार अंतर का वर्णन कीजिए।

उत्तर– वायुमंडलीय ओजोन का निर्माण और विनाश–

(1) **समतापमंडलीय ओजोन**–ओजोन ऑक्सीजन का अपररूप (allotrope) है। ओजोन अणु ऑक्सीजन के तीन परमाणुओं से मिलकर बना है और उसका प्रतीक O_3 है। यह एक प्रबल ऑक्सीकारक और रासायनिक रूप से तीव्र अभिक्रिया करने वाली गैस है और यह मुक्त वायुमंडल में विभिन्न मात्राओं में मौजूद रहती है। वायुमंडल में कुल ओजोन का 90 प्रतिशत भाग समतापमंडल में उपस्थित रहता है और लगभग 10 प्रतिशत परत में 12 कि.मी. और पृथ्वी की सतह के बीच में होता है। वायुमंडल में ओजोन की मात्रा ओजोन के कॉलम की ऊँचाई और मोटाई के संदर्भ में तब मापी जाती है यदि वायुमंडलीय कॉलम में सारी ओजोन मानक ताप और दाब (STP) की स्थितियों के अंतर्गत पृथ्वी की सतह पर लाई गई हो। वायुमंडलीय कॉलम में ओजोन के मापन की इकाई डॉबसन इकाई (DU) है। एक डॉबसन इकाई 10^{-3} से.मी. (मानक दाब और तापमान पर 1 से.मी. का एक हजारवाँ भाग) के बराबर होती है। ओजोन की सांद्रता 12 से 14 कि.मी. से बढ़ना शुरू हो जाती है और इसका अधिकतम भाग समतापमंडल में 25 कि.मी. की ऊँचाई पर पहुँच कर प्राप्त होता है। समतापमंडल में भी ओजोन की कुल मात्रा बहुत कम होती है, जैसे–प्रति मिलियन वायु के अणुओं पर केवल 10 ओजोन के अणु (10 ppmv) पाए जाते हैं। कुल कॉलम ओजोन की मात्रा ध्रुवों और भूमध्यरेखा पर क्रमशः 300 DU से 260 DU होती है। ओजोन परत की कुल मोटाई बहुत कम होती है और वह पृथ्वी की सतह पर मानक वायुमंडलीय तापमान और दाब पर वायुमंडल के कॉलम के लगभग 3 मि.मी. के तुल्य होती है।

ओजोन समतापमंडल में ऑक्सीजन के आयनीकरण (ionisation) अथवा प्रकाशिक वियोजन (photodissociation) द्वारा सूरज के पराबैंगनी विकिरण (UV radiation) की उपस्थिति में उत्पन्न होती है। ऑक्सीजन के अणु के विपाटन (splitting) के बावजूद ओजोन के ऑक्सीजन में पुनःरूपांतरण से यह समतापमंडल में पर्याप्त मात्रा में होती है। इस तरह समतापमंडल में ओजोन का निर्माण और विनाश होता रहता है। ओजोन निर्माण की प्रक्रिया का वर्णन निम्नलिखित रासायनिक सूत्र से वर्णित किया जाता है–

$$2O_2 + (\text{UV विकिरण}) \rightarrow O_3 + O$$
$$O + O_2 \rightarrow O_3$$

O, ऑक्सीजन के परमाणु को निरूपित करता है जो अस्थायी है और तीव्रता से ऑक्सीजन (O_2) के दूसरे अणु से संयोजित होकर ओजोन (O_3) बनाता है। इस प्रक्रिया में आण्विक ऑक्सीजन पराबैंगनी बैंड में लगभग 250 नैनोमीटर (nm) तरंग लंबाई का अवशोषण करना आरंभ कर देता है। O_3 की निर्माण प्रक्रिया के नेट परिणाम, जो ऊपर दो रासायनिक सूत्रों में बताए गए हैं, वे दो O_3 के अणु हैं जो इन तीन O_2 अणुओं से उत्पन्न हुए हैं और इस प्रक्रिया में सूर्य से आने वाले पराबैंगनी विकिरण की कुछ मात्रा प्रयुक्त हुई है।

वायुमंडल में अनेक प्राकृतिक और कृत्रिम संघटक O_3 के विनाश में महत्त्वपूर्ण भूमिका निभाते हैं। विनाश O_3 की मुक्त मूलक के साथ अभिक्रिया के कारण होता है, मुक्त मूलक X और XO नीचे संकेतबद्ध हैं।

$$X + O_3 \rightarrow XO + O_2$$
$$O_3 + (UV) \rightarrow O + O_2$$
$$O + XO \rightarrow X + O_2$$

इस तरह दो ओजोन के अणु तीन ऑक्सीजन के अणु उत्पन्न करने के लिए नष्ट हो जाते हैं और गौण संघटक (यहाँ X द्वारा बताया गया है) प्रक्रिया में पुनः आ जाते हैं अथवा नष्ट न होने वाली स्थिति में रहते हैं। इस तरह यह ओजोन के विनाश की प्रक्रिया में उत्प्रेरक (catalyst) के रूप में कार्य करता है और ओजोन के उत्पन्न होने की शृंखला और समतापमंडल में उसके विनाश होने की क्रिया होती रहती है। वायुमंडल में जल वाष्प (H_2O) और नाइट्रोजन (N) और नाइट्रोजन के ऑक्साइड काफी मात्रा में उपलब्ध होते हैं, उपर्युक्त बताई गई रासायनिक प्रक्रियाएँ H और N के साथ होती रहती हैं और उपर्युक्त सूत्रों में X प्रतीक का स्थान ले लेते हैं। कुछ कृत्रिम रसायन (जैसे–क्लोरोफ्लूओरोकार्बन (CFCs)) समतापमंडल में क्लोरीन (Cl) का निवेश करते हैं और ये भी इसी तरीके से ओजोन नष्ट करते हैं।

इस तरह (CFCs) जो रेफ्रिजरेशन उद्योग में और ऐरोसोल (Aerosol Deodorants) के घरेलू डिब्बों में प्रयुक्त किए जाते हैं, वे भी ओजोन को नष्ट करने वाले कारक हैं क्योंकि वे मुक्त क्लोरीन (Cl) परमाणु और मुक्त मूलक ClO को समतापमंडल में मुक्त करते हैं, जो ओजोन को X और XO की तरह, ऊपर बताए गए समीकरण के अनुसार, क्रिया करके नष्ट कर देता है।

(2) क्षोभमंडलीय ओजोन–पृथ्वी की सतह के पास क्षोभमंडल में कम मात्रा में ओजोन होती है। पूर्व-प्रौद्योगिकी युग में औसत ओजोन की मात्रा 25 डॉबसन इकाई आँकी गई थी। वर्तमान में यह बढ़कर विश्व औसत का 34 डॉबसन इकाई (उत्तरी गोलार्ध–36 इकाई और दक्षिणी गोलार्ध–32 इकाई) हो गई है। ओजोन समतापमंडल से नीचे क्षोभमंडल में मध्य अक्षांशों में क्षोभ सीमा के क्षेत्र में निवेशित होती है। उष्णकटिबंधीय क्षेत्र में गहरे संवहन के क्षेत्र में यह विनिमय होता है जो निवेशी बादल के ऊपरी भागों द्वारा समतापमंडलीय-क्षोभमंडलीय विनिमय संभव करता है। कम मात्रा में ओजोन O_3, स्थानीय रूप से तूफानों में वायुमंडलीय बिजली के प्रकाशपुँजों से अथवा बिजली के चमकने से उत्पन्न होती है।

प्रिस्टिन पर्यावरण में सतह ओजोन बहुत कम मात्रा में लगभग 10-20 भाग प्रति अणु आयतन (ppbv) के अनुसार मौजूद है परंतु यह अत्यधिक प्रदूषित पर्यावरणों में 100 ppbv तक बढ़ जाती है। यह मानव के स्वास्थ्य और वनस्पति के लिए घातक होती है। क्षोभमंडलीय ओजोन में समतापमंडल के जैसे प्रवृत्तियों को स्थापित करना कठिन होता है। ओजोन ग्रीनहाउस गैस है जो क्षोभमंडल में होती है और इसलिए इससे ग्लोबल वार्मिंग होता है। ओजोन की प्रक्रिया का प्रकाशरासायनिक निर्माण और विनाश का अनुमान जटिल 2-आयामी और 3-आयामी गणितीय मॉडलों से किया गया है।

प्रश्न 2. वायुमंडलीय 'ओजोन का मापन क्रिया' किन-किन क्षेत्रों में किस प्रकार की जाती है? वर्णन कीजिए।

उत्तर– **वायुमंडलीय ओजोन का मापन**–यद्यपि वायुमंडलीय ओजोन के अनुसंधान मोड में क्रमबद्ध प्रेक्षण 1920 सदी में यूरोप में कुछ स्थानों पर शुरू किए गए थे, फिर भी पृथ्वी की सतह से वायुमंडल के ऊपरी हिस्से तक ओजोन के कुल कॉलम का नियमित मापन 1950 में आरंभ हुआ था और इन स्टेशनों के एक विश्व नेटवर्क की स्थापना अंतर्राष्ट्रीय भू-भौतिकी वर्ष 1957-1958 के दौरान हुई थी। डॉबसन स्पेक्ट्रोफोटोमीटर मानक उपकरण है जो दो निकटतम UV स्रोतों द्वारा ओजोन के अवकल अवशोषण द्वारा कुल ओजोन निर्धारित करता है, जिसमें एक तरंग लंबाई बहुत प्रभावी रूप में अवशोषण करती है और दूसरी कमजोर रूप में ओजोन (O_3) का अवशोषण करती है। भारत में भी डॉबसन उपकरणों का नेटवर्क है और भारतीय मौसम विज्ञान विभाग द्वारा कुल कॉलम ओजोन के लिए ब्रेवर उपकरण 7 स्टेशनों–अहमदाबाद, श्रीनगर, वाराणसी, कोलकाता, नई दिल्ली, कोडायकनाल और पुणे द्वारा प्रचालित किए जाते हैं। भारत एंटार्कटिक में भी अपने मैत्री स्टेशन पर कुल ओजोन मापन डॉबसन स्पेक्ट्रोफोटोमीटर प्रचालित करता है। भारत में विभिन्न सतह ओजोन मापन स्टेशन विभिन्न अनुसंधान संगठनों द्वारा प्रचालित किए जाते हैं। ओजोन की उर्ध्व वितरण रूपरेखा ऊँचे अक्षांश गुब्बारे के साथ ओजोनसोन्डे नामक स्वचल उपकरण को उड़ाने से मापी जाती है। इस प्रयोजन के लिए आई.एम.डी. तीन स्टेशनों–पुणे, नई दिल्ली, थिरुवनन्थपुरम पर प्रचालित करता है, जो दो सप्ताह में एक बार मापन करते हैं। ओजोन का उर्ध्व वितरण भी डॉबसन स्पेक्ट्रोफोटोमीटर द्वारा अहमदाबाद, वाराणसी, कोलकाता, कोडायकनाल और श्रीनगर में ज्ञात किया जाता है। विशेष वायुमंडलीय लिडार तंत्र भी ओजोन की उर्ध्व रूपरेखा उपलब्ध करने के लिए प्रयुक्त किए जाते हैं। एक ऐसा लिडार तंत्र (Indian Institute of Tropical Meteorology) पुणे में स्थापित किया गया है। ओजोन की उर्ध्व रूपरेखा और सैटेलाइट आधारित कुल ओजोन, संयुक्त राज्य अमेरिका के सैटेलाइट द्वारा संग्रह किया जा रहा है और आँकड़े विश्वव्यापी आधार पर अनुसंधान के लिए रुचि रखने वाले वैज्ञानिकों को उपलब्ध किए जाते हैं। सैटेलाइट आधारित ओजोन प्रेक्षणों द्वारा ओजोन वितरण के दैनिक, मासिक और वार्षिक आधार पर वायुमंडलीय ओजोन की समय और दूरी से संबंधित विभिन्नता के अध्ययन के लिए विश्वव्यापी दृश्य उपलब्ध कराते हैं।

ओजोन के कुल कॉलम का भौगोलिक और मौसमी वितरण–ओजोन समतापमंडल में पराबैंगनी विकिरण द्वारा वायुमंडलीय ऑक्सीजन के आयनीकरण द्वारा उत्पन्न होता है। यद्यपि

वार्षिक औसत के आधार पर भूमध्यरेखी समतापमंडल ऊँचे अक्षांशों की अपेक्षा अत्यधिक सूर्य प्रकाश प्राप्त करता है, कुल कॉलम ओजोन ऊँचे अक्षांशों की तुलना में भूमध्यरेखी अक्षांशों में न्यूनतम होता है। इस आभासी विरोधाभास की व्याख्या डॉबसन ने की थी जिसने यह सारांश दिया कि भूमध्यरेखी समतापमंडल में उत्पन्न होने के बाद ओजोन, ध्रुवीय अक्षांशों की ओर वायुमंडलीय रेखांशिक (meridional) (दक्षिण से उत्तर की ओर) परिसंचरण प्रक्रियाओं द्वारा प्रवाहित की जाती है (प्रवाह होती है) जो ध्रुवों की ओर ओजोन के अणुओं को ले जाती है। इस तरह कुल कॉलम ओजोन उप-ध्रुवीय क्षेत्रों (लगभग 350 डॉबसन यूनिट) में अधिकतम होता है और भूमध्यरेखा के पास (लगभग 260-270 डॉबसन यूनिट) न्यूनतम होता है।

मौसमी रूप से अधिकतम कुल कॉलम ओजोन बसंत (spring) के मौसम में, उच्च और मध्य अक्षांश में, अधिकतम तथा ग्रीष्म में न्यूनतम पाया जाता है। निम्न अक्षांशों में ओजोन की मौसमी विभिन्नता बहुत कम होती है। भारत के लिए श्रीनगर वार्षिक आधार पर ओजोन का अधिकतम आयाम प्रेक्षित करता है।

ओजोन अधिकांशत:, समतापमंडल में 15-35 कि.मी. तक फैले हुए वायुमंडल की परत में सीमित होता है। क्षोभमंडल में उसकी सांद्रता बहुत कम होती है अर्थात् भूमि सतह से 10 किलोमीटर (विश्व औसत 34 डॉबसन यूनिट)। वायुमंडल में ओजोन की मात्रा अक्षांशों, रेखांश और ऊँचाई के अनुसार भिन्न होती है। सतह ओजोन भी, सूर्य-प्रकाश की अवधि में भूमि सतह के पास, जहाँ मानवजनिक प्रदूषण होते हैं (फोटोरासायनिक) क्रिया द्वारा उत्पन्न होता है और मात्रा में दैनिक रूप से भिन्न होता है।

प्रश्न 3. ओजोन अवक्षय के जोखिम और एंटार्कटिक समतापमंडल में ओजोन विवर की व्याख्या कीजिए।

उत्तर– समतापमंडलीय ओजोन अवक्षय और एंटार्कटिक ओजोन विवर–

- **समतापमंडलीय ओजोन का अवक्षय**–सन् 1950 से 1980 तक कुल कॉलम ओजोन की मध्य और ऊँचे अक्षांशों पर कम होने की प्रवृत्तियाँ प्रदर्शित हुईं। समतापमंडल में ओजोन की इस क्षति का कोई आभासी कारण नहीं था, इसलिए यह बहुत गंभीर मामला हो गया। वर्ष 1974 में संयुक्त राज्य अमेरिका के दो वैज्ञानिकों, मारियो मोलिना और शेरवुड रोलैंड जो कैलिफोर्निया विश्वविद्यालय में कार्यरत थे, उन्होंने इस बात का अध्ययन किया था कि औद्योगिक रूप से उत्पन्न हुई क्लोरीन के बड़े आयतन का क्या हुआ जिसमें क्लोरोफ्लुओरोकार्बन (CFC-11 और CFC-12) की तरह अणु मौजूद थे जो रेफ्रिजरेशन और घरेलू ऐरोसोल स्प्रे द्वारा निचले वायुमंडल में उत्सर्जित हो रही थी। इन CFC में तब कोई भी वायुमंडलीय सिंक (sinks) नहीं था। मोलिना-शेरवुड का अनुसंधान कार्य ओजोन के विनाश में CFC द्वारा निभाई गई भूमिका को समझने की ओर अग्रसर हुआ। ये CFC जो भूमि में निष्कासित होते हैं, वे समतापमंडल में प्रवाहित हो जाते हैं जहाँ वे क्लोरीन परमाणुओं में विभंजित हो जाते हैं, जो बदले में ओजोन के अणुओं को नष्ट कर देते हैं और इस तरह समतापमंडल में ओजोन का अवक्षय हो जाता है। इस प्रकार की ओजोन क्षति में जो रासायनिक प्रतिक्रियाएँ होती हैं, वे निम्न हैं–

$$O_3 + Cl + UV \rightarrow ClO + O_2$$
$$O_2 + UV \rightarrow O + O$$
$$ClO + O \rightarrow Cl + O_2$$

ओजोन अवक्षय से ओजोन परत पतली हो जाती है और यह पृथ्वी की सतह पर पराबैंगनी विकिरण अधिक मात्रा में भेजती है जो मानव स्वास्थ्य और जलीय तंत्रों पर प्रतिकूल प्रभाव डालती है।

- **एंटार्कटिक ओजोन विवर**—वर्ष 1985 में, तीन ब्रिटिश वैज्ञानिक, जो फॉरमैन, ब्रियन गार्डिनेर और जोनाथन शैकलिन जो ब्रिटिश एंटार्कटिक सर्वेक्षण में कार्यरत थे, उन्होंने दक्षिणी गोलार्ध बसंत के मौसम में सितंबर-अक्तूबर के दौरान कुल ओजोन में व्यापक कमी की खोज की। उन्होंने मालूम किया कि कुल ओजोन का 30 प्रतिशत भाग सितंबर-अक्तूबर 1985 के दौरान नष्ट हो गया था और उसका मान 300 डॉबसन यूनिट से (1960) घटकर 200 डॉबसन यूनिट (1985) हो गया था। इससे पहले 1979 में सैटेलाइट मापनों ने भी यह संकेत दिया था कि एंटार्कटिक ओजोन में अचानक अवक्षय हुआ था, परंतु इन आँकड़ों पर किसी ने विश्वास नहीं किया और उनको अस्वीकृत कर दिया गया। एंटार्कटिक ओजोन में अचानक हुई क्षति के बारे में फॉरमैन और उसके साथियों ने मालूम किया था जिसकी पुष्टि एंटार्कटिक अनुसंधान में कार्यरत अन्य अनुसंधान दलों ने भी की थी। एंटार्कटिक के ऊपर प्रत्येक बसंत के मौसम में संपूर्ण उत्तरी अमेरिका के बराबर आकार में हुए अवक्षय को एंटार्कटिक ओजोन विवर के रूप में जाना जाता है। सन् 1993 में एंटार्कटिक बसंत में ओजोन के विनाश ने सारे पिछले रिकॉर्ड तोड़ दिए थे। एंटार्कटिक में क्लोरीन परमाणुओं की उपस्थिति में बहुत निम्न तापमान ओजोन के विनाश को त्वरित करता है। ओजोन विनाश, जो एंटार्कटिक बसंत में आकस्मिक होता है, इस क्षेत्र में सीमित नहीं है। यह प्रक्रिया आर्कटिक क्षेत्र में भी होती है, परंतु यह एंटार्कटिक क्षेत्र की अपेक्षा कम गंभीर होती है।

NOTES

www.ingramcontent.com/pod-product-compliance
Lightning Source LLC
LaVergne TN
LVHW021823060526
838201LV00058B/3495